本书系全国哲学社会科学规划教育学国家一般课题"农村中学生乡土文化教育认同研究"（项目编号：BHA150079）成果。

纪德奎 ◎ 著

乡土文化
教育认同研究

中国社会科学出版社

图书在版编目（CIP）数据

乡土文化教育认同研究/纪德奎著.—北京：中国社会科学出版社，2019.10

ISBN 978-7-5203-5197-3

Ⅰ.①乡… Ⅱ.①纪… Ⅲ.①地方文化—乡土教育—研究—中国 Ⅳ.①G773

中国版本图书馆 CIP 数据核字（2019）第 216552 号

出 版 人	赵剑英
责任编辑	马　明
责任校对	王福仓
责任印制	王　超

出　　版	中国社会科学出版社
社　　址	北京鼓楼西大街甲 158 号
邮　　编	100720
网　　址	http://www.csspw.cn
发 行 部	010-84083685
门 市 部	010-84029450
经　　销	新华书店及其他书店
印　　刷	北京明恒达印务有限公司
装　　订	廊坊市广阳区广增装订厂
版　　次	2019 年 10 月第 1 版
印　　次	2019 年 10 月第 1 次印刷
开　　本	710×1000　1/16
印　　张	19.75
字　　数	314 千字
定　　价	96.00 元

凡购买中国社会科学出版社图书，如有质量问题请与本社营销中心联系调换
电话：010-84083683
版权所有　侵权必究

目 录

第一章 乡土文化教育认同的研究背景 …………………… (1)
    第一节 弘扬优秀传统文化与乡土文化教育认同 …………… (1)
    第二节 社会主义核心价值观与乡土文化教育认同 ………… (7)
    第三节 乡村振兴战略与乡土文化教育认同 ………………… (16)

第二章 乡土文化教育认同的研究综述 …………………… (25)
    第一节 乡土文化教育认同的研究历程 ……………………… (25)
    第二节 乡土文化教育认同的研究述评 ……………………… (38)

第三章 乡土文化教育认同的基本理论 …………………… (58)
    第一节 乡土文化教育是一种文化认同教育 ………………… (58)
    第二节 乡土文化教育的内容与价值 ………………………… (69)
    第三节 乡土文化教育开发的模式与流程 …………………… (73)
    第四节 乡土文化教育认同的机理与阶段 …………………… (87)

第四章 乡土文化教育认同的现实样态 …………………… (98)
    第一节 选取调查学校概述 …………………………………… (98)
    第二节 乡土文化教育认同的现状 …………………………… (103)

第五章 乡土文化教育认同的危机表征 …………………… (165)
    第一节 乡土文化教育的失落与认同危机 …………………… (165)
    第二节 乡土教育的文化认同问题 …………………………… (172)

第三节 乡村教育与乡土文化的疏离与认同困境 …………（180）

第六章 乡土文化教育认同的国内案例 ………………………（188）
第一节 天津杨柳青年画的教育认同案例 ………………（188）
第二节 河北滦州皮影和蔚县剪纸的教育认同案例 ……（193）
第三节 山西太古形意拳和运城楹联文化的教育认同案例 …（202）
第四节 广西、贵州侗族大歌的教育认同案例 …………（210）

第七章 乡土文化教育认同的国外借鉴 ………………………（222）
第一节 美国印第安人乡土文化教育及认同启示 ………（222）
第二节 加拿大因纽特人乡土文化教育及认同启示 ……（235）
第三节 澳大利亚土著文化教育及认同启示 ……………（246）
第四节 新西兰毛利语教育及认同启示 …………………（255）

第八章 乡土文化教育认同的提升路径 ………………………（266）
第一节 建立 G—S—S—F—P 五位一体联盟，
构设认同保障 ……………………………………（266）
第二节 养成教师乡土意识，涵养认同情感 ……………（274）
第三节 开发乡土德育课程，提升认同感知 ……………（281）
第四节 呈释学校仪式乡土价值，巩固认同行为 ………（297）

参考文献 ……………………………………………………………（308）

后记 …………………………………………………………………（313）

第一章 乡土文化教育认同的研究背景

乡土文化一直被认为是中华民族文化之根,是中华优秀传统文化的重要组成部分。党的十八大和十九大以来,习近平总书记先后对如何继承和弘扬中国优秀传统文化进行了多次论述。随着社会核心价值观对优秀传统文化的诉求和乡村振兴战略对乡土文化发展的期待,乡土文化教育及认同研究将逐渐成为新时代的主题。

第一节 弘扬优秀传统文化与乡土文化教育认同

一 弘扬优秀传统文化的背景

(一)弘扬优秀传统文化的提出

为传承中华优秀传统文化精神,落实立德树人的根本任务,教育部于2014年3月26日颁布了《完善中华优秀传统文化教育指导纲要》。为进一步加强新形势下中华优秀传统文化教育,2017年1月中共中央办公厅、国务院办公厅发布了《关于实施中华优秀传统文化传承发展工程的意见》。同年5月7日中共中央办公厅、国务院办公厅又印发了《国家"十三五"时期文化发展改革规划纲要》,更加明确"坚守中华文化立场,坚持客观科学礼敬的态度,扬弃继承、转化创新,推动中华文化现代化,让中华优秀传统文化拥有更多的传承载体、传播渠道和传习人群,增强做中国人的骨气和底气"。①弘扬优秀传统文化是我们每一

---

① 《国家"十三五"时期文化发展改革规划纲要》,2017年5月21日,搜狐网(http://www.sohu.com/)。

个中国人义不容辞的责任,正是博大精深的中华优秀传统文化使中国在当今世界文化激荡中岿然不动,在综合国力竞争中立稳脚跟。

(二)"一带一路"建设对弘扬优秀传统文化的诉求

当前全球经济处于缓慢复苏的阶段,国际金融危机深层次的影响依然存在,各国依然面临严峻的发展问题。加强区域合作已经成为不可阻挡的发展趋势,是促进世界经济发展的重要推力。为顺应世界发展的潮流,2013年11月中共中央正式提出了"推进丝绸之路经济带和海上丝绸之路建设,形成全方位开放新格局"。"一带一路"建设本质是一种经济行为,以经济合作为核心的跨领域战略,但不可否认的是,随着"一带一路"建设的持续推进,促进了教育各方面的现代化进展,为古代丝绸之路的延续、拓展赋予了崭新的时代内涵。这就意味着我们不能背离古丝绸之路所承载的经贸重任,更不能忽视其涵盖的人文精神。2015年,我国发布了《推动共建丝绸之路经济带和21世纪海上丝绸之路的愿景与行动》,①强调"一带一路"建设要以"五通"为重要内容,重视沿线各国的政策沟通、设施联通、贸易畅通、资金融通、民心相通。其中,人文交流与合作更成为"一带一路"建设的根基和灵魂。

1. 坚持弘扬优秀传统文化先行,走以和为贵共赢之路

古代丝绸之路曾是文化枢纽,集中了中原、希腊、印度、波斯等中外文明,为世人留下了丰富的历史文化印迹及绚丽多彩的民族传统文化,成为中国传统文化的重要组成部分。习近平总书记指出"一项没有文化支撑的事业难以持续长久"。在"一带一路"建设中,文化交流是一条重要的主线。要成功实施"一带一路"建设,我们应当坚持文化先行,树立文化引领经济的高度自觉,将中国优秀传统文化融入"一带一路"建设,充分发挥现代文化的促进作用,努力推动中国优秀传统文化的传承与创新,深化与沿线国家的交流与合作,从而实现共同发展。② 中国优秀

---

① 《推动共建丝绸之路经济带和21世纪海上丝绸之路的愿景与行动》,2017年3月28日,人民网(http://ydyl.people.com.cn/n1/2017/0425/c411837-29235511.html)。

② 吕其庆:《中国优秀传统文化要融入"一带一路"建设》,《文化软实力》2016年第3期。

传统文化在"一带一路"建设下逐步开放、外化的过程中，承接传统与现代，消解跨文化交际交流障碍，减少差异与误会，进一步深化了"一带一路"的战略建设。

中华民族是爱好和平的民族，始终崇尚和平，和平、和睦、和谐的追求深深植根于中华民族的精神世界之中，深深熔化在中国人民的血脉之中。①"历史告诉我们，一个国家要发展繁荣，必须把握和顺应世界发展大势，反之必然会被历史抛弃。什么是当今世界的潮流？答案只有一个，那就是和平、发展、合作、共赢。"② "只有合作共赢才能办大事、办好事、办长久之事。要摒弃零和游戏、你输我赢的旧思维，树立双赢、共赢的新理念，在追求自身利益时兼顾他方利益，在寻求自身发展时促进共同发展。"③ 中华优秀传统文化集儒、释、道、法、兵、墨等众多先进思想为一体，厚重地承载了人类社会的各种认知、经验和感悟，其崇尚的济物利人、合作共赢等理念在"一带一路"建设中充分体现落实，"一带一路"建设尊重沿线各国各民族文化宗教、风俗习惯等，以其各自的方式各美其美、美美与共，在国际领域中倡导睦邻友好、仁义、包容等理念和文化，达到合作共赢。

2. 秉持"亲、诚、惠、容"的理念，践行义利合一的价值观

2013年10月24日，在周边外交工作座谈会上，习近平指出："我国周边外交的基本方针，就是坚持与邻为善、与邻为伴，坚持睦邻、安邻、富邻，突出体现亲、诚、惠、容的理念。"④在中阿合作论坛第六届部长级会议开幕式上，习近平说道："中阿人民在维护民族尊严、捍卫国家主权的斗争中相互支持，在探索发展道路、实现民族振兴的道路上相互帮助，在深化人文交流、繁荣民族文化的事业中相互借鉴，丝绸之路就是要促进文明互鉴、尊重道路选择、坚持合作共赢和倡导对话和平。"⑤沿线各国迈向命运共同体，必须坚持合作共赢、共同发展。中华优秀传统文化将多元化理念与"一带一路"建设融合，反对强权政策，强调尊重沿线

---

① 《习近平谈治国理政》，外文出版社2014年版，第265—266页。
② 同上书，第266页。
③ 同上书，第296页。
④ 同上书，第306页。
⑤ 《邓小平文选》第3卷，人民出版社1993年版，第328—329页。

各国、各区域主权,呼吁各国和地区之间应相互尊重主权。①唯有和平发展,才能平等互利,才会同处一片蓝天下。由此,平等协商、利益协调等方式都可以用来解决与周边沿线国家合作中产生任何的问题。

习近平指出:中国在国际关系中践行正确义利观。国不以利为利,以义为利也。既要注重利更要注重义。在政治上,秉持公道正义,坚持平等相待。经济上,坚持互利共赢、共同发展。在国际关系中,摒弃过时的零和思维。在国际合作中,中国主张"君子义以为质",强调"不义而富且贵,于我如浮云"。②"一带一路"建设在处理国际社会各种复杂关系中自始至终贯彻着中华优秀传统文化的义利观,将相关国家和地区的经济社会连为一体,打破了西方国际经济关系中的霸权主义规则,树立和平发展、合作共赢、和谐共存的国际经济理念,并形成新型国际社会规则具有重要的意义。

二 乡土文化是优秀传统文化的重要组成部分

传统中国是一个古朴的农业社会。它的特征是占全国75%以上的人口都居住在农村,乡村居民的主要职业为务农,自耕自食,自给自足。中国传统文化就是在乡土社会中孕育、生长、发展壮大的,是历史与现在交融的过程,渗透了各时代的新思想、新血液。乡土文化是生活在特定区域内人们独特的精神创造和审美创造,其包含风俗、礼仪、饮食、建筑、服饰等,构成了地方独具魅力的人文风景,凝聚了人们的乡情、亲情、自豪感和归属感。由于人情味浓厚的家族是乡土社会的基本社群,因而中国传统文化是以人为中心的,处处表现出对人的关注。在人和人的关系上,受乡土社会的差序格局影响,中国传统文化非常重视人伦,如果没有人伦,无以修身、齐家、治国、平天下。对于自我的态度上,要求每个人必须熟悉各种社会规则并把它们内化为习惯,强调自我修养、自我超越。乡土文化既是教育后人不忘历史、凝聚民心和陶冶情操的载

---

① 《习近平主席在博鳌亚洲论坛2015年年会上的主旨演讲(全文)》,2015年3月29日,新华网(http://www.xinhuanet.com/politics/2015-03/29/c_127632707.htm)。

② 《习近平在韩国国立首尔大学的演讲(全文)》,2014年7月4日,新华网(http://www.xinhuanet.com/world/2014-07/04/c_1111468087.htm)。

体,又是长久的文化资源和文化资本。保护和传承乡土文化资源,可以帮助人们形成地域的认同感和归属感,进而产生对家乡的自豪和自信。

中国传统文化犹如一棵千年古树,其根牢牢地扎在乡土社会中,乡土社会供给它营养,滋养着它的生命,使它的每一个细胞都散发着浓浓的乡土气息。根据文化生成的基本看法,文化的生成是由社会环境决定的,不同的社会结构配之相应的文化模式。同时,文化与社会环境之间也是两者相互影响、相互制约的互构关系。这是个体不断学习传统文化和接受传统文化的过程,也是个体不断被社会同化和不断与群体产生认同、归属的过程。这不仅是个人的心理和情感需要,也是使个体产生集体主义情感,继而升华为爱国主义情感的基础。群体认同、社会认同和国家认同是建设和谐社会的核心和目标。而实现社会和谐的重要基础则是文化认同。传统文化的复兴离不开乡土文化,乡土文化促进传统文化的繁荣和发展,是中华优秀传统文化的重要组成部分。

三 乡土文化教育认同有助于弘扬优秀传统文化

优秀传统文化是中华民族特有的精神标志,滋养着中华民族,使其繁荣发展。作为弘扬优秀传统文化的乡土文化教育,是体现中华民族的核心精神追求,传承中华民族的根本精神基因,铸造民族精神的重要手段。乡土文化教育认同对增强农村中学生的民族凝聚力和向心力具有不可估量的推进影响。

(一) 乡土文化教育认同是弘扬优秀传统文化的坚实基础

乡土文化教育认同就其本质来说是一种文化认同的教育,通过乡土文化教育使个体产生对本地方、本国优秀传统文化的自信、自觉,并认可接受。作为我国重要文化思想资源的优秀传统文化,若把优秀传统文化价值观转化为人们的认同和自觉追求,就必须使人们认同其所依存和体现的优秀传统文化思想。人们对乡土文化理解、接受和认同的程度,决定了他们接受和践行乡土文化的程度。实现乡土文化认同,既是乡土文化教育的目的,也是乡土文化教育的手段。乡土文化教育的目的在于通过乡土知识、各种教育活动,提高个体的爱家乡意识、义务与责任,增强文化自觉和树立文化自信,培养认同现代国家的忠诚的合格公民。

乡土文化教育认同可以通过学校专门的学科课程或活动课程,增强学生的乡土文化意识和能力。弘扬中华优秀传统文化首先要实现乡土文化教育认同。乡土文化教育认同应该体现乡土文化价值。真正落实有意义的乡土文化教育认同必须依照自身的文化背景，帮助个体理解、体验、批判和创造乡土文化，形成对乡土文化的自我认知、自我觉醒和自我担当。乡土文化教育将增进对乡土文化的认同，同时，又将加强对优秀传统文化的认同，夯实民族文化根基。乡土文化教育的认同推进了人们对本民族、本国优秀传统文化的自觉、自信的建立，形成共同的理想信念，坚定进行优秀传统文化交流传播，促进人类社会文明能动的发展。

（二）乡土文化教育认同是弘扬优秀传统文化的有效途径

中华优秀传统文化是中华民族的根，乡土文化是中华优秀传统文化的重要组成部分。乡土文化教育认同是继承和弘扬优秀传统文化，铸造民族精神的重要的途径与策略。中华优秀传统文化需植根于乡土文化教育认同中，体现中华民族之魂。中华文明延续至今已经有5000多年的历史。我国古代先贤及仁人志士们提倡仁爱、诚实、节制、宽容、和睦、忠诚、孝亲意识、责任意识、团结合作、自省自律、公平公正、热爱民族和国家等价值理念等，这些优秀的传统文化是中华民族的凝聚力和创造力之源，以文化心理积淀的方式存在于乡土文化中，深刻地影响着当代中国人的价值取向与生活方式。

中华优秀传统文化植根于乡土文化教育认同中，农村中学生是传承乡土文化、创新乡土文化的有生力量。通过乡土文化教育认同对农村中学生的传承文化培养，不仅可以使优秀传统文化生生不息地得到继承和发展，而且有助于生活在农村文化区域的中学生对其乡土文化发展历程和未来有清楚的认识。这就是对中华传统文化最为实质性的继承和发展，也是中华文明持续传承下去的关键所在。乡土文化教育认同有助于增强农村中学生对优秀传统文化的自尊心、自信心，有利于增强农村中学生的文化认同，增加学生们的爱国情怀，提高民族主体意识，增强民族的凝聚力和向心力。

（三）乡土文化教育认同是推动优秀传统文化传承的重要力量

当今世界政坛多变、经济全球化，国内经济社会处于转轨转型中，地球村内各种思想文化的交流交融对社会也日益频繁。乡土文化教育认同是弘扬优秀传统文化，落实立德树人的根本任务，实现伟大"中国梦"

的重要途径。农村中学生是中国新农村建设的未来和希望，学生在接受教育过程中形成的优秀传统文化素养不仅关乎个体未来对社会生活的适应，更关乎中华民族传统文化的伟大复兴。

当前，我国正处于城乡一体化、社会变革时期，现代传播技术的更迭不暇，农村中学生在成长过程中很容易受一些不良思想倾向和道德行为的影响。这就需要培养农村中学生形成蕴含中华民族独特精神标识和中华传统美德的乡土文化教育认同，引导学生充分认识剔除文化糟粕，借鉴西方现代价值理念，积极将传统文化的精髓与国际先进价值观念进行融合，用科学理性破除乡村迷信、政治理性审视宗法纲纪等抵御社会不良信息和负面现象的影响，更好地让学生成长、成才。加强乡土文化教育认同引导农村中学生增强文化自豪感、价值观自信，自发弘扬中华优秀传统文化，自觉推动文化传承创新具有重要作用。

第二节 社会主义核心价值观与乡土文化教育认同

一 社会主义核心价值观的提出及其时代意义

（一）社会主义核心价值观的提出

2012年11月，党的十八大报告提出"倡导富强、民主、文明、和谐，倡导自由、平等、公正、法治，倡导爱国、敬业、诚信、友善，积极培育和践行社会主义核心价值观"。2013年12月，中共中央办公厅印发《关于培育和践行社会主义核心价值观的意见》，详细阐述了社会主义核心价值观的内容、指导思想、基本原则以及实践要求等。该《意见》明确提出将培育和践行社会主义核心价值观作为一项战略任务，并将社会主义核心价值观构建成为国家、社会、公民三个层次的完整体系。社会主义核心价值观包括政治、经济、文化等诸多方面的内容，是基于我国国情基础上的价值认同体系。它既指出我国人民"应该如此"的价值规范、道德要求、理想信仰，也体现出中国特色社会主义的价值追求与目标。社会主义核心价值观从国家、社会与个人三个层面提出不同层次的价值观念，具体描绘出不同群体的价值追求与目标。

第一,"富强、民主、文明、和谐"是立足于国家制度建设层面提出来的。一直以来,我们党的目标始终围绕政治建设、经济建设、文化建设、生态文明建设等方面,"经济富强、政治民主、文化文明、社会和谐"是中国梦的根本。2016年,习近平总书记在庆祝中国共产党成立95周年大会上指出:"党的基本路线是国家的生命线、人民的幸福线。"这个层面的价值观符合我国民族复兴的愿景,象征着一种凝聚人心、鼓舞士气的活力、追求与希望。

第二,"自由、平等、公正、法治"这四个词是立足于社会层面提出来的。改革开放以来,随着我国经济体制从计划经济走向市场经济,我们党始终坚持社会主义民主政治这一奋斗目标,人民群众的民主法治意识、政治参与意识、权利义务意识普遍加强。在这样的社会环境下,人们越来越强烈地感受到社会公平公正的重要性,维护公平正义的呼声也越来越高。

第三,"爱国、敬业、诚信、友善"体现了公民个人的基本价值追求和道德准则。这既是对全体公民的价值观和道德观提出的紧迫任务,也是在社会经济复杂多变的局势下对全体公民思想言行提出的恒久目标。相比较而言,这八个字最贴近民生,具有最朴素的情感。它既集中体现了中华民族几千年来的传统美德,又表达了社会主义道德的追求。它覆盖了道德生活的方方面面,既是每一位公民严格恪守的基本准则,同时也是道德选择的衡量标准。

总而言之,"富强、民主、文明、和谐,自由、平等、公正、法治,爱国、敬业、诚信、友善"这24个字不是人们每天挂在嘴边的口号,而是人民奋力前行的方向。它给予人们力量,让人们满腔热情地投入到生活、学习、工作中;它让人们明确自己肩负的历史责任,明辨是非,以自己点点滴滴的思想与行动诠释爱国主义的真正内涵。

(二)社会主义核心价值观的时代意义

1. 构建人的精神世界

时代的快速发展并非带来人们精神世界的充盈。首先,人的精神世界与价值观念的脱节引发了一系列的问题,如焦虑、空虚、困惑、信仰缺失等等,社会主义核心价值观作为一种文化软实力,对构建和谐稳定的社会、巩固我国特色社会主义的思想基础、维系国家的长治久安,以及提升人们的精神生活水平至关重要。其次,面对经济全球化的浪潮,多元文化的冲击使得一些人的价值理念与西方资本主义的价值观念扭结在一起,混淆是非,甚至有人认为西方的才是自由的、先进的。在这样的情形下提出社会主义核心价值观,对中国人的精神世界具有重要的滋养意义。2017年,由中宣部宣教局等单位主办的关于"社会主义核心价值观主题微电影征集展示活动",每一部优秀作品都讲述了一个平凡而触动心灵的故事,把最好的精神食粮奉献给人们。① 2018年,影片《厉害了我的国》让我们看到了国家的富强,中国成就骄傲了国人,震撼了世界。

其一,社会主义核心价值观是人们的精神动力。

社会主义核心价值观承载着我国民族伟大复兴的中国梦,是我们这个国家的精神支柱、行动向导。从这简简单单的24个字不难发现,社会主义核心价值观承载了我国优秀的传统文化,体现了社会主义的本质要求,更彰显了改革创新的时代精神。这不仅为人们明确了传统文化的道德底线,也对人格要求树立标尺,同时为我们的梦想与追求指明了方向。

其二,社会主义核心价值观是人们的精神定力。

繁华的时代,浮躁的心态,空虚的心灵,我国经济的急剧变化对人们精神世界的发展产生了不小的负面影响。急于求成、心浮气躁、不愿付出、索求回报成为人们性格的一部分,这种思想甚至变异为一种时尚,成为人们不入俗流的象征。社会主义核心价值观的提出让我们清晰地看到自己原初的目标、国家的希望、社会的期盼,让我们抓住万变中的不变,坚定向前,不忘初心,发挥内在活力,共同描绘美好未来。

其三,社会主义核心价值观绽放人们的精神活力。

社会主义核心价值观与人们的生活、风俗、习惯相耦合,具有接地气的活力。人们在大事小事中都可以感知、领悟并内化它的精神追求。春雨润物细无声,近几年人们的生活、工作都随着社会主义核心价值观的大力推进而释放出无穷活力。爱心基金、公益事业、模范人物等榜样

---

① 《社会主义核心价值观主题微电影征集展示活动》,2018年1月4日,中国青年网(http://v.youth.cn/zt/shzyhxjzg/)。

带动的案例越来越多，为社会带来了温暖，为生活释放了暖意，为人们的美好希望催生了力量。

2. 重新树立文化自信

文化自信是对文化生命力的信念与信心。自从党的十八大以来，习近平总书记在多个场合提到文化自信，在2014年2月24日的中央政治局第十三次集体学习中提到"增强文化自信和价值观自信"，2016年强调"我们要坚定中国特色社会主义道路自信、理论自信、制度自信，说到底是要坚持文化自信"，在庆祝中国共产党95周年大会讲话上提出"文化自信，是更基础、更广泛、更深厚的自信"等等。习总书记通过不同语境表达文化自信，传递了他的文化观，也树立了我们国家的文化理念。社会主义核心价值观是文化自信的本质与灵魂。文化自信强调对文化建设的准确把握，既不盲目自大，也不以偏概全。中国特色社会主义在建设富强的国家、构建和谐的社会以及谋人民幸福生活的时代境遇中，社会主义核心价值观是重要依托，它决定了文化的立场、选择及方向。从本质上来看，中国特色社会主义的主流文化即社会主义核心价值观，也就是说，我们中国人所表现出来的文化自信就是社会主义核心价值观的自信。

文化自信来源于我们深厚的文化软实力。核心价值观中凝聚着中华民族深沉的精神追求。正是这博大精深的传统文化，使我们意识到"天下兴亡，匹夫有责"的责任，具有"精忠报国"的情怀、"舍生取义"的精神、"与人为善"的思想以及"和而不同"的智慧。这千百年来传承下来的思想文化，是我们一直以来的理想追求，也是富有民族特色的宝贵财富。

文化自信是新时期的时代课题。文化自信来源于历史的积淀，也是我们实现中国梦的基石和动力。改革开放以来，我们创造了许多的成就，北京奥运、汶川地震、航天事业等这些富有时代特征的创举充分印证了我们奋发向上的民族精神。这一件又一件令国人骄傲的事情表明社会主义核心价值观为我们匡正了文化的发展方向，注入了新鲜的文化活力，赋予我们一种自觉自新的能力，传承历史，创新未来，引领文化生命生生不息，绵延发展。

二 乡土文化是社会主义核心价值观的文化底蕴

（一）乡土文化是社会主义核心价值观的坚实基础

价值观是文化的核心。①2014年5月4日习近平总书记在北京大学师生座谈会上的重要讲话中指出，我们倡导的社会主义核心价值观，必须从中华优秀传统文化中汲取丰富营养，否则就不会有生命力和影响力。乡土文化与社会主义核心价值观是"根"与"魂"的关系，乡土文化为社会主义核心价值观奠定思想基础和精神要素；社会主义核心价值观为乡土文化开拓领域、指明方向、提升境界，并提供价值支撑保障。乡土文化是中华优秀传统文化的重要组成部分，千百年来传承的乡土文化是祖辈们的生存智慧、生活理念、村规民约，也是维系一个家族、一个村落的凝聚力和向心力，如"孝老爱亲""仁义礼智信"等等，还有很多农民喜闻乐见的经典故事。沿承这些文化精神，学习他们的行为模式，就是自觉不自觉的接受这些行为背后的价值原则。核心价值观的根源就在乡土文化这块肥沃的土壤中，了解乡土文化的深厚底蕴，就是对中华优秀传统文化的学习。正是这些看上去习以为常，时时发生在身边的小事，却成为了农村学生体验、认同和践行社会主义核心价值观的有效途径和载体，离开这些而空谈道理，核心价值观教育也只是夸夸其谈，空言无补。

习近平总书记强调说："中华文化源远流长，积淀着中华民族最深层的精神追求，代表着中华民族独特的精神标识，为中华民族生生不息、发展壮大提供了丰厚滋养。中华传统美德是中华文化精髓，蕴含着丰富的思想道德资源。"②中华传统美德是优秀乡土文化的凝结与概况，从更宽广的视野来看，乡土文化是社会主义核心价值观更加接地气的精神基因，也是社会主义核心价值观的场域来源。

（二）增强乡土文化自信是深入认同社会主义核心价值观的直接渠道

文化自信是人们对扎根深处的历史文化的自信。随着城乡一体化的

---

① 石中英：《培育和践行社会主义核心价值观——深入学习习近平总书记教育思想（四）》，《中国教育报》2017年8月15日第1版。

② 《"习近平谈核心价值观"——民族的根与魂》，《人民日报（海外版）》2014年7月31日第5版。

推进，城市文化和价值观念从各种渠道蜂拥而至，对农村孩子产生了重要影响，很多人认为城市文化代表着先进、时尚，而乡土文化沦落为落后、愚昧，于是不假思索地盲目追求城市文化。究其原因，一是复杂环境给农村学生内心带来的种种价值观冲突，二是人们对乡土文化的不自信。在此，应该客观、理性地对学生进行积极引导，使其正确认识乡土文化，理解、尊重、肯定、热爱"乡土文化"，在宽容、平等的对话空间中感受先贤的精神风采、伟大壮举，体会乡土文化散发的魅力与力量。只有增强乡土文化自信，坚定内心的价值观信念，才能让农村学生认同积极、正确的价值观，将社会主义核心价值观扎根心中。

增强乡土文化自信，实际上就是认同社会主义核心价值观的表现。"道不远人"，国家大力推行社会主义核心价值观，其实就是赋予人们一种正确认知本土历史文化的自觉自新的能力，同时也用一把价值标尺时刻警醒着我们的生活方式。每个人都有自己的乡土情结，故乡情在每个人身上都有深深的烙印，坚信乡土文化，赋予一份理想寄托，就找到了乡土文化与社会主义核心价值观的契合点。在国家大力推行社会主义核心价值观的大背景下，人们在学习的过程中越发能够体会到乡土文化的珍贵。触动乡土文化情结、意识到乡土文化的魅力是增强社会主义核心价值观的内在感召力的有效途径。正如有学者提到："社会主义核心价值观蕴含着促进文化自觉、自新、自强的精神动力，能够葆有文化生命之延续，赋予文化发展以动力；同时匡正文化发展方向，赋予文化发展真、善、美兼具的价值追求。"①

(三) 提升乡土文化自觉是积极践行社会主义核心价值观的重要路径

"文化自觉"是中国社会学家费孝通先生提出的观点，他认为"文化自觉指生活在一定文化中的人对其文化有'自知之明'，明白它的来历，形成过程，所具的特色和它发展的趋向。""自知之明是为了加强对文化转型的自主能力，取得决定适应新环境、新时代文化选择的自主地位。"②文化自觉是一个艰巨的过程，生活在一定环境中人们未必会清晰认识自己的文化。多元文化的冲击有助于人们认识自己的文化并确立自己文化

---

① 梁秀文、夏从亚：《文化自信与社会主义核心价值观》，《中州学刊》2016年第11期。
② 费孝通：《论人类学与文化自觉》，华夏出版社2004年版，第188页。

的位置。社会主义核心价值观的作用恰恰在此,有助于人们在共同认可的秩序中理解自己长期接触的乡土文化,明白它的珍贵之处,不洗刷、不盲从、不动摇,深刻感受它的来龙去脉。在文化冲击中感受乡土文化的特别之情,为乡土文化做一份贡献,这就是从细微处践行社会主义核心价值观。

乡土文化的自觉意识能够提升人们对社会主义核心价值观的认识。从乡土文化与社会主义核心价值观的关系来看,它们就是普通与特殊、表现与本质的关系。社会主义核心价值观是我国多元文化的综合体,也是精髓,具有普适性;乡土文化散落在不同地域,是在特定区域内通过历代人们艰苦卓绝的劳动实践创造出来的,是反映地方财富的特殊文化。社会主义核心价值观是不同乡土文化的概括与凝结,而乡土文化是社会主义核心价值观的地域表现。寻找乡土文化的根,了解乡土文化的传承历史,以当地喜闻乐见的文化元素践行社会主义核心价值观,以当地人民的日常需求落实社会主义核心价值观,这样既推动了人们认识乡土文化的精神力量,提升了人们的乡土文化自觉,又使得乡土人民成为践行社会主义核心价值观的主体力量。

三 乡土文化教育认同有助于社会主义核心价值观的落实

社会主义核心价值观的提出并不是空穴来风,无本之木,恰恰是立足于我国实际情况和时代要求,是对中华民族优秀文化的凝练、概括和提升,体现了文化的灵魂,民族的凝聚力和向心力。远离城市的农村中小学生对社会主义核心价值观充满了畏惧和敬仰,仰视那些高高在上的抽象理论,感觉既遥远又陌生。《中庸》提到"道不远人",所以社会主义核心价值观并未远离每一个人,而是秉持在每一个人心中。提升乡土文化教育认同的当务之急就是使学生了解家乡的文化生活和历史传统,唤起他们爱家乡的情感,以爱乡土文化来促进社会主义核心价值观的落实。

研究社会主义核心价值观和乡土文化教育的关系,实际上是对社会主义核心价值观从"必要性"到"可行性"的飞跃,也就是从认识阶段上升到落实阶段,从共识阶段走到行动阶段,从觉醒阶段跨越到迈步阶段。

（一）乡土文化教育有助于弘扬社会主义核心价值观

我国幅员辽阔，区域差异显著，各地域有着不同的历史传统、生活环境、风俗习惯，但是在公德、个人修养等方面与社会主义核心价值观有着一致性、契合性、相通性。在个人修养方面，要求人们诚实守信；在人伦关系上，倡导人们尊老爱幼、重情重义、团结友善；在环境保护方面，要热爱乡土、保护生态环境；在职业道德方面，要遵纪守法、勤奋工作、爱岗敬业；在民风民俗方面，要守规矩，有约束，要崇尚文明，禁忌愚昧等等，这些都渗透着"富强民主文明和谐、自由平等公正法治、爱国敬业诚信友善"的思想和观念。

践行核心价值观不一定全靠乡土文化教育，但乡土文化教育的独有特性却是培育农村学生核心价值观的最佳途径。乡土文化教育不是理论层次上的空泛讨论，而是来自于日常生活，又作用于生活实际的精神食粮，是社会主义核心价值观落实农村校园的最佳着陆点。

从教育意义来说，乡土文化教育以理解乡土、爱乡土为中心，有助于人们找到根，把根留住，具有传承并弘扬具有地域特色的乡土文化的价值；从教育价值来说，可从内向型深化与外向型扩张两个向度去认识。内向型深化强调其本体价值，是"人化"水平的提升，促进农村学生的全面发展，提升价值观念；外向型扩张强调其工具价值，是"人化"水平的延伸，由乡土爱推及国家爱，践行社会主义核心价值观，共构和谐美好的社会。学生价值观念的提升有助于其终身发展，学生的终身发展又促进了国家和社会的可持续发展，国家和社会的可持续发展又为个人的终身发展提供了优良环境。所以提升学生的价值观念和社会主义核心价值观相辅相成，是个人与国家、社会发展的有机统一。

综上所述，乡土文化教育是基于本土文化资源，培养学生的认知、技能、情意的综合性教育活动，既传授学生乡土知识，还在知识的学习过程中体验其蕴含的价值，促进他们寻找和体认自己的文化身份，培养他们从认识、认同到践行乡土文化的责任感，为自身素养的提高奠定根基，树立价值准则，为国家、社会的发展贡献力量。这样的教育活动就是将社会主义核心价值观落在实处，让学生切身感受体会，内化为他们的价值理念。

(二) 乡土文化教育认同有助于落实社会主义核心价值观

通过乡土文化教育认同落实社会主义核心价值观是可行的，具体表现在理论与形式两方面。

将社会主义核心价值观与乡土文化教育相结合，这是坚持文化育人的具体表现。2014 年 3 月，教育部印发《完善中华优秀传统文化教育指导纲要》中强调"坚持中华优秀传统文化教育与培育和践行社会主义核心价值观相结合"。① 正如前文所言，优秀传统文化是乡土文化的精华与凝练，而乡土文化教育所弘扬的乡土文化必定是经过精挑细选，富有正能量的内容。优秀的乡土文化是社会主义核心价值观的重要思想源泉，也是建设社会主义先进文化的坚实基础。社会主义核心价值观体现我们中华民族精神，符合历代人民的本质特征。将社会主义核心价值观与乡土文化教育相结合，从本质上来看，它们两者的内容并不矛盾；从内容来看，社会主义核心价值观是从优秀乡土文化中抽象出来的理念。想要落实社会主义核心价值观，还需将理念贯穿在一个个故事中，一段段佳话里。因此，通过乡土文化教育落实社会主义核心价值观，既可以让社会主义核心价值观引领乡土文化教育，还使得农村学生易于接受，更深切地体会其中的人文内涵。

乡土文化教育的形式多种多样，除了学习课本知识外，校园文化活动、学校仪式②等都受到学生的喜爱。学生通过积极参与相关主题晚会、主题班会、团日活动、辩论赛、演讲赛、设计板报这些活动，在喜闻乐见的文化氛围中去模仿，引导学生树立社会主义核心价值观。陕西省安康县多所学校开展社会主义核心价值观的主题教育活动，结合当地乡土文化，引导师生牢固树立社会主义核心价值观。如县职校举行了"厚德陕西，青年当自强"演讲比赛；城关中学举办了"践行社会主义核心价值观主题摄影展"，400 余幅摄影作品诠释了师生对祖国、对家乡、对生

---

① 《完善中华优秀传统文化教育指导纲要》，2014 年 3 月 26 日，中华人民共和国教育部官方网站（http://old.moe.gov.cn/publicfiles/business/htmlfiles/moe/s7061/201404/166543.html）。

② 纪德奎、蒙继元：《学校仪式在乡土文化教育中的价值及实现路径》，《当代教育科学》2017 年第 7 期。

活的热爱；① 成都市龙泉驿区的同学们分享自己收集的美德小故事，并以小组讨论的形式发现身边的美德行为、美德小达人，为大家树立学习的榜样；中国古礼中的"抚心礼"，是将左手搭右手上，端于胸前，手心朝内。每年教师节前，龙泉一中师生以三行抚心礼的方式恭敬地礼拜孔子，表示将尊夫子之仁德，敬夫子之礼学，感夫子之教化。②

乡土文化教育本质上是一种文化认同教育。③ 乡土文化是一种价值范畴，实现价值离不开人的行为，它是人的行为的依据、动力和方向。开展乡土文化教育，是将这种价值观念或价值理想内化为学生的一张价值原则，提升人们的自觉行为。只有在实践过程中体验到在该价值观念引导下给自己行为带来的积极作用时，才算真正理解内化了这一价值理念，才会在以后的行为活动中自觉融入该价值范畴。因此，在认同基础上，将乡土文化的核心价值理念转化为切身行动，使熟悉的乡土文化成为生活实践的一部分。以文化自觉促进思想自觉和行动自觉，这正是从细微处践行社会主义核心价值观。

第三节　乡村振兴战略与乡土文化教育认同

一　乡村振兴战略的提出及其时代意义

（一）乡村振兴战略的提出

2017 年 10 月 18 日至 24 日在北京召开的中国共产党第十九次全国代表大会进一步重视乡村建设与乡村发展问题，把乡村发展与乡村振兴上升到国家发展战略层面，提出了具有承前启后、划时代意义的乡村振兴战略，并对乡村建设、乡村发展、乡村改革等一系列重要理论与实践问题从宏观战略层面进行了规划与设计。仔细分析十九大报告，发现国家对乡村改革与乡村发展问题极为关注，在多处提到乡村字眼，对乡村振

---

① 《教育系统全面开展核心价值观主题教育活动》，2015 年 5 月 28 日，岚皋县人民政府网（http://www.langao.gov.cn/Item/12859.aspx）。
② 《龙泉各学校开展社会主义核心价值观系列主题活动》，2014 年 12 月 17 日，成都文明网（http://cd.wenming.cn/xcxx/20141217_1506288.shtml）。
③ 纪德奎、赵晓丹：《文化认同视域下乡土文化教育的失落与重建》，《教育发展研究》2018 年第 2 期。

兴战略有两处提及，一是在"决胜全面建成小康社会，开启全面建设社会主义现代化国家新征程"部分，将乡村振兴战略同科教兴国战略、人才强国战略、创新驱动发展战略、区域协调发展战略、可持续发展战略、军民融合发展战略等一起作为全面建设小康社会应坚持的重要发展战略，是全面建设社会主义现代化国家的重要内容与方式。二是在"贯彻新发展理念，建设现代化经济体系"部分提出了实施乡村振兴战略，报告指出农业农村农民问题是关系国计民生的根本性问题，必须始终把解决好"三农"问题作为全党工作重中之重。要坚持农业农村优先发展，按照产业兴旺、生态宜居、乡风文明、治理有效、生活富裕的总要求，建立健全城乡融合发展体制机制和政策体系，加快推进农业农村现代化。乡村振兴战略绝非仅仅指向乡村发展与乡村改革，而是具有更高的价值指向与深层的内在意蕴，它是新发展理念的体现与内在要求，是建设现代化经济体系的重要组成部分，关系着我国社会发展理念转型、发展方式转型的实现。

进一步分析十九大报告中提到的乡村振兴战略，发现主要从乡村发展与乡村振兴的宏观目标方面进行设计，描述了乡村振兴的重要性以及乡村振兴的理想样态。报告指出，农业农村农民问题是关系国计民生的根本性问题，必须始终把解决好"三农"问题作为全党工作重中之重。其指出了乡村振兴的重要性，表明乡村问题主要是农业、农村与农民问题，它们是乡村振兴的内核，是乡村振兴的关键要素，是乡村振兴的主要指向。同时它们是关系国计民生的根本性问题，是全党工作的重中之重，足以体现出乡村问题的重要地位，它关系着国家发展大计，影响着全面建设社会主义现代化强国的实现，它关系着人民生活水平、生活健康状态与生活质量，是提高人民生活质量、构建优质生活生态、全面建成小康社会的重要影响因素与推动力量。同时报告指出要坚持农业农村优先发展，按照产业兴旺、生态宜居、乡风文明、治理有效、生活富裕的总要求，建立健全城乡融合发展体制机制和政策体系，加快推进农业农村现代化。十九大报告对优先的强调主要存在三个方面，分别是优先发展教育事业、坚持农业农村优先发展、坚持就业优先战略，可见乡村发展问题在整个国家发展规划、发展布局中的重要地位。在对乡村振兴的整体性20字的描述中，涉及产业、生态、文化、治理体系、人民生活多个方面,是对乡村发展的宏观性、系统性的规划,与十六届五中全会对建设社会主义新农村做出的概括,即"生产发展、生活宽裕、乡风文明、村容整洁、管理民主"相比,十九大报告对乡村发展的定位有了明显的拓展与深化,也对乡村发展提出了更高的要求。

(二) 乡村振兴战略提出的时代意义

十九大报告提出的乡村振兴战略具有重要的时代意义。第一,乡村建设与发展在我国社会主义现代化建设中占有重要的地位,乡村振兴是实现社会主义现代化的必然要求。中国的发展变革是基于乡村的发展变革之上的,乡村的发展变革是中国的发展变革的前提与基础。因此在当前社会主义现代化建设中,乡村现代化建设如何、乡村现代化建设到何种程度是其重要内容,同时其又影响着社会主义现代化建设的步伐,制约着全面建设小康社会伟大战略目标的实现。第二,当前乡村建设与发展仍然存在诸多问题。虽然自改革开放以来,我国社会主义现代化建设稳步推进,社会各项工作取得了巨大的成果,乡村发展也取得了瞩目的成就,但当前我国乡村发展与建设工作仍存在诸多问题,与社会主义现代化建设的要求仍然存在一定差距。例如乡村基层组织建设与工作往往采取粗犷型模式,基层人员工作态度不端正、自身素养有待提高、工作效率有待提升、工作理念有待变革与强化,基层工作往往与人民群众的实际需求、现实问题相脱离,基层工作实际效果不甚理想。例如乡村经济发展有待提振、农民收入需要进一步提高,乡村经济发展体系有待建立与完善,发展方向不够明确,发展方式方法应进一步多元化,发展道路有待进一步拓宽,而农民收入发展亦存在相似的问题。因此这迫切要求我们既看到取得成果,总结发展的经验,又要直面乡村发展遇到的现实问题,不断深化乡村发展变革,实现乡村振兴。第三,乡村振兴的核心是从根本上解决"三农"问题。"三农"问题是中国的根本问题,是现代化建设面临的严峻挑战,乡村振兴战略根本上旨在解决当前我国农村不兴旺、农业不发达、农民不富裕的问题。在树立创新、协调、绿色、开放、共享"五大"发展理念的基础上,实现生产、生活、生态"三生"协调,促进农业、加工业与现代服务业"三业"融合发展,实现农村变样、农业发展、农民受惠,最终建成"看得见山、望得见水、记得住乡愁"、留得住人的美丽乡村、美丽中国。第四,实施乡村振兴战略,有助于弘扬中华优秀传统文化。中国文化根本上是一种乡土文化，中华文化的根脉在乡村，人们常说的乡景、乡情、乡音、乡邻、乡德构成了乡土文化，也自然成为中华优秀传统文化的基本内核。实施乡村振兴战略，就是重构乡土文化，就是弘扬中华优秀传统文化。

二　乡村振兴战略与乡土文化发展

（一）文化是促进社会发展的重要力量

从历史的角度看，无论是中国古代农业政策，还是近代农业改革，抑或是现当代的乡村改革，我们基本上能够发现其着力点主要在于经济建设，注重生产方式、经济制度的变革，通过战略规划、制度设计、发展方式变革等方式，实现乡村的发展与现代化。十九大报告中提出的振兴乡村战略亦主要着眼于乡村经济发展。乡村发展本质上是乡村社会的发展，一个局部性社会的发展是多方面的，经济发展固然是其中一方面内容并且是重要内容，但文化发展亦是不可遗忘、偏废的一方面，甚至是起关键作用的一方面。纵观社会发展历程，社会每一次取得较大的发展、实现巨大的转变无不是文化力量与经济力量及政治力量相互作用的结果，不同的是经济力量与政治力量往往是以一定的物质形态存在于社会并且作用于社会发展的，而文化往往是内隐的，以隐性的方式与经济力量和政治力量相互作用，共同促进社会发展。首先文化能够直接促进社会发展。社会中存在的文化是不断发展进步的，发展性是文化存在的一种常态，文化的发展性使得社会中文化的功能具有双重性，即文化不仅适用于、维持当前社会发展状态，还对当前社会产生一定的批判、改造与指引的作用。历史发展的经验表明，当一种旧有的制度、旧有的体制与规则无法适应社会发展，与社会发展需求产生矛盾甚至是激烈冲突的时候，蕴藏在制度、体制与规则中的新文化往往能够对新制度的废除、变革与建立给予明确、有效的暗示与指引，进而使得新的制度得以确立。例如文艺复兴运动对于资本主义制度的确立、新文化运动与五四运动对于新民主主义革命的胜利等都起到了重要的直接推动作用。其次文化对于经济发展有推动作用。经济与文化之间的关系是复杂的，按照马克思主义基本理论，经济基础决定上层建筑，文化涉及思想文化、行为文化、制度文化等多方面，因此经济对文化具有决定作用，经济发展了必然促进文化的不断进步，有什么样的经济基础就需要有什么样的文化与之相适应。但文化对于经济发展绝不是无能为力的，事实上文化对于经济发展具有反作用，我们发现当前无论是创作、生产、销售、消费等许多经济活动都无法离开文化，并形成了丰富多样的创作文化、生产文化、销售文化与消费文化，经济与文化逐渐形成了"合则共荣、分则共亡"的紧密联系、相互依赖、相互促进的关系。具体而言，文化对经济的推动作用主要表现在，一方面文化赋予了经济活动以深厚的文化底蕴。经济活动是人的活动，人本质是文化，正因为有文化的存在才使得人类的经济活动区别于动物的谋生活动，使人的经济活动体现出深厚的价值观念、内在意义，并使得经济活动具有规则、制度、方向与韵味。另一方面文化能够提高经济活动的效能。正如上面所言，经济活动是人的活动，人的活动并非计算机的机械、僵化、被动执行命令，总是伴有一定的目的与意义，体现出人的思想、观念与信仰。人如果有明确的目标、坚定的信念、愉快的心情，那么其所参与的经济活动将能够拥有较高的效能。在一个特定的企业、经济体中，如果企业具有人本的管理文化、深厚的历史文化、丰富的娱乐文化，那么将能够大大提高员工的工作效率，提高企业产出效能。另外经济体如果拥有宽松、团结、包容的合作文化，那么将能够提高员工之间合作的契合度与效率，进而提高企业经济效能。这也就是很多企业，特别是长期屹立不倒的优秀企业的重要生产秘诀，即注重企业的文化建设。再次文化规劝着社会经济发展的状态，是社会发展的黏合剂。文化虽然具有内隐性，但它会通过一定的载体呈现出来，如语言、文字、动作、舞蹈、音乐、艺术品等等。文化不同的呈现状态，具有不同的作用，如果在一个地区或民族中文化过于繁杂混乱，或者文化之间相互矛盾冲突，那么文化则具有离心力的作用，使得地区或民族呈现混乱、矛盾、冲突、分裂甚至战乱的状况，例如当前世界的一些热点地区、动荡地区除了具有历史、外部势力干涉等原因之外，其更深层次的原因往往就是由于文化之间相互冲突矛盾的因素所导致。如果在一个地区或民族中一致性的文化，或者文化之间相互交融、和谐共存，那么必然能够使人们之间形成共同的思想观念、价值理念、发展目标及友好相待、和谐共处之情，使社会形成一种团结和谐的发展氛围，继而为社会持续发展、生生不息提供强大的力量。

(二) 乡村振兴的关键是乡土文化发展

反观乡村，文化促进乡村社会的发展除了具有一般社会的普遍性之外，还具有一定的特殊性。首先乡村是一个相对封闭、联系密切的社会，很多村民世世代代生活在同一个地方，甚至一些村往往只有一个姓氏，同族同宗，人们之间拥有密切的血缘关系与亲情关系，这种宗族文化在人们的观念中根深蒂固，是影响人们行为及乡村社会发展的重要因素。其次人们之间除了拥有血缘关系、具有浓郁的宗族文化外，由于乡村社会的地域稳定性、生活传承性等，会形成不断传承、共同认同的村落文化，如传统道德、乡风民俗、乡规乡约、生活习惯等，这些文化塑造着村民的价值观念、思维方式、行为习惯，对乡村社会的发展具有重大的影响作用。总而言之，社会的发展离不开文化，文化对社会发展具有较强的作用力，要切实促进乡村社会发展、推动乡村振兴战略的顺利实施，就不仅要重视乡村经济发展，实现人民生活富裕，还要注重乡村文化发展，把乡村文化发展纳入乡村振兴战略之中来，推动经济与文化相互促进、共同发展，力图建筑乡村社会的一体化发展，实现乡村社会的全面发展与振兴，最终达到全面实现小康社会的宏伟目标。

文化振兴是乡村振兴的核心要义与关键任务。从文化振兴的内涵与本质看，首先需要开展文化保护与传承。改革开放以来，虽然国家强调要开展乡村改革，制订了多种多样的乡村改革计划，设计了乡村改革与乡村发展诸多措施，但总体上而言，乡村发展仍然存在很多问题，当前乡村远未达到预定的发展目标与期望。相比较而言，几十年来我国的发展是关注城市发展，强调东部沿海地区的发展，而乡村地区、西部偏远地区的发展问题并未受到应有的重视。因而我国经济的不断发展过程就是城市经济飞速发展过程，是城乡之间差距不断扩大、日益不均衡的过程。如果从文化的角度看，则是城市文化被不断弘扬、得到重点保护与传承，而乡村文化逐渐式微与没落、受到冷落，城乡之间的文化差距亦在不断扩大，在文化发展、文化保护、文化传承、文化弘扬、文化受关注程度、文化重要性等各个方面乡村文化全面落后于城市文化。随着城乡一体化发展成为促进乡村发展与变革、振兴乡村的基本战略，如何一体化、特别是文化之间的交流、对接、交融成为受人关注的问题，是城市的强势文化对乡村弱势文化的全面侵占、代替，乡村弱势文化被城市强势文化驯服、同化,还是城市强势文化与乡村弱势文化水火不容、界限分明?显然这些均非一体化所期望的结果,一体化要求城市文化与乡村文化地位平等,彼此保持开放的状态,在保持彼此基本特性的基础上开展交流与交融,相互取长补短,进而实现共同发展。这要求乡村文化要有与城市文化相等的地位与实力,在城乡一体化进程中拥有同等的话语权和参与权,为此必须要重视乡村文化的作用,注重对乡村文化进行保护与传承,提升乡村文化的影响力,实现乡村文化不断发展进步。其次需要对乡村文化加以辨别、改造与创新。由于乡村是一个相对封闭、固定的场域,总是远离世俗的叨扰与喧嚣,因而乡村文化发展往往与城市文化、其他文化相互隔离,存在自身传承的逻辑性,乡村文化具有良好的传递性和保存性。正是因为这些因素,使得乡村文化往往被贴上落后的标签,成为贫穷、保守、狭隘的代名词,事实上,乡村文化由于囿于自身发展逻辑中而无法自拔,往往落后于时代发展的节奏与步伐,已经无法承载促进乡村发展、振兴乡村经济的使命,在很多时候,乡村文化往往因为自身的狭隘性成为阻碍乡村发展的重要因素。但是我们不能对乡村文化予以全面否定,任何事物均存在积极一面也存在消极的一面,这是辩证法认识事物的基本规律,乡村文化亦是如此,乡村文化除了具有突出的消极性之外,还具有积极的一面,例如乡村文化往往内蕴着中华民族的传统美德,勤劳质朴、善良勇敢、尊老爱幼、勤俭节约、敬业奉献等等,这是我们在面对乡村文化时必须要看到的。因此,振兴乡村文化不仅需要保护与传承,更要加以辨别、改造与创新。辨别就是要分别乡村文化中哪些是糟粕文化,哪些是优秀文化,对糟粕文化要坚决予以摒弃,对优秀文化要加以传承、传播与弘扬。改造是指虽然乡村文化中存在很多精华,但是这些内容有些已经陈旧,有些甚至不符合时代观念,因此要使乡村文化在当代依然能够发挥耀眼的光芒,就需要对一些落后的、不符合时代要求的文化加以改造,使之继续散发热量。创新是指乡村文化要走出囿于自我的发展理念与发展逻辑,要面向时代发展的方向,紧跟时代发展的步伐,按照时代发展的要求,不断吸收时代精华,在发展方向、发展理念、发展方式、地位作用方面进行时代创新,形成彰显当代意蕴的新乡村文化。

三　乡土文化发展与乡土文化教育认同

（一）乡土文化教育是发展乡土文化的有效路径

乡村文化要与城市文化实现共同发展，需要加以保护、传承、辨别、改造与创新。文化的发展有多种多样的形式，不同形式文化的发展也蕴含着自身的逻辑性，对于乡村文化而言，我们可以从自发与自觉两个维度进行分析。从自发的维度看，人们在生产、生活、劳作过程中无处不在进行着文化传承，一个儿童从牙牙学语直至白发苍苍，一生都在与文化打交道，进行着文化传播与传承的光荣任务，例如自发性的学习说话、与同伴交往、炒菜做饭、放羊牧牛、照顾儿童、过年过节、制作玩具与生产工具等。从自觉的维度看，人们已经认识到了乡村文化传承的重要价值与作用，并有目的地承担着文化传承的使命，例如大人教儿童说话、写字，老师教儿童认识家乡风景、学习家乡习俗与技艺，民间艺人开展的文化开放活动等。要发展乡村文化，不能仅靠人们自发开展的各种生产与生活活动，更需要一种有目的性的文化传承活动，需要人们在自觉的行为中传播文化、发展文化。从广义的范畴看，有目的的文化传承即是一种教育活动，因此发展乡村文化离不开教育活动。通过专门性的教育活动发展乡土文化既是文化传承的内在要求，又是教育活动内在的价值体现。一方面，从教育活动的内涵分析，教育是人与人之间有目的地传授知识的过程，而知识是人类对物质世界以及精神世界探索的结果总和，也就是文化，在传授的过程中，即内在地彰显着传承、传播、传递，因此教育过程即是文化的传承过程。另一方面，要开展教育，就需要对教育内容进行适当的挖掘、整理，这个挖掘、整理并且进行传递的过程即是文化的保护过程。再者，文化在教育活动中同样可以实现辨别、改造与创新。教育活动本身就存在着一定的价值取向，它并非要传承所有文化，而是甄别文化中的优劣，仅传递那些健康的文化。同样，时代是不断在发展进步的，教育以培养人为目的，而培养人就应当培养适合时代发展步伐、满足时代发展需求的人才。这样一来，教育不仅要在目标上设定培养人的要求，更要在内容上满足人才培养的需求，因此那些落后于时代发展的内容必须要经过改造与创新，在此过程中自然对文化进行了改造与创新。

(二) 乡土文化教育认同有助于乡村振兴战略的推进

乡土文化教育认同是指学生对学校开展的乡土文化教育在认知、情感与行为方面的认同程度。从乡土文化教育的价值看，有研究者指出，乡土文化教育不但是以获得乡土的知识为主要目的，且以乡土爱、乡土理解、乡土开拓、乡土改造为教育重心。实施乡土文化教育，要使儿童由乡土文化的体验，自觉认同个人为乡土的一分子，愿意服务乡土社会，由乡土爱或乡土情操推及于爱护国家。改造国家，发展国家，这才是乡土教育之真义。① 有研究者认为，乡土文化教育是以养成乡土之爱为起点，而渐次启发爱国心的教育，即先使学生有乡土体验，知爱乡土，而后再启迪其爱国和爱世界的教育。② 还有研究者认为，乡土教育是指受教者经由教育的过程，认识其本乡的地形、河流、气象、天文、民情、风俗习惯、制度及产业之地理要素，动物、植物之自然景观，人类物质之进化，土地开发的起源及发展，有关于乡土的各种传说、遗迹、纪念碑，以及社会的法治、生活习俗等，并培养其爱乡、爱国之热诚的一种教学。它的特质是人格教育、生活教育、民族精神教育和世界观教育。可见，乡土文化教育的主要价值在于获取乡土知识、养成乡土之爱，继而服务乡土、贡献乡土。高度的乡土文化教育认同能够充分发挥乡土文化教育的实效性，提高乡土文化教育的影响力，继而有助于学生养成对乡土文化的认同，促进乡土文化教育目标的达成。其结果是使生活在乡土社会的学生拥有热烈的乡土之爱，努力为家乡的发展贡献心力，而这必将有助于乡村振兴战略的推进。

---

① 曹风南：《小学乡土教育的理论与实际》，中华书局1936年版，第2页。
② 同上书，第4页。

第二章 乡土文化教育认同的研究综述

在弘扬优秀传统文化和落实社会主义核心价值观背景下，客观上要求全面提升人们对乡土文化的认同。回溯乡土文化教育及其认同的研究发展历程，把握当前研究现状，预测其研究走向有助于乡土文化教育及认同研究不断走向深入。

第一节 乡土文化教育认同的研究历程

一 研究方法与数据来源

本研究的数据采集以中国期刊网全文数据库作为文献来源，以"乡土文化教育"作为主题进行文献精确检索，由于对该领域的研究尚少，只检索出63篇文献。因此在检索条件里又以主题为"乡土文化"并含"教育"、主题为"乡土文化"并含"课程"、主题为"乡土文化"并含"教材"、主题为"乡土文化"并含"教学"等再设置精确检索，结果共检索出599篇文献（截止到2017年12月）。剔除重复的文献、会议信息、无作者等文献以及与本研究内容不是密切相关的文献，最后确定有效研究文献596篇。

本书的研究方法是科学知识图谱（Mapping Knowledge Domain）分析法，使用的知识图谱分析工具是陈超美教授开发的，适用于多元、分时、动态的复杂网络分析的信息可视化应用软件CiteSpace。该软件的主要功能有合作分析、关键词共词分析、共被引分析和聚类分析等,① 通过对特定领域文献的集合计量和一系列可视化图谱的绘制,探寻出学科领域演化的关键路径、潜在动力机制的分析和学科发展趋势。本研究对 CNKI 中最早出现的 1985 年至 2017 年 12 月的刊载文献进行研究分析,主要以建立关键词共现知识图谱分析我国乡土文化教育研究的热点主题,并结合时序图分析对我国乡土文化研究现状进行分析,并预测其研究走势。

二 中国乡土文化教育研究的发展历程

运行 CiteSpace 绘制关键词共现时区视图来透视我国乡土文化教育研究的演进历程。数据来源时间跨度为 1985—2017 年,单个时间分区为 2 年,概为 16 个时间分区。在"Layout"里选择"Timezone"按钮,就得出关键词共现时区视图 2—1。时区视图是一种侧重于从时间维度上来表示知识演进的视图。② 它可以清晰地展示出该领域文献的更新和相互影响,描绘所研究领域的不同知识群随时间的演变趋势和相互影响。选择"Timezone"后,CiteSpace 根据首次被引用的时间,将节点定位在以横轴为时间的二维坐标中。在图 2—1 的时区视图中,我们看到被设置在时区中的节点随着时间轴依次向上,直观地展示出一个自下而上、从左到右的知识演进图。通过各时间段之间的连线关系,可以看出各时间段之间的传承关系。某两个时区中的节点之间连线较多,说明这两个时间段之间的传承关系较强;反之就说明这两个时间段的传承关系较弱。

根据图 2—1 的时区视图的关键词共现特征分析,从 1985 年到 2017 年,我们把乡土文化教育研究的热点主题及其演进历程分为以下几个阶段。

(一) 起步阶段(1985—2000 年)

把 1985 年定为乡土文化教育研究的起步年是因为在文献检索时,以"乡土文化教育"作为主题词研究的最早的文献刊出是在 1985 年。根据

---

① Chen C., "CiteSpace II: Detecting and Visualizing Emerging Trends and Transient Patterns in Scientific Literature", *Journal of the American Society for Information Science and Technology*, No. 3, 2006, p. 43.

② 陈悦等:《引文空间分析原理与应用——CiteSpace 实用指南》,科学出版社 2014 年版,第 75 页。

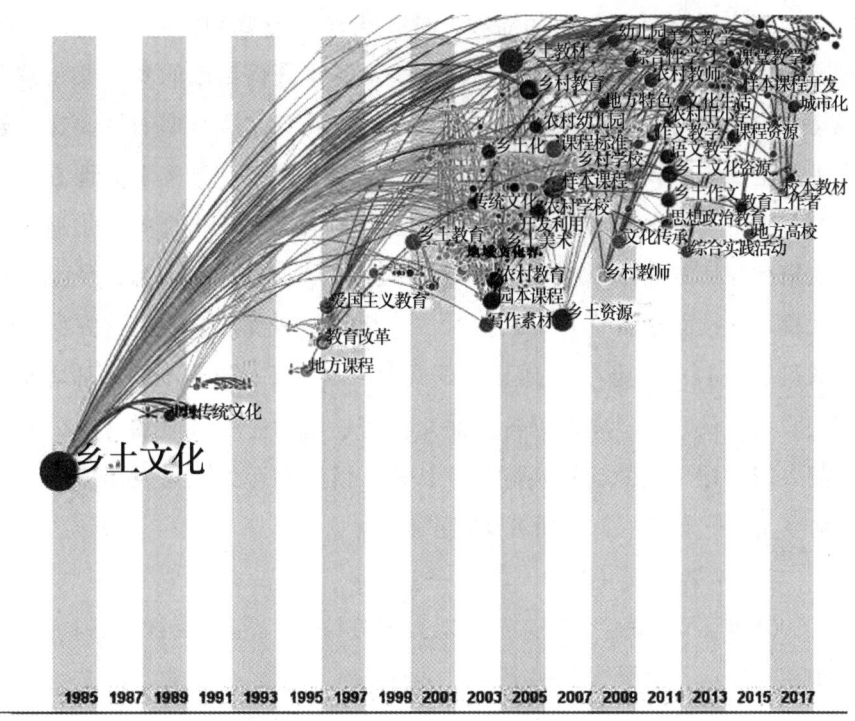

图2—1 中国"乡土文化教育"关键词共现时区视图

图2—1显示,从1985—2000年间共现了"中国传统文化""地方课程""教育改革""爱国主义教育"和"乡土教育"的高频关键词。在这一时期,研究者主要从中国传统文化及乡土教育对我国爱国主义教育和思想道德教育的重要性与必要性做了初步研究,为乡土文化教育的进一步开展及其理论建构做了奠基工作,故将这一时期称为起步阶段。

自我国实行改革开放以来,教育领域出现了很多变化,各项教育改革政策相继出台。1985年,《中共中央关于教育体制改革的决定》正式颁布,提高民族素质,多出人才、出好人才成为改革的根本目的,把发展基础教育的责任交给了地方,提出了在不同地区有步骤实现九年义务教育。1992年8月6日,《九年义务教育全日制小学、初级中学课程方案(试行)》(以下简称《课程方案》)出台,根据国家教委制定的基础教育的目标,农村初级中学除设置国家课程外,还必须根据地方区域经济特点和学校条件设置地方课程。在这一时期,部分农村学校为了执行九年制义务教育《课程方案》的需要,就作为试点设置和实施了地方课程,即普及九年义务教育规定的普通课程,又侧重进行当地的乡土文化教育或特色农业劳动技术教育。从现有文献可以看到,这时期的乡土文化教育主要是以缅怀和追寻传统文化记忆的民间文化和乡土文学的地方课程以及爱国主义教育的形态显现。研究者对乡土教育从非物质文化遗产和人文精神理解方面做了初步的研究,甚至在乡土教育的理念、乡土教材与课程教学方面也做了一定的探讨。尤其是我国台湾学者在这方面的研究取得了一定的成就[①],这跟该时期我国因改革开放后台湾与大陆之间亲情的联系以及经济、文化等各方面交流密切增加有着必然的联系,在此期间人们"根"的意识被唤醒且在认知、情感和行为上迸发出来,为以后对乡土文化教育的深入研究奠定了基础。

(二) 活跃阶段(2001—2010年)

2001年至2010年十年期间,研究者对有关乡土文化教育的研究涌现出很高的热情。根据图2—1显示,这时期大量涌现的主要高频关键词有"乡土教材""校本课程""课程标准""乡土资源""农村学校""乡村教育"和"农村教育"等。这时期,乡土文化教材和乡土课程研究得到了蓬勃的发展,也收获大量的乡土文化教材和校本课程的研究成果,因此成为了我国乡土文化教育研究的活跃期。

2001年6月颁布的《基础教育课程改革纲要(试行)》,新一轮基础教育课程改革确定了国家、地方和学校三级课程管理模式,鼓励地方民族文化和乡土知识通过地方、校本课程的方式进入基础教育的课堂。2005年,在各地文化部门兴起的"保护非物质文化遗产"的工作与教育结合起来,促进了教育系统的中小学"民族文化进课堂"工作的开展,也极大促进了各地方乡土教材的编写和研究。乡土教材的研究涉及多方多面:目标定位从突出"由乡及国"到强调适应地区差异;适用对象从园本课程、初级小学向整个基础教育扩展;教材内容的范围从史地格致

---

① 在这方面的研究主要有:欧用生:《乡土教育的理念与设计》,中国台湾,师范大学教育研究中心,乡土教育系列研讨会(1)——《乡土教育的理念与实施座谈会》资料,1994年;林瑞荣:《国民小学乡土教育的理论与实践》,中国台湾师大书苑1998年版。

延伸向各学科；形式体例教科书体集中与多种体例并存。① 要唤醒对于乡土文化的认知与热爱的有效方式应从学好乡土教材做起，因而应重视乡土教材建设与教学，而乡土或乡村教育不应该仅限于教学生存，更为重要的是让乡村学生理解生存，学会追求生命存在的意义与价值；② 还应强化乡土文化课程资源意识，提高对课程资源的认识水平。

随着乡土课程资源的大量开发，有关乡土教育的研究亦随之凸显出来。研究者围绕乡土文化教育的意义和策略展开讨论和研究。在这阶段我国乡土文化教育在乡土资源的开发以及教材、课程等方面都得到了快速的发展。但由于乡土文化教育内容没有明确的规范，在考试或考核标准中也并未占有实质性的权重，基础教育中的乡土文化教育课程设置及内容编排很多还停留在理论层面。

（三）拓展阶段（2011—2017年）

在这一阶段，有关乡土文化教育研究向纵深方向不断拓展。根据图2—1可知，从2011年开始，由活跃期的"乡土教材""校本课程""课程标准"和"乡土资源"等关键词的节点向上延伸出很多线条，随着时间节点的迁移，线条另一头的节点显示出来的高频关键词主要有"校本课程开发""文化生活""课程资源""课堂教学""综合实践活动""地方课程""乡土美术""写作素材""思想政治教育""语文教学""农村教师"和"教育工作者"等。从时间段节点之间的连线关系和连线的多少可以看出它们在各时间段之间的传承关系和传承关系的强弱，乡土"教材"与"课程"都得到了纵深的开发研究与实践的应用，并与各学科项目如美术、思想政治、语文等课堂教学和实践活动较好地结合起来。

这阶段的研究与我国近年的宏观政策走势和教育环境是密切相关的。新世纪以来，世界各国在教育思想文化上的交流、交锋和交融也出现了新态势，面对改革开放和发展社会主义市场经济条件下思想意识多元多

---

① 这时期出现的各地教材以及相关课程研究主要有：广州市教育局教学教研室：《广州地理》，广东省星球地图出版社2011年版；温州市教育教学研究院：《话说温州（六年级）》，浙江科学技术出版社2005年版；程美宝：《由爱乡而爱国：清末广东乡土教材的国家话语》，《历史研究》2003年第4期；谢雱：《论乡土美术教育资源的开发利用》，《装饰》2004年第12期；季永花：《整合三种资源，开展主题教育》，《学前教育研究》2004年第10期。

② 费孝通：《乡土中国》，上海人民出版社2007年版，第16页。

样的新特点,党的十八大提出了社会主义核心价值观,将中华优秀传统文化作为十八大以来治国理念的重要来源。同时,"一带一路"建设构想的提出更需要对优秀传统文化的弘扬。为了贯彻落实党的十八届三中全会关于完善中华优秀传统文化教育的精神,落实立德树人根本任务,教育部于2014年3月印发了《完善中华优秀传统文化教育指导纲要》,提出将中华优秀传统文化教育融入到课程和教材体系中。党的十九大报告中,明确提出坚定文化自信,推动社会主义文化繁荣兴盛。没有高度的文化自信,没有文化的繁荣兴盛,就没有中华民族伟大复兴。要坚持中国特色社会主义文化发展道路,中国特色社会主义文化源自于中华民族五千多年文明历史所孕育的中华优秀传统文化。要深入挖掘中华优秀传统文化蕴含的思想观念、人文精神、道德规范,结合时代要求继承创新,让中华文化展现出永久魅力和时代风采。在优秀传统文化结构体系中,乡土文化不仅是其重要组成部分,也是其发展源头和创新内核,乡土性是中华优秀传统文化的特征之一。传承和创新中华优秀传统文化,离不开对乡土文化的探寻与开发。基于此,乡土文化教育也越来越受到了研究者的关注。守住自己民族的根、提升青少年的精神境界、弘扬优秀传统文化、建设我国乡土文化的精神家园、增强全民族的乡土文化精神纽带成为当前时期的关注主题。在这一背景下,乡土文化教育研究必将向纵深发展并不断得以快速拓展。

三 中国乡土文化教育研究的热点主题与发展趋势

研究热点是指在某一时间段内,有内在联系的、数量相对较多的一组论文所探讨的专题。[①] 关键词共现知识图和时区视图(图2—1)可以透视研究主题和热点的演进。通过关键词共现了解文献涉及的领域和内容,而时区视图(图2—1)对高频主题词在时间轴上的定位可以清晰展示该领域在某时间段的研究热点。运行CiteSpace,根据研究需要,去除用于检索的核心主题词"乡土文化",就得出图2—2。

结合图2—1和图2—2,通过关键词共词分析对CNKI中的期刊进行

---

① Chen C., et al., "Towards an Explanatory and Computational Theory of Scientific Discovery", *Journal of Informetrics*, Vol. 15, No. 3, 2009, pp. 191 – 209.

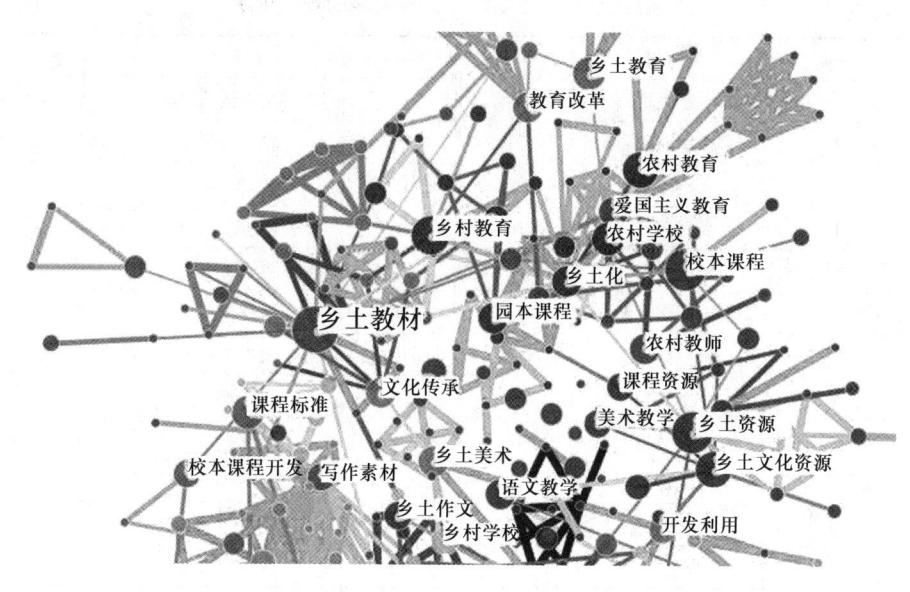

图 2—2 中国"乡土文化教育"关键词共现知识图谱

文本知识挖掘，分析其在同一个文本主题中共同出现的形式，来了解文献涉及的领域和内容，发现乡土文化教育的研究热点。图 2—2 中各个节点圆圈的大小表示该关键词出现频次的多少，圆圈越大说明相应关键词出现次数越多。图中关键词文字的大小表示关键词共词程度的高低，体现的就是该关键词中心性的强弱，字体越大表明相应关键词的中心性越强，该关键词与其他关键词共同出现的概率就越大，相应地该关键词在共现网络中的影响力也就越大。

从图 2—2 可以清晰看出关键词出现的频次多少以及关键词共词程度强弱，除去核心关键词"乡土文化"，排在前十的分别是乡土教材、校本课程、课程标准、乡土资源、乡土教育、农村学校、乡村教育、农村教育、乡土化、开发利用。这些关键词出现的频次越高以及与其他关键词共同出现的概率越多，该关键词在乡土文化教育的共现网络中的影响力就越大。以下是从运行 CiteSpace 的关键词共现图谱的数据结果输出文本中梳理出的我国"乡土文化教育"文献关键词频次排序，见表 2—1。

表2—1　　　中国"乡土文化教育"文献关键词频次排序

序号	关键词	频次	序号	关键词	频次
1	乡土教材	29	13	文化传承	9
2	校本课程	22	14	农村教师	9
3	乡土资源	20	15	教育改革	9
4	乡村教育	16	16	爱国主义教育	9
5	农村教育	13	17	乡土美术	9
6	乡土文化资源	13	18	课程资源	8
7	课程标准	12	19	美术教学	8
8	乡土教育	12	20	写作素材	7
9	农村学校	12	21	开发利用	7
10	园本课程	10	22	校本课程开发	7
11	语文教学	9	23	乡村学校	7
12	乡土化	9	24	乡土作文	7

关键词频次高，说明与此相关的研究较多。结合图2—2和表2—1关键词的词频统计分析，可以初步了解到我国乡土文化教育的研究热点主题。

（一）乡土文化教育研究的热点主题

1. 乡土教材与校本课程的开发

从图2—2和表2—1可看到，在乡土文化教育的演进过程中，"乡土教材"（位列第1）和"课程"（先后共现在第2、7、10位）成为最大的且持续的研究热点主题。我国社会的现代性发展与城镇化的扩张造成了乡土社会的转型和变迁，乡土文化也在一定程度上弱化、退变甚至衰落。传统的乡土性和城市的现代性好像矛盾的两面，总是相克相生的。虽然现代化不断地冲击着乡土文化，城市文明不断地入侵并向乡土社会扩散。但人们在潜意识里又意识到，不能简单地运用"进化论"和现代化的市场化体系理论和观点来对待乡土文化的边缘化和趋同化，这不符合现代世界和谐社会的文化多元化发展的需求。教育的主流文化的大众化与普及化，使乡土文化教育认同成为急需解决的问题。因此人们把目光和途径转向了乡土教材和课程研究，因为学校教育的普及性、大众性、广泛性及其日积月累可潜移默化的学习环境和有组织的目的性等特点决定了它可以担当乡土文化传承的重要途径。研究者希望通过乡土教材与课程建设来传承乡土文化。文化是特定历史时代文明精华的产物①，具有互哺功能。乡土教材与课程在现代化教育发展中应发挥其应有的价值，从多元文化整合教育理论上来讲，主流文化与地方文化不应该是互相排斥的关系，而是交互影响相互依存的。②通过乡土教材与校本课程建设使学校教育不再发生"去文化"现象，而应成为调节地域文化与习得主流文化之差异的中介。③

2. 乡土资源和乡土文化资源的利用

结合图 2—2 和表 2—1 可知，"乡土资源"在关键词共现频次中排名第三，"乡土文化资源"位列第六，"开发利用"和"校本课程开发"也相继共现在图谱上。由此可见，乡土（文化）资源的开发与利用成为乡土文化教育研究的另一热点主题。乡土文化教材和课程的蓬勃发展迫切需要乡土资源的开发与利用，乡土资源在教育中开发利用的科目和内容是呈多样化发展的，从基础教育的主科语文到历史、地理、美术、音乐、

---

① 袁祖社：《文明的人性整全性逻辑与文化实践的价值自主性品格》，《西北师范大学学报》（社会科学版），2017 年第 3 期。

② 该热点主题的相关研究主要有：刘铁芳：《回归乡土的课程设计：乡村教育重建的课程策略》，《现代大学教育》2010 年第 6 期；邓和平：《从民族位育之道看现代乡土教育重建》，《武汉大学学报》（哲学社会科学版）2010 年第 2 期；谢治菊：《转型期我国乡土文化的断裂与乡土教育的复兴》，《福建师范大学学报》（哲学社会科学版）2012 年第 4 期；吴亮奎：《乡土文化：现代学校变迁中逝去的挽歌——以南京市栖霞区义务教育学校的教学变革为例》，《湖南师范大学教育科学学报》2013 年第 4 期；张爱琴：《民族团结教育与乡土教材开发》，《广西师范大学学报》（哲学社会科学版）2010 年第 4 期；张爱琴：《解读"乡土教材"——兼论"多元一体"教材体系的构建》，《湖南师范大学教育科学学报》2012 年第 1 期；李长吉、张文娟：《教科书适切于农村：新中国成立六十年以来的趋近与悖离》，《课程·教材·教法》2012 年第 2 期；李新：《对百年乡土教材目标定位变化的检视》，《山西师大学报》（社会科学版）2014 第 2 期；陆丹：《少数民族地区乡土课程资源的开发研究——以贵州省雷山县为例》，《贵州民族研究》2012 年第 4 期；杨兰：《构建乡土教育课程 促进乡村文明回归——以贵州长顺县乡土教育实践为例》，《教育发展研究》2013 年第 2 期；王小平：《关乎中国人的"根本"的教育——关注乡土教材与新课程》，《人民教育》2009 年第 22 期。

③ ［美］威廉·F. 派纳、威廉·M. 雷诺兹等：《理解课程》，张华译，教育科学出版社 2003 年版，第 362—363 页。

思想道德等等。① 乡土资源在教育中的充分开发利用有利于提升学生对"乡土"的自豪感、责任感与使命感，在国际化与社会现代化转型发展的背景下，有效防止乡土文化基因的丢失、民族文化灵魂的异化和世界文化多元的消解。

3. 乡土教育和乡村教育的研究

"乡土教育"和"乡村教育"在关键词共现频次中分别排名第8和第4，"乡土化""文化传承""农村教育""农村教师"也相继共现在图谱上。对乡土文化教育的研究主要围绕乡土教育价值、存在问题、解决路径、与乡村教育和农（乡）村教师的关系方面进行了一定程度的探讨。现有的农（乡）村教育主要是为升学做准备，此外并没有承担更多的培养年轻一代对乡土文化的适应与改造的意愿与能力。这与现代教育把城市主流文化作为强势价值渲染有关，也与乡土文化及其自身的价值在中小学教材中缺位有着直接关系。在现有的教育文化体系中，乡土文化不足以给个人生存提供价值的基础与精神的支持，就会直接或间接导致乡村少年的精神迷失和生存焦虑。因此，农（乡）村学校应通过乡土教育让学生了解、认识自己所居住地的天文、地理、历史等文化。做到这一点，又需要一批具有乡土文化素养的教师来进行文化传承教育，农村教师发展和队伍建设问题在这段时期也备受关注。农村教师队伍建设的"根本"在于创造内外部条件让农村教师能够实现自己的人生价值，以提高其职业和岗位的认同感。② 关于农村教师培训中乡土文化与文化全球化的博弈等问题，也是我国乡土文化教育急需解决的问题，成为了这一时期的研究热点。

（二）乡土文化教育研究的发展走势

结合图2—1的关键词共现时区视图和图2—2的关键词共现知识图的

---

① 该热点主题的相关研究主要有：彭晖：《依托乡土文化开发语文校本课程》，《江西教育科研》2005年第6期；庄陆祥：《乡土美术课程的教学实践探索》，《大舞台》2012年第3期；赵雷：《地方民歌融入高师学前音乐教育的探索》，《学前教育研究》2013年第2期；冯发金：《黔南地区特色体育校本课程开发研究——以布依拳为例》，《西南师范大学学报》（自然科学版）2014年第6期。

② 王鉴、苏杭：《略论乡村教师队伍建设中的"标本兼治"政策》，《教师教育研究》2017年第1期，第29—34页。

节点分布之间的连线共现（共引）关系、知识域随时间的演变趋势和相互影响以及节点之间连线传承关系的强弱，对其所呈现的变化轨迹进行分析，可以总结出乡土文化教育研究的动态发展趋势。

1. 从宏观理论到纵深应用

纵观我国乡土文化教育研究的发展历程，在改革开放后的起步期着重于传统文化的缅怀追忆与爱国主义宏大理论的宣传教育。21世纪新一轮基础教育课程改革后，随着国家、地方和校本课程开发和管理模式的确定，地方民族文化和乡土知识就通过地方课程和校本课程的方式进入基础教育的课堂。乡土文化教育研究也就从传统文化和爱国主义教育的宏观理论落实到"乡土教材""校本课程""课程标准"以及乡土资源的开发与利用上。从时区视图上可清晰看到，2008年后依据课程标准，乡土教材在各科目不同程度得以体现。党的十八大以来，随着中华优秀传统文化和核心价值观的弘扬，乡土文化教育与乡土教材在微观层面都得到了纵深的开发与广泛的实践。党的十九大之后，在文化自信和坚持中国特色社会主义文化发展道路的指引下，这种趋势会更加持续和深入。

2. 由单一主题到多学科内容

随着时代的发展，乡土文化教育在现代性的转型中要顺应社会发展的需要和时代的价值诉求。全球现代性的信息膨胀和多元化，使原来的爱国主义教育的笼统解读无法满足现代年轻人的实践需求，也难以激发他们的践行动力。因此只有把乡土文化教育落实到基础学科的实处，提升学生对本土文化教育的认同，学生才会真切地爱民族、爱家乡进而提升到爱国。如果连自己的家乡文化都无法认同，何谈爱国？在全球化的背景下，爱国和爱家乡都是一脉相承的。正因为如此，乡土文化教育内容和形式的研究趋势就由原来起步阶段较单一的"爱国主义教育"即思想品德教育逐渐呈多样化，内容的渗透和形式的开展从基础教育的主科语文到乡土历史、地理、美术、音乐等多学科全面发展。在教育部于2014年印发的《完善中华优秀传统文化教育指导纲要》中，提出将中华优秀传统文化教育融入到课程和教材体系中，在这一背景下，乡土文化教育的主题将会融于各学段各学科，成为各学科教学的一个有机内容。

3. 由静态资源到动态教学实践

从起步阶段到活跃阶段再进一步到拓展阶段的过程中，我国乡土文化教育研究逐渐由静态的教材资源和课程标准向动态的课堂教学和实践活动发展。在乡土文化教育研究的起步阶段和活跃阶段，研究者对乡土文化教育相关的内涵或概念做了基本的研究界定，并致力于乡土教材、校本课程和课程标准等理论资源的探索与价值体系的研究。通过时区视图节点之间连线传承关系及其变化轨迹可看到，在拓展阶段，我国乡土文化教育研究的趋势逐渐由静态的"教材"资源和"课程"标准向动态的"课堂教学"和"综合实践活动"发展，研究者把课内外的乡土知识和实践结合起来，着力于把乡土文化教材、课程和知识研究融通到课堂、活动和教学主体间交往过程的动态研究。例如，有研究者对山东省邹城市看庄中学融合乡土元素的案例进行研究，总结出了用身边的题材精心打造乡土教材，用身边的熟人、故事讲述传统文化精髓要义，用身边的活动促进学生成长，积极寻找传统文化的乡土表达。①

4. 由聚焦客体到关注主体

在研究初期，研究者主要聚焦于乡土文化教育的客体，即乡土文化"教材""课程"和"资源"等，而教育的主体在乡土文化教育研究中没有明显呈现。在关键词共现图谱中，"农村教师"位列第 14 位，另一称呼"乡村教师"更靠后，列第 31 位。由此看来，相对于乡土文化教育研究的热点主题——乡土教材和课程这样的教育客体，作为乡土文化教育的主体，乡村教师或农村教师所扮演的角色和作用并没有得到相应的关注和应有的重视。进入拓展阶段后（2011 年始），在关键词共现图谱的数据结果输出中发现，乡土文化教育的主体——"农村教师"逐渐得到了关注。从图 2—1 的时区视图中也可看出，乡土文化的"教育工作者"也在关键词共现时区视图中显示出来。由此可见，教师的价值和重要性是不可替代的。在乡土文化教育中，再多的教材和再好的课程，也需要教的主体去解读和引导。在未来的乡土文化教育研究中，教师将是乡土文化教育课程的动态构建者和生成者，教师对乡土文化教育的认知、情感

---

① 刘培涛、刘成娥：《优秀传统文化教育的乡土表达》，《中国教育报》2017 年 3 月 2 日第 6 版。

和传递将是未来需要关注和研究的重点。尤其是，在乡土文化底蕴深厚的广大农村，乡土文化的价值亟待开发，乡土文化教育的主体也备受关注。2015年6月国务院颁布并实施了《乡村教师支持计划（2015—2020年）》，作为农村学校乡土文化教育主体之一的乡村教师，对其乡土文化素养问题的关注将会提升到前所未有的高度并真正落到实处。

5. 由价值诉求到路径建构

在乡土文化教育研究的起步阶段，由于乡土文化教育内容没有明确标准，加之农村教育培养结果是大部分人才流向城市，在这时期研究多集中于价值导向方面，即乡土文化教育的价值是什么？价值取向到底是"为农"还是"离农"，曾一度是研究者争论的焦点。关于"离农"或"离土"现象，不仅国内存在，国外亦然，而且国内外学者都对此进行了深入研究。有关国际乡土教育研究文献被引最高频的是加拿大教授米迦勒·科贝特的论文《学习离开：一个沿海乡土社区学校教育中的讽刺》（"Learning to Leave：The Irony of Schooling in a Coastal Community"）。[1] 该论文以加拿大新斯科舍省的一个沿海农村社区的学校教育作为样本进行案例研究，深入分析了现代教育与农村乡土社区的关系。研究指出，现代教育没有重视、更没做到基于乡土资源的课程建设，而是忽视了当地乡土生活资源；同时认为，当前乡村教育的课程教学也是在误导农村儿童，使他们误以为本土社区的传统生活方式没有任何使用价值。可见，乡土教育的"离土"问题也呈现出全球化趋向。这也表明，乡土文化教育研究具有阶段性和规律性。随着研究的不断深入，也由于基础教育课程改革中缺乏对本民族乡土文化课程体系的深度挖掘和特色培育，尤其是在教育国际化交流中，向国外输送优质生源成为主流，而扎根生长成为价值诉求的情况下，研究者开始着力研究乡土文化教育路径的探讨。实施乡土文化教育可以通过将乡土文化内容渗透到各门学科之中的渗透式，也可以通过将乡土文化内容组成一门或几门独立的课程，[2] 明确个体

---

[1] 赵新亮、张彦通：《乡村教师研究的国际前沿、主题演变及知识基础分析——基于2000—2016年主题为"rural teacher"的SSCI论文数据》，《湖南师范大学教育科学学报》2017年第7期。

[2] 谭春芳：《多元目标下的农村高中基础教育课程改革》，《教育导刊》2013年第1期。

与乡土间和谐互动的课程目标，遵循乡土知识与普遍性知识融合的课程设计原则；① 既可以通过乡村学校文化特色建设来实现，也可以让学生通过实践认识到教育方式的多样性，例如，注重并开发学校仪式在乡土文化教育中的价值和实现路径②，引导学生发现其中所蕴含的文化和智慧，从而凝聚他们的乡土情结和提升乡土文化教育认同程度。因此，在乡土文化教育研究中要处理好理论研究与现实问题间的内在关系，基于本土传统性与时代前沿性，在和谐共生中寻求并明确其真正的价值诉求与路径建构方向。

第二节　乡土文化教育认同的研究述评

一　乡土文化教育认同的研究概况与成果形式

一直以来，教育是人类永恒的、经久不衰的研究课题，但乡土文化教育在我国现代的教育研究中是出现的较晚且缺乏足够关注的。从中国期刊网全文数据库（CNKI）中以"乡土文化教育"为主题词精确检索出的最早的相关文献是 1985 年。在我国社会主义现代化建设的过程中，原本乡土性的中国经历了土地革命、社会主义改造、社会主义市场化转型、改革开放等一系列变迁。现如今，我国乡土社会在现代化快速转型和多元文化教育理念下，乡土中国从乡土性到后乡土性再到城镇化发展过程中，我国乡土文化的退化或转型，使乡土文化在现代化进程中成为永远回避不了的话题，乡土文化教育随着我国教育改革的发展也逐渐得到了重视。

我国"乡土文化教育"的主要研究者多数为高等院校的教职工，而高等院校也顺理成章地成为了乡土文化教育的主要研究机构。任何学科领域的产生、发展与完善都需要研究者们的投入与贡献，尤其是在乡土文化教育这样一个需要持久性发展的学科领域研究。研究者为该学科领

---

① 刘铁芳：《乡土的逃离与回归——乡村教育的人文重建》，福建教育出版社 2011 年版，第 170—173 页。

② 纪德奎、蒙继元：《学校仪式在乡土文化教育中的价值及实现路径》，《当代教育科学》2017 年第 7 期。

域的研究做出了不同程度的贡献，并推动了乡土文化教育研究的横向与纵向的发展，尤其是该领域的主力军和代表人物不断地开辟新的研究思路和方法。科研成果的被引次数高低可以作为衡量研究者的学术水平与研究成果的学术价值的重要指标。而发表论文的数量和被引用频次是衡量对该学科研究的机构所投入科研力量与影响力的重要指标之一。

本研究的数据采集以中国知网（CNKI）数据库作为文献来源，以"乡土文化教育"或"乡土教育"作为主题词进行文献精确检索，所得到的数据较少且涵盖不全面。因此在检索条件里再添加上主题为"乡土文化"并含"教育"进行检索，共检索到1539条结果（检索日期为2018年1月8日）。已有的有关乡土文化教育研究成果的主要形式有期刊论文、学术论文、会议论文、报刊文章等。其中，成果形式最多的为期刊论文，有599篇，其次为博硕士学术论文，有244篇，再接着是会议论文（包括国内和国际）和报刊等。为了保证文献研究的权威性和可靠性，本研究的文献综述主要以期刊论文中的核心论文和CSSCI来源期刊论文为主要研究对象和分析依据。

二 乡土文化教育研究的主要内容

已有的有关乡土文化教育研究的内容主要有乡土文化教育的内涵研究、载体研究、效果研究与问题研究，以下将从这几个方面进行分析和总结。

（一）乡土文化教育的内涵研究

有关乡土文化教育的内涵研究，从现有的文献来看，主要有两种情况：一是对乡土教育的内涵研究；二是对乡土文化的内涵研究。

1. 乡土的内涵研究

要阐释乡土教育或乡土文化的内涵，首先要对乡土进行界定。"乡土"的内涵有广义和狭义之分，在解读上又有主观和客观之别。

"乡土"一词最早可追溯到《列子·天瑞》中所写的："有人去乡土，离六亲。"此时"乡土"含有故土和家乡之意。而在《晋书·乐志下》里，"乡土不同，河朔隆寒"中的"乡土"则是指地区或地域。

由此可见，从主观视角来看，"乡土"除了指人们出生、长期生活和居住的地理环境，还包含着在此地理环境中对其产生的情感认同和自身的生活体验等;而从客观上看,"乡土"一词不包含情感上的认同,只是指人们出生、长期生活和居住的自然地理环境。

近现代以来,学者们对"乡土"又从广义和狭义进行了不同的解读。在广义上,"乡土"可以上升到"国土"之意。从狭义上看,"乡土"就是指人们出生、生长及生活的一定地理区域,可指村镇、县市等行政地域。有学者认为"乡土"有三个层面上的意思:一是指个人居住地;二是有乡村之意;三是从国家主义层面上看可上升为"国土"。因此"乡土"是指人们出生、长期居住和生活的一定地理区域,并在其区域内形成了自身的生活体验并对其产生的情感认同等,是一个自然地理环境与文化情感体验相互联系的综合体。① 也有学者认为"乡土"是一个相对的概念,针对不同的人群或同一人群的不同环境,"乡土"的范围是不同的。②

2. 乡土教育的内涵研究

对于乡土教育思想,我国自古有之,只是没有形成具体的概念和理论系统。伴随着近代学校教育体制的建立而出现逐步系统的乡土教育思想。研究者指出乡土教育是全民所需要的、充实国民生活的、认识乡土自然和文化并养成爱乡观念、发展爱国情怀的教育。③

也有学者指出:"乡土教育不但是以获得乡土的知识为主要目的,且以理解乡土、爱乡土、改造乡土、开拓乡土为教育重心,并由爱乡土的情操推及爱国家、发展国家的情怀。"④

从已有文献来看,当前学界关于"乡土教育"的内涵界定并不完全一致。

夏黎民认为:乡土教育的意涵有两方面:从乡土的乡土教育观来看,其目的在使地方上的每一个人,适应参与乡土生活,培养出对地方的情感,并改善和维护地方的生活环境,最后达到以作为当地一分子为光荣、

---

① 孔丽娜:《浅析全球化背景下的乡土教育》,首都高校教育学研究生学术论坛,北京:2011年5月,第397页。
② 谢治菊:《乡土教育:概念辨析、学理基础与价值取向》,《贵州师范大学学报》(社会科学版),2011年第4期。
③ 王骥:《乡土教材研究》,上海:新亚书店,1936年,第4页。
④ 曹凤南:《小学乡土教育的理论与实际》,中华书局1936年版,第2页。

为骄傲的地域认同与归属感。① 而裴娣娜认为：乡土教育在我国是一个特指概念，指以人们能够亲身感受到的本乡本土的自然、人文、历史为教育资源，采用学习与生活经验相结合的多种形式进行的教育活动。②

总结以上学者们对乡土教育的内涵研究可见，乡土教育是让学生在了解和认识自己成长的自然环境和人文环境基础上产生的乡土情感与乡土认同，并由爱乡土的情操提升到为改善乡土环境而贡献力量，最后推及爱国情怀。

3. 乡土文化的内涵研究

对于乡土文化的概念，不同的学者有不同的见解。

有学者认为乡土文化是人们在长期的生产实践中积淀下来的物质文明、精神文明和生态文明的总和，"既涵盖了中华传统文化中的一些共性因素，又涵盖了具有地方特色的民风、民俗、价值观和社会意识。"③

也有学者认为，乡土文化在某一种程度上也是一种乡村文化，是人类与乡村自然相互作用过程中所创造出来的所有事物和现象的总和，它包含了物质文化与非物质文化，其中乡土中的非物质文化遗产是乡土文化的核心体现形式。④

除了与乡村文化相呼应之外，还有学者提出：乡土文化起源于农业社会，是中国传统文化的重要组成部分，其本质是农业文化，是在一个特定的地域内发端、流行并长期积淀，带有浓厚的地方性色彩的文化，包括物质性文化和非物质性文化两个层面，是物质文明、精神文明以及生态文明的总和。⑤

另外还有学者认为，乡土文化是一个特定地域内发端流行并长期积

---

① 夏黎民：《乡土的结构、内容与教育意涵》，载黄政杰、李隆盛《乡土教育》，中国台湾汉文书店1995年版。

② 裴娣娜：《教育创新视野下少数民族地区乡土教育的思考》，《中国教育学刊》2010年第1期。

③ 曹云、周冠辰：《城镇化进程中乡土文化的保护困境与有效传承策略》，《现代城市研究》2013年第6期。

④ 阚耀平、高鹏：《苏北乡土文化旅游产品开发研究》，《资源开发与市场》2012年第5期。

⑤ 曹云、周冠辰：《城镇化进程中乡土文化的保护困境与有效传承策略》，《现代城市研究》2013年第6期。

淀发酵，带有浓厚地方色彩的物质文明、精神文明及生态文明的总和。①

通过对以上各个学者对乡土文化内涵的研究的归纳可知，乡土文化是一个含有时间因素的空间概念，它是我国各地区和各民族得以繁衍发展的精神文明和物质财富的总和，是各地方人民具有民族凝聚力、进取心和爱国情怀的驱动力。

（二）乡土文化教育的载体研究

从现有文献分析结果来看，有关我国乡土文化教育的载体研究主要集中在乡土教材、乡土（文化）资源和乡土课程。主要从以下这几个方面进行归纳和讨论。

1. 教材

教材是乡土文化教育内容的重要载体。从现有文献分析可知，一直以来，"乡土教材"都是我国乡土文化教育研究中经久不衰的主题。我国社会的现代性发展与城镇化的扩张造成了乡土社会的转型和变迁，乡土文化也在一定程度上弱化、退变甚至衰落。传统的乡土性和城市的现代性好像矛盾的两面，总是相克相生的。虽然现代化不断地冲击着乡土文化，城市文明不断地入侵并向乡土社会扩散。但人们在潜意识里又意识到，不能简单地运用"进化论"和现代化的市场化体系理论和观点来对待乡土文化的边缘化和趋同化。教育的主流文化的大众化与普及化，使乡土文化教育认同成为急需解决的问题。在学校教育中，知识传递的一个重要内容载体是通过教材进行传播和讲授的，因此研究者们希望通过乡土教材这个载体的开发和利用来进行乡土文化的教育和传播。因为学校教育的普及性、大众性、广泛性及其日积月累可潜移默化的学习环境和有组织的目的性等特点决定了它可以担当乡土文化传承的重要途径。所以研究者希望通过乡土教材来进行知识传递，使后代们传承乡土文化。

有关乡土教材的研究成果不少，学者们主要是从以下几方面内容进行研究的：

---

① 霍军亮：《乡土文化变迁视阈下农村思想政治教育的困境与对策》，《学习与实践》2016年第9期。

第一，乡土教材的产生、编写、出版及其文化价值。①

第二，乡土教材的开发、利用与体系构建。②

第三，乡土教材的文化功能与目标定位。③

第四，教材中乡土文化的失声。④

在乡土教材的种类方面，主要集中在园本教材和校本教材（或地方教材）的较多。

校本教材为开展乡土文化教育的基础。⑤ 教育主要依靠的工具和载体就是教材，乡土教育主要的知识传递媒介也是乡土教材。我国实施三级课程之后，各地方和学校依据课程大纲要求，根据本地实际情况，开发出了一系列具有地方乡土特色的教材，这些独具乡土文化特色的教材也被称为地方教材和校本教材。这些乡土教材涉及到了文学、政治、历史、生物、地理、经济、社会等方方面面。研究者们认为要不断充实这些乡土教材内容，形成从幼儿园到小学、初中、高中甚至成人的园本教材和校本教材完整教材体系，加强系统的乡土文化教育。

2. 课程

由于学校课程的普及性、大众性、广泛性及其日积月累可潜移默化

---

① 李新：《国学保存会与清末乡土教科书之编撰》，《课程·教材·教法》2014 年第 5 期；李新、石鸥：《对我国乡土教材编写的几点思考》，《编辑之友》2016 年第 8 期；李新、张尚晏：《清末乡土教材的出版及其文化价值》，《现代出版》2013 年第 6 期；李新：《清末乡土教材的产生及其文化价值探微》，《湖南师范大学教育科学学报》2013 年第 5 期；谢治菊：《乡土教育：概念辨析、学理基础与价值取向》，《贵州师范大学学报》（社会科学版）2011 年第 4 期。

② 郑爽：《浅议乡土教材的出版价值及其开发》，《出版发行研究》2015 年第 1 期；崔英锦：《乡土教材开发与实施中的教师专业发展》，《教学与管理》2011 年第 13 期；张爱琴、杨红：《试论乡土教材开发与社区可持续发展——以宁夏回族自治区为例》，《成人教育》2011 年第 4 期；张爱琴：《民族团结教育与乡土教材开发》，《广西师范大学学报》（哲学社会科学版）2010 年第 4 期；张爱琴：《解读"乡土教材"——兼论"多元一体"教材体系的构建》，《湖南师范大学教育科学学报》2012 年第 1 期。

③ 李素梅：《简论乡土教材文化功能的运行与个体适应》，《湖南师范大学教育科学学报》2009 年第 2 期；李新：《对百年乡土教材目标定位变化的检视》，《山西师大学报》（社会科学版）2014 年第 2 期。

④ 张玉安、陈吉梅：《新课程：莫忽视乡土教材》，《当代教育科学》2004 年第 9 期；潘祝青：《小学语文教材中乡土文化话语的失声——以苏教版小学语文教材为例》，《教学与管理》2017 年第 9 期。

⑤ 杜芳芳、潘祝青：《新型城镇化进程中乡土文化传承的学校教育使命——以无锡市 YQ 小学为例》，《当代教育科学》2017 年第 1 期。

的学习环境和有组织的目的性等特点决定了它可以担当乡土文化传承的重要途径，因此很多学者们倾注于乡土文化课程的研究。研究者希望通过课程建设与教学活动来让孩子们传承乡土文化。文化是具有互哺功能的，乡土课程与教学在现代化教育发展中应发挥其应有的价值，从多元文化整合教育理论上来讲，主流文化与地方文化不应该是互相排斥的关系，而是交互影响相互依存的。通过乡土课程建设与教学文化活动使学校教育不再发生"去文化"现象，而应成为调节地域文化与习得主流文化之差异的中介。有关乡土课程的研究，学者们主要是从以下几方面内容进行的：

第一，乡土课程的开发与建设。①

第二，乡土文化在各学科中的应用策略与实践。②

第三，乡土课程实施的困境与应对策略。③

在乡土课程和教学的研究中，有学者认为开展乡土课程的实践教学，乡土教育并不等于乡村教育，并不仅仅是专门针对农村的学生实施的。乡土课程和教学是一个地方的学生在生活和学习中潜移默化地或有明确目的地接受的一种关于认知乡土基本情况的情感教育，城市和乡村的学

---

① 徐观娇：《依托乡土文化 打造农村学校的校本课程》，《教育导刊》2006 年第 5 期；刘铁芳：《回归乡土的课程设计：乡村教育重建的课程策略》，《现代大学教育》2010 年第 6 期；黄小燕：《中小学研究型课程开展乡土教育探析》，《思想理论教育》2012 年第 4 期；杨兰：《构建乡土教育课程 促进乡村文明回归——以贵州长顺县乡土教育实践为例》，《教育发展研究》2013 年第 Z2 期；王植定：《"快乐一星期"实践活动课程的开发与实践》，《上海教育科研》2015 年第 12 期；郝江玉：《本土资源的开发与园本课程建设》，《学前教育研究》2014 年第 5 期。

② 彭晖：《依托乡土文化开发语文校本课程》，《江西教育科研》2005 年第 6 期；庄陆祥：《乡土美术课程的教学实践探索》，《大舞台》2012 年第 3 期；冯发金：《黔南地区特色体育校本课程开发研究——以布依拳为例》，《西南师范大学学报》（自然科学版）2014 年第 6 期；楼炯亮：《乡土文化选修课程开发中的几种关系处理》，《教学与管理》2015 年第 19 期。

③ 王勇：《社会转型期乡村学校教育的文化困境与出路》，《教育探索》2012 年第 9 期；吴亮奎：《乡土文化：现代学校变迁中逝去的挽歌——以南京市栖霞区义务教育学校的教学变革为例》，《湖南师范大学教育科学学报》2013 年第 4 期；许庆如：《传统文化融入高校课程的困境与出路》，《教育探索》2015 年第 11 期；赫坚、王姣姣：《吉林省边疆地区中小学乡土教育课程实施中存在的问题及对策研究》，《中小学教师培训》2017 年第 6 期。

生都要接受。① 乡土文化教育本身就是一种生活教育、技能教育和体验教育，因此，在课程建设和教学实践中学校应建立自己的实践基地。如城市的学校可以与某座农场合作，将其作为学生了解本地农业类型、学习农业基础知识和技能的场所；在平时的乡土文化教学中，可时常组织学生去参观本地的名胜古迹、博物馆、植物园，甚至去野外考察、体验生活，也可以参加当地的传统节日和文化庆典等，以加深对乡土课程知识的理解和运用，增强学生对本地自然、地理、历史古迹和生态社会的了解。

3. 乡土（文化）资源

乡土文化资源与乡土教育的关系总是在课程与教材中体现出来的，由此可见，乡土资源的开发与利用成为乡土文化教育研究的另一重要主题。乡土文化教材和课程的蓬勃发展迫切需要乡土资源的开发与利用，乡土资源在教育中开发利用的科目和内容是呈多样化发展的，从基础教育的主科语文到历史、地理、美术、音乐、思想道德等等。④乡土资源在教育中的充分开发利用有利于提升学生对"乡土"的自豪感、责任感与使命感，在国际化与社会现代化转型发展的背景下，有效防止乡土文化基因的丢失、民族文化灵魂的异化和世界文化多元的消解。

有关乡土文化教育资源的研究，学者们主要是从以下几方面内容进行的：

第一，乡土文化资源的开发与利用。②

第二，乡土文化资源在幼儿园、中小学等各学段的课程教学中的运

---

① Kong Lina：《浅析全球化背景下的乡土教育》，《第二届首都高校教育学研究生学术论坛论文集》，北京，2011 年 5 月，第 398 页。

② 李技文：《土家族民间文艺知识的开发及其利用》，《贵州师范大学学报》（社会科学版）2011 年第 5 期；陆丹：《少数民族地区乡土课程资源的开发研究——以贵州省雷山县为例》，《贵州民族研究》2012 年第 4 期；曹航、谭倩倩：《浅析乡土档案资源的开发与利用》，《山西档案》2017 年第 4 期；谭净、商宪春：《萃取乡土文化精髓 培育农村学校文化》，《中小学管理》2017 年第 7 期。

用与实践。①

第三，乡土文化资源的功能与价值。②

第四，乡土文化资源在各学科中的应用。③

有学者认为，要充分挖掘乡土文化资源，可以通过实地调查和拜师学艺的方式，即根据教学或课程项目到当地拜师学习并收集资料。④

（三）乡土文化教育的问题研究

1. 乡土文化与城市文化之间的矛盾问题研究

在我国社会主义现代化建设进程中，我国乡土社会由传统向现代文明社会不断转型和变迁。自改革开放以来，传统型的乡土社会与现代化的城市生活相互交融，城市人口和数目不断增多，规模也在逐渐扩大，而城市的物质文明、生产方式和生活方式也逐渐影响农村并向农村扩散。在我国社会主义的现代化进程中，城市文化以强势文化的姿态引领并在无形中改造着乡土社会文化，在城市文明的价值理念和生活理念的冲击下，乡土文化仿佛也就不可避免地走向城镇化（城市化）的现代文明。我国社会的现代性发展与城镇化的扩张造成了乡土社会的转型和变迁，乡土文化也在一定程度上弱化、退变甚至衰落。

困境产生的根源在于我国乡土的"城镇化"现代文明快速发展的影响，以及城镇化共时性与历时性的矛盾。但我们不能简单地运用"进化

---

① 刘松柏：《课堂教学中整合乡土史资源的实践》，《教学与管理》2013年第10期；师云凤：《乡土教育资源在幼儿园教育活动中的运用》，《学前教育研究》2006年第1期；高叶青：《利用方志资源 认知脚下土地——关于乡土教育的一点认识》，《中国地方志》2012年第10期；季永花：《整合三种资源 开展主题教育》，《学前教育研究》2004年第10期；孙杰：《论文化资本对农村义务教育均衡发展的影响——布迪厄文化资本理论的启示》，《山西大学学报》（哲学社会科学版）2011年第5期；赫坚、王姣姣：《吉林省边疆地区中小学乡土教育课程实施中存在的问题及对策研究》，《中小学教师培训》2017年第6期。

② 万红：《乡土教育视阈下的土司文化及其价值》，《民族教育研究》2014年第6期；孙杰：《论文化资本对农村义务教育均衡发展的影响——布迪厄文化资本理论的启示》，《山西大学学报》（哲学社会科学版）2011年第5期；郑伟红、于禄娟：《乡土戏曲文化特征及其社会功能——以河北保定地区为例》，《戏剧文学》2014年第2期。

③ 谢雱：《论乡土美术教育资源的开发利用》，《装饰》2004年第12期；霍军亮：《乡土文化变迁视阈下农村思想政治教育的困境与对策》，《学习与实践》2016年第9期；宋建申：《基于乡土文化的学校德育特色实践策略》，《教育理论与实践》2017年第17期。

④ 杜芳芳、潘祝青：《新型城镇化进程中乡土文化传承的学校教育使命——以无锡市YQ小学为例》，《当代教育科学》2017年第1期。

论"和现代化的市场体系理论和观点来对待乡土文化的边缘化和趋同化，这不符合我国（乃至世界）现代和谐社会的多民族文化的多元化发展需求。因此只有促进农村乡土文化教育体系的完善和不同类型教育功能的发挥，合理地规划各地学校乡土文化教育的策略，才能走出农村乡土文化教育发展路向选择的困境。① 随着"一带一路"建设对弘扬传统文化的诉求，加之践行社会主义核心价值观需要全面提升人们对乡土文化的认同，乡土文化教育逐渐成为了不可回避的话题，亦引起了研究者的重视。因此乡土文明与城市文明之间的矛盾就不可避免地成为学者们研究的主要问题之一。

2. 乡土文化教育"离农"与"为农"的困境研究

现有的我国农村乡土文化教育在发展路向选择上存在着"离农"与"为农"困境，表现在空间上是立足于"复兴"，还是任其在全球现代化进程中"消亡"？文化上是植根于"乡土文化"，还是"城市文化"？功能上是"为城"，还是"为农"服务？困境的突破在于实然意义上课程改革的支持。自1992年以来，国家在课程方案和课程改革方面都予以了相应的规定和政策支持，但在这些政策方案和课程改革实施下，乡土文化教育在课程设置、内容编排以及课堂内外的活动主要还是停留在一种形式化层面。

由此可见，我国乡土教育相关研究中"离土"或"离农"的问题引起了学者们的关注和研究，反映了现代教育很多政策和教学以"城市化"和"经济效益"为导向，脱离了乡土社会的本真，导致乡土文化在教育中被扭曲执行和边缘化。

那如何为乡土少年的成长烦恼找到有效的教育路径，使其既避免乡土身份的迷失又相信乡土教育的价值也需要应有的研究。众多研究说明，如果教育是民主的，那就应当适应当地乡土文化区域属性的特殊性，并且服务其社会和文化，在城市化导向的乡土教育面前承担起传承乡土文化的责任，顺应其乡土文化的价值诉求，进而构建其正确的教育目标和路径方向，在乡土文化教育中建立社会、经济和文化的连接网络，以实

---

① 杨卫安、邬志辉：《城镇化背景下中国农村教育发展的路向选择》，《社会科学战线》2015年第10期，第239—246页。

现乡土教育从"离土"到"归根"的实质性转变。因此在乡土文化教育研究中如何处理好理论研究与现实问题中的实践研究之间的内在关系，从本土传统性与时代前沿性由矛盾向和谐共生中寻求并明确其真正的价值诉求与路径建构方向等方面也逐渐得到了学者们的关注和研究。①

（四）乡土文化教育认同的研究

教育认同理论（education and identity theory）是美国学者奇克林于1993年提出的关于学生发展的理论体系，它是伴随着20世纪六七十年代，美国高等教育飞速发展的过程中，高校学生事务管理理论的研究热潮出现的理论流派。它的理论体系的形成主要是基于美国高等院校学生事务管理的实践，目前是一个比较完善的理论体系，并已经被广泛应用于高校学生管理实践中。奇克林的教育认同理论模型基于这样一种假设，即大学的主要任务是通过教育过程帮助学生确立自我认同感。在奇克林的理论模式中，这种自我认同被描述为七种向量，即通过大学教育所形成的与其身份相适应的七种能力。这七种能力包括自我发展能力、情绪管理能力、相互协作能力、成熟的人际交往能力、自我认同能力、形成目标的能力、具有健全的人格。这些变量既用来描述"数量上的大小"，也用来描述其发展的"趋势"。②

通过对文献的梳理，归纳出我国教育认同研究主要集中在政治哲学、马克思主义哲学、思想政治教育、民族文化研究、教育学原理等领域，具体研究主要从以下各个方面内容来体现：

1. 乡土文化认同研究

文化认同（cultural identity）意指个体对于所属文化以及文化群体内化并产生归属感，从而获得、保持与创新自身文化的社会心理过程。文化认同包括社会价值规范认同、宗教信仰认同、风俗习惯认同、语言认同、艺术认同等。文化认同是形成"自我"的过程，自我是个体心理结构深层的构造，也是探寻一种文化时所能进入的最核心部分。对文化认同的研究，学术界也已达成的共识就是不能狭隘地限于对本民族文化的

---

① 纪德奎、郭炎华：《改革开放以来乡土文化教育研究的历程与走势——基于科学知识图谱的分析》，《西北师范大学学报》（社会科学版）2018年第2期。

② 李小鲁：《高校贫困生资助新视野》，广东高等教育出版社2011年版，第24页。

认同，鉴于当今文化的共生共存，有必要从多元文化的视角去研究和认识。如陈世联认为，文化认同并非单纯地指对本己文化的认同，也包括对他文化或异己文化的认同。他从多元文化的角度，通过"文化比较、文化类属、文化区辨和文化定位"四个过程，培养学生的文化认同感。①

田夏彪以大理白族作为个案，对大理白族学生文化认同现状、大理白族学校教育发展现实情况、大理白族校外"文化心理场"进行田野考察。所以，加强对本民族文化的认同，使得民族传统文化及民族精神绵延发展，让学生认同并坚守本民族文化个性的同时，与校外"文化心理场"互补机制得以构建。②

钟星星通过梳理我国文化认同问题研究的现状，找到其实践根源，阐明中国文化认同的传统构成，总结当前中国文化认同危机的一般表现和独有表现，分析当前中国文化认同危机的一般性原因和特殊原因，力图寻求中国文化认同发展战略。③ 赵世林和陈为智以边疆民族地区的文化认同作为边疆民族地区建设充满活力的和谐社会的关键要素，并最终关系到我国构建社会主义和谐社会的大局。④

针对我国乡土教育，包括少数民族认同教育，文化认同显得愈加重要。姚洁认为，加强中国特色的高等教育文化建设，对继承和发扬优秀的民族文化具有重要的意义。少数民族作为我国民族的特殊群体，增强少数民族高等教育文化建设认同感，对于加速我国进入自由、民主、富强、和谐主义国家有至关重要的作用；⑤ 有研究认为民族地区大学生政治认同教育直接或间接地影响着民族地区的发展与国家的安全稳定⑥；也有

---

① 陈世联：《文化认同、文化和谐与社会和谐》，《西南民族大学学报》（人文社科版）2006年第3期。
② 田夏彪：《文化认同视阈下大理白族教育互补机制研究》，博士学位论文，西南大学，2011年。
③ 钟星星：《现代文化认同问题研究》，博士学位论文，中共中央党校，2014年。
④ 赵世林、陈为智：《文化认同与边疆民族地区和谐社会的构建》，《西南民族大学学报》（人文社科版）2006年第6期。
⑤ 姚洁：《少数民族高等教育文化建设的认同基础研究》，《贵州民族研究》2015年第12期。
⑥ 史艳芳：《民族地区大学生政治认同教育问题探究——以内蒙部分高校为例》，《四川文化产业职业学院（四川省干部函授学院）学报》2014年第3期。

研究认为应整合和利用民族文化的德育资源强化民族认同教育。①

2. 乡土文化在思想政治教育上的认同研究

随着改革开放的发展，我国在经济、教育、文化和科技等对外开放与国际接轨，很多学者认为，我国思想教育中乡土文化教育随着现代化的发展受到了挑战、内容遭遇认同危机、方法受到质疑等困境。如何立足现实，应对挑战，切实地实现民族文化和乡土文化思想政治教育认同迫在眉睫。而其中最重要的是要促成思想政治教育的学科认同、内容认同以及方法认同。② 思想政治教育认同是实现乡土文化教育认同有效性的逻辑前提。认知认同、情感认同、价值认同和行为认同构成思想政治教育认同的心理结构。需要契合、利益关系和社会参照是思想政治教育认同生成的前提、动力和社会尺度。③ 思想政治教育中存在一个影响教育效果却又经常被忽略的因素——"态度定式"，积极的态度定式有助于提升接受主体对乡土文化教育的认同度，促进其良好思想品德的形成；消极的态度定式容易对乡土文化教育的效果产生负面的影响，增加接受主体的逆反心理。教育过程中对于消极态度定式的转换和积极态度定式的建构是增加乡土文化教育的认同度和实效性的有效途径，思想政治教育者要善于利用"首因效应"建构积极的态度定式；同时，要注重接受主体对教育方法和教育内容的主体性、情感性和形象性诉求，转换消极态度定式。④

另外，研究者们还从社会主义核心价值观的民主、爱国等方面来传播和践行乡土文化教育研究。社会主义核心价值体系教育的中心任务是要使大学生高度认同和自觉践行社会主义核心价值观。刘铮依据马克思主义认识论、实践论和方法论，通过将核心价值观融入高校思想政治理论课教学、贯穿高校学生管理服务全过程和寓于校园文化建设之中，使

---

① 王顺顺：《转型背景下民族地区高校德育的现实困境与出路》，《高教论坛》2015 年第 11 期。

② 王易、朱小娟：《思想政治教育认同初探》，《思想理论教育导刊》2013 年第 5 期。

③ 魏永强、郑大俊：《思想政治教育认同的心理结构及其生成机制》，《学校党建与思想教育》2014 年第 5 期。

④ 余习勤、刘先锐：《思想政治教育接受主体"态度定势"的转换与建构》，《学校党建与思想教育》2014 年第 12 期。

社会主义核心价值观真正为大学生所理解掌握的重要举措,有利于从实践上指导和推进核心价值观为大学生认同的进程,有利于从内容、方法到动力机制全面促进大学生践行社会主义核心价值观。①

白甲欣认为,社会主义核心价值体系认同教育面临多元文化的冲击,当代大学生身处改革开放带来的多元价值追求和多元文化相互激荡的复杂环境,关于社会主义核心价值体系教育的研究越来越多,研究的层次越来越广泛,研究的程度越来越深刻。但以认同为视角、以大学生为主体谈社会主义核心价值体系教育还是薄弱地带。② 所以,学生对乡土文化教育的认同是推进社会主义核心价值观中爱国主义等内容和方法的核心。

3. 民族认同与国家认同

我国是一个多民族的乡土国家。民族认同,是指在多民族构成的国家里,个体成员对自己属于哪一个地方民族的判断及对所属民族的归属感、依恋感和自豪感。其表现为对自身民族身份的接受、民族信仰宗教的狂热、民族风俗习惯的遵从、民族语言的认可、民族传统节日的向往等方面。③ 在中华文化语境下,"民族认同"概念包含两个层面的内容:一方面指民族身份认同,是中国 56 个民族对自身所属族群的认同,如汉族、傣族、景颇族等;另一方面就是民族国家认同,也就是对中华民族的认同,对"中华民族多元一体格局"的认同。④ 有学者认为,"国家认同,就是在有他国存在的语境下,人们构建出归属于某个'国家'的'身份感'。"⑤ 王超品以认同理论、新制度主义、建构主义、民族主义为理论基础,从民族认同与国家认同整合的角度,提出民族认同与国家认同能否得到有效整合,从根本上决定了国家能否实现稳定与繁荣。他将中国民族认同引入多民族国家认同整合的制度机制建设的视野内,去解

---

① 刘铮:《大学生认同与践行社会主义核心价值观研究》,博士学位论文,中南大学,2012 年。
② 白甲欣:《多元文化背景下大学生社会主义核心价值体系认同教育研究》,硕士学位论文,西南大学,2014 年。
③ 陈达云:《少数民族大学生国家认同教育创新研究》,民族出版社 2010 年版,第 10 页。
④ 陈载舸、陈剑安、殷丽萍:《中华民族凝聚力学概论》,广东人民出版社 2013 年版,第 247 页。
⑤ 郭艳:《全球化时代的后发展国家:国家认同遭遇"去中心化"》,《世界经济与政治》2004 年第 9 期。

决民族认同与国家认同之间存在的问题，合政治学理论、民族政治学和政治哲学等相关知识进行深入研究。①

韩震从历史哲学的角度分析了国家认同、民族认同及文化认同的关系，提倡构筑中华民族共有的文化和精神家园，并且通过共同的文化联系建构每个公民内心深层的多元一体的中华民族共同体意识，最终强化国家认同的维度。②

常永才和John W. Berry③基于文化认同的涵养，通过实证调查，从不同文化的冲突与碰撞入手，以文化认同促进族群认同和国家认同。

少数民族乡土区域在教育认同的研究中虽然没有成为最突出的研究热点主题，但在我国教育认同研究过程中却也形成了一个明显的聚类，学者们在该研究场域中所关注的内容主要有文化适应和外语教育。在文化适应方面，学者们认为文化适应各维度对学业表现、体育运动、外表和与人交谈等自信维度呈显著正相关；回归分析表明主流文化认同对社会相互作用具有正向预测作用，学校教育认同对个人评价的外表、与人交谈维度均具有正向预测作用，总体文化适应对学业表现具有正向预测作用。如程科的研究结论认为少数民族学生的文化适应与自信呈显著正相关。④ 在少数民族学生对于外语教育认同方面，认为少数民族学生能够客观认识外语教育。不过，由于少数民族外语教育环境的缺失，他们在外语教育认同与乡土文化之间表现出种种矛盾的状态。少数民族学生对外语学习表现出积极的学习愿望，但在付诸实践上与愿望存在一定的差距；虽然能够认识到外语学习的重要性，但在行为倾向上更多地受到功利因素的影响。发展少数民族外语教育，需要正确引导学生对外语教育的认同，加强管理，走可持续发展的道路。⑤ 可见在乡土文化教育认同研

---

① 王超品：《当代中国民族认同与国家认同整合的制度机制研究》，博士学位论文，云南大学，2015年。

② 韩震：《论国家认同、民族认同及文化认同》，《北京师范大学学报》（社会科学版）2010年第1期。

③ 常永才、John W. Berry：《从文化认同与涵化视角看民族团结教育研究的深化——基于文化互动心理研究的初步分析》，《民族教育研究》2010年第6期。

④ 程科：《在蓉藏族大学生的文化适应与自信的关系探讨》，《西南民族大学学报》（人文社会科学版）2013年第4期。

⑤ 严兆府：《新疆高校少数民族外语教育认同研究》，《教育评论》2013年第6期。

究领域中，少数民族地区学生的多语教育具有民族乡土性和文化多元性的特点。

4. 随迁子女身份认同

在乡土文化教育研究中，还有一种特殊群体的教育认同研究不能忽略，这个群体就是有着乡土身份但又脱离本乡本土的就学人群。城市化的进程加速了农村的城市化，也加速了在本乡本土生活的农民工进城队伍的膨胀，农民工随迁子女的教育问题日益凸显，为了保证平等就学，增强农民工随迁子女人际交往能力、学习能力，首先需提高他们的城镇认同感，还要保证他们对乡土文化自信心和城市主流文化之间的平衡感。针对该问题，有不少实证研究，探寻根源，寻找良策，推进随迁子女的融合教育。①

（五）乡土文化教育的效果研究

乡土教育可以实现对民族文化传承的价值功能。通过乡土教育的课程学习，培养热爱家乡，理解本土文化，有爱国主义精神，基础扎实，具有创新精神、独立思考和实践能力的人才。② 在乡土文化教育的效果研究中，学者们主要是从以下几方面效果内容进行分析并得出结论的：

（1）乡土文化教育可以提升乡土文化意识和人文素养。③

（2）乡土文化教育有助于保护、传承和弘扬我国优秀传统文化。④

（3）乡土文化教育可以促进乡土少年的身份认同并增强乡土文化的

---

① 黄兆信、曲小远、赵国靖：《农民工随迁子女融合教育：互动与融合》，《教育研究》2014年第10期；谢建社、牛喜霞、谢宇：《流动农民工随迁子女教育问题研究》，《中国人口科学》2011年第1期。

② 裴娣娜：《教育创新视野下少数民族地区乡土教育的思考》，《中国教育学刊》2010年第1期，第48—50页。

③ 刘善龄：《近代教育家对乡土教育的认识》，《上海教育科研》1993年第3期，第37—49页；乔新华：《乡土教育与文化素质：〈山西历史文化专题〉教学的一些体会》，《教育理论与实践》2007年第12期，第45—46页。

④ 黄忠钊：《挖掘乡土资源 弘扬民族音乐——谈如何把乡土器乐引进高师音乐教育专业课堂教学》，《人民音乐》2003年第3期，第44—45页；旷宗仁、赵锦辉：《乡土农业知识的现有保护方法探讨》，《云南民族大学学报》（哲学社会科学版）2014年第5期；谭英：《美丽乡村建设背景下的孝文化与乡村治理》，《中共浙江省委党校学报》2016年第6期；安宝珍、张洁：《乡土文化退隐对乡村学校德育的影响及其应对》，《教学与管理》2017年第7期。

自信心理。①

（4）乡土文化教育可以凝聚认同价值并促进民族团结与民族发展。

谢治菊认为：乡土文化教育从小的方面可以促进学生处理好人与人、人与自然的关系，从大的方面来说可以传承与发扬优秀少数民族民间文化，促进民族团结与民族发展。②

艾莲认为，乡土文化教育有助于保持文化多样性、原生态的特点，是文化事业发展的载体、文化产业开发的依托，在我国的多产业发展中还有助于塑造新农民。③

但也有研究者指出，市场经济条件下的功利心态，城镇化中城市文明追随潮流的盲目性和急功近利，形成了对乡土文化内涵和价值的扭曲与扼杀，也造成了对乡土文化的吞噬。④ 因此，随着城镇化背景下乡土文化价值观念的改变，乡土文化教育在认知学习与行为效果上存在矛盾，在乡土教育理想和教育现实产出方面也存在着一定的差距。

三 乡土文化教育认同研究述评

（一）现有研究的贡献

自从1985年出现有关乡土文化教育的第一篇文献后，在这30多年的时间里，学者们在该领域取得了很多的成果，对我国乡土文化教育的理论和实践的发展做出了巨大的贡献和深远的影响。

（二）研究反思与展望

我国乡土文化教育研究取得了一定的成就，但也存在着一定的局限，具体表现为：

---

① 唐群：《论客家童谣与幼儿乡土教育》，《农业考古》2011年第1期；吴冬梅：《客家童谣的特点及其教育价值》，《学前教育研究》2012年第1期；杨晓辉：《乡土音乐教育：解决留守儿童心理问题的新路径》，《中国教育学刊》2013年第9期。

② 谢治菊：《乡土教育：概念辨析、学理基础与价值取向》，《贵州师范大学学报》（社会科学版）2011年第4期。

③ 艾莲：《乡土文化：内涵与价值——传统文化在乡村论略》，《中华文化论坛》2010年第3期。

④ 曹云、周冠辰：《城镇化进程中乡土文化的保护困境与有效传承策略》，《现代城市研究》2013年第6期。

1. 研究视角较为固定，有待进一步拓宽

一般而言，乡土文化传承场域包括家庭、学校和社区三方面。因此乡土文化教育既可以通过家庭进行，也可以通过学校或社区进行。然而，分析已有研究成果，我国乡土文化教育途径仍主要集中于学校，学者们的研究尚未拓展到家庭教育和社区教育。学校教育的特点决定了它理应承担乡土文化传承的主要任务，因此促进乡土文化教育体系的完善和不同类型教育功能的发挥，合理地规划各地各校乡土文化教育的目标、内容与方式，才能更好地促进我国乡土文化教育的发展。[①] 然而单一的学校教育并不足以完全承担我国乡土文化教育的任务，乡土文化教育迫切要求学校、家庭与社区组成乡土文化教育共同体。因此，未来乡土文化教育的研究视角应进一步拓宽，在教育途径上还应把家庭教育的耳濡目染和社区教育辅助功能纳入未来乡土文化教育的研究领域，研究者们也应从家庭教育、学校教育和社区教育的视角进行系统性、综合性的研究。

从一个人的成长过程中的视角来看，教育认知的途径方式也包括家庭教育、社区教育和学校教育。所以现有的侧重于学校教育，以学校课程体制化的机械方式传授，而对家庭教育的日常熏陶与潜移默化和社区教育的群体感化及影响涉猎甚少的做法，显然对乡土文化教育及其认同研究不利。另外教育认同方式与途径的研究视角也过于窄化。

2. 研究方法倾向传统，不够开放和多元

分析已有乡土文化教育研究成果，从研究方法的视角看，问卷调查是研究者使用的较为普遍的方法。问卷调查法具有诸多优势。它可以同时进行较大规模的样本分析，因而节省时间、财力与人力；此外，问卷调查往往具有量化的特点，因而调查结果便于统计分析。但问卷调查法也存在不容忽视的缺点，例如调查结果往往广而不深，同时由于受调查者在填写问卷过程中的思想和行为的变化难于察觉，问卷调查结果的质量常常得不到保证。另外，乡土文化教育具有长期性特点，其成效往往

---

① 杨卫安、邬志辉：《城镇化背景下中国农村教育发展的路向选择》，《社会科学战线》2015 年第 10 期。

并不是能立竿见影的，所以不能用过于急功近利的方法，因此未来乡土文化教育研究应拓宽研究方法范围，尝试使用多种研究方法，如现象学研究、案例研究、民族志研究、观察法等。

3. 乡土教育认同调查的主体对象范围不够广泛

从已有的研究成果来看，乡土文化教育认同调查的主体对象范围过于狭隘，主要聚焦在大学生上。本研究认为，大学生大多数已经是成年人，思想观念和价值观已趋于成型或定型，因此把教育认同的研究重心放于大学生上，从教育理论或教育心理学对学生思想心理成长过程中的关键期的理论来看，显然不是最佳阶段。

4. 乡土文化教育认同的学科载体研究相对局限

分析已有乡土文化教育研究文献，发现大多关注乡土文化教育的载体研究，如乡土教材、课程、教学等等，再具体到学科内容上则包括语文、美术、音乐、体育、地理和思想品德等。但对乡土文化教育认同的载体研究则局限于思想政治教育课程。乡土文化教育的内容是开放的，包括人类日常生活的方方面面，涉及乡土地理、乡土历史、民风民俗、乡土文艺等，因此乡土文化教育具有整体性，在内容上几乎囊括各个科目。因此未来应强化乡土文化教育载体研究，扩大载体研究的范围，内容上可分为物质的和非物质的，授课的科目上可以分为历史、地理、美术、音乐、文学等。

5. 乡土文化教育的主体尚未得到充分关注

在教育中，教师是教的主体，教师状况和师资力量本应得到足够的关注，因为再多的教材和再好的课程，也需要教的主体去解读和引导，因此教师的价值和重要性是不可替代的。但在乡土文化教育的研究领域中，相对比起"教材"和"课程"等研究热点主题，"教的主体"成了冷门的研究。在乡土文化教育的研究进程中，虽然有关农村教师的专业素质和队伍建设逐渐得到了关注和研究，乡村教师或农村教师所扮演的角色和作用并没有得到充分的关注和应有的重视。尤其是偏远地区的乡村教师仍然没有得到足够的关注和研究。偏远地区的乡村教师岗位难以吸引外地教师，尤其是有文化和学历的年轻教师，这导致师资严重短缺而出现师资的老龄化、"一师多科""一师一校"的问题，与非偏远地区"撤点并校"后出现的富余教师所形成的矛盾问题；乡村现实生活与传统师道、教师专业发展与身份认同之间的矛盾与困境同质性问题；乡村教师培养和培训中乡土文化与教育文化的全球化博弈等异质性问题，都是我国乡土文化教育急需解决的问题。

农村教师队伍建设的"根本"在于创造内外部条件让农村教师能够在乡土环境中实现自己的人生价值，以提高其在乡土教育中的职业和岗位认同感。在我国乡土文化发展历程中，国家和各级地方政府虽然在乡村教师队伍建设中出台了很多政策并做了大量的工作，但乡村教师队伍的整体情况仍不乐观。农村尤其是偏远地区的教师队伍建设有其特殊性，即既要有专家引领又要有合作共同体，既要凸显个性多元化（不同民族文化多样性）又要体现教育公平和均衡的整体发展（民族的团结统一），既要有本土传统性又要有时代的前沿性，这是解决乡土文化教育中乡村教师队伍建设的现实问题之核心路径。希望 2015 年国务院颁布并实施的《乡村教师支持计划（2015—2020 年）》能将乡土文化教育的主体之一——乡村教师的关注提升到前所未有的高度并真正落到实处。[①]

[①] 纪德奎、郭炎华：《改革开放以来乡土文化教育研究的历程与走势——基于科学知识图谱的分析》，《西北师范大学学报》（社会科学版）2018 年第 2 期。

第三章 乡土文化教育认同的基本理论

乡土文化教育在我国已有悠久的历史,古代有私塾教育对乡土文化的传播,现代有陶行知、陈鹤琴等对乡土教育的提倡,当前课程改革中将乡土教材纳入学校课程体系,可以说乡土文化教育随着教育的发展而发展,时时刻刻存在于教育世界中。在现实教育中,乡土文化教育的实践已经走到理论研究之前,对乡土文化教育相关理论的探讨显得尤为重要。

第一节 乡土文化教育是一种文化认同教育

一 乡土文化教育的内涵

(一)乡土文化

1. 乡土

"乡"是一种地域处所,《释名》,"乡,向也,众所向也。"其指代的是众人聚集、居住之所。"乡"也可指本地,《礼仪》载"北上乡内相随",又如《资治通鉴 卷十》载"八月引兵临河南,乡军小修武,欲复与楚战"。其中"乡"均意为本地。同时"乡"也是一级行政组织,不论在古代还是当下,"乡"的这一含义仍在使用。《广韵》说"万二千五百家为乡",即一万两千家为一乡。而《前汉·食货志》解释得更为详细,"五家为邻,五邻为里,四里为族,五族为党,五党为州,五州为乡,是万二千五百户也。"可见乡在古代中国是一级行政组织,而在当下,"乡"则是区别于"村"和"镇"的一种基层组织形式。除此之外,"乡"最为广泛的含义则是指"故乡",《礼记·王制》:"凡执技以事上者,不贰事,不移官。出乡,不与士齿。"王维的名作《九月九日忆山东兄弟》中"独在异乡为异客",其中"乡"指的就是故乡;而现代汉语中的乡音、乡情,也是指的故乡之音、故乡之情。在《现代汉语词典》中,乡有多重含义,一是泛指小市镇;二是指自己生长的地方或祖籍;三是中国行政区划基层单位,属县或县以下的行政区领导。现代语境下的"乡"与古代的"乡"并无多大差别。

"土"在古代语境中,首指土地,能生万物。《说文解字》"土,地之吐生物者也"。"土"还指土地、国土、疆域,《尚书》载"诸侯为天子守土"。"土"的第三种含义与"乡"相同,指故乡,《后汉书·班超传》说班超"久在绝域,年老思土"。在现代的语境下,"土"除了保留上述含义之外,还有"不合潮流"等含义。

将"乡土"并称为一词,并非现代有之,《列子·天瑞》"有人去乡土离六亲废家业",是最早见于文献的"乡土"一词,指的是故乡、土地。后世文献中也多见"乡土"连用,查阅书同文古籍数据库,在《四部丛刊》中关于"乡土"一词就达73条记录,《明代史料文献》更是高达260条记录。在现代汉语语境中,"乡土"一词有两种含义,一是指本乡本土,二是指地方。

"乡土"成为学术界关注的专业术语,并非始于我国。据李素梅分析,最初学术意义上的"乡土"源于德语"Heimat",泛指故乡。其本意指休息室或寝室,后演变为"家"之意[1],并逐渐演变成大至一省一国、小至一村一家的宽泛概念[2]。就其内涵而言,"乡土"一词蕴含着物质层面的"土"和精神层面的"乡"[3],是"属于吾人所居住之本乡本地的一切自然和人为的环境而已"[4],并在长期居住中生发出来的对此地的依恋之情、熟悉可亲之感。在我国台湾学者眼中,这种认识更加明确。所谓

---

[1] 李素梅:《中国乡土教材的百年嬗变及其文化功能考察》,民族出版社2010年版,第27页。
[2] 曹凤南:《小学乡土教育的理论与实践》,中华书局1935年版,第1页。
[3] 吴志尧:《小学乡土教学》,商务印书馆1948年版,第1—2页。
[4] 王伯昂:《乡土教材研究》,商务印书馆1948年版,第1—2页

乡土"是指人们出生的故乡或少年时代生活的地方,也指长期居住的地方,对该地方已有特别深厚的感情并受其影响"①。

统而言之,乡土是指个体生长生活的场地,并对此产生强烈的情感寄托之地,不仅包括自然景观,也包括历史、人文环境。

2. 文化

文化是一个难以说清楚的概念,自人类学之父爱德华·泰勒在其名著《原始文化》中对文化下了第一个定义,"文化,或文明,就其广泛的民族学意义来说,是包括全部的知识、信仰、艺术、法律、道德、习俗以及作为社会成员的人所掌握和接受的任何其他的才能和习惯的复合体"②。后续的研究者从不同的角度给出了数不清的文化概念。

《美国传统辞典》将文化界定为"人类群体或民族世代相传的行为模式、艺术、宗教信仰,群体组织和其他一切人类生产活动、思维活动的本质特征的总和"。

美国学者克罗伯和克拉克洪曾搜集整理了多达164种文化定义,并据此将文化理解为由内隐外显行为模式构成,代表人类群体的显著成就,其核心是传统观念及其价值。③

而在我国古代,"文""化"是不同的两个概念,《说文解字》"文,错画也。象交文。凡文之属皆从文"。段玉裁注"青与赤谓之文"。"黄帝之史仓颉见鸟兽蹏迒之迹","知分理之可相别异也。初造书契,依类象形,故谓之文"。说的是文本义是文错、文理、纹饰,以区分他物,后世引申为规律之意。"化"则是动词,意味一种规律,"观乎人文,以化成天下",后世引申为教化、感化等。"文化"一词在古代汉语中指的是文治、教化,《说苑·指武》"文化不改,然后加诛"指的就是此义。

---

① 转引自谢治菊《乡土教育:概念辨析、学理基础与价值取向》,《贵州师范大学学报》(社会科学版),2011年第4期。

② [英]泰勒:《原始文化》,连树声译,上海文艺出版社1992年版,第1页。

③ 傅铿:《文化:人类的镜子——西方文化理论导引》,上海人民出版社1990年版,第12页。

国内学术界对文化的认识不一,梁漱溟先生将文化视为"一个民族生活的种种方面",并将其划分为精神生活、社会生活和物质生活三个方面。① 陈序经先生则认为"文化不外是人类为着适应自然现象或自然环境而努力于利用这些自然现象或自然环境的结果"。②

尽管国内学界对文化的认识不尽一致,但普遍认可文化有狭义和广义之分。广义的文化指"人类社会历史实践过程中所创造的物质财富和精神财富的综合",狭义的文化则指"社会意识形态,以及与之相适应的制度和组织机构"。③

本研究对象是广义的文化,即物质文化和精神文化的统一。文化,既包括该地域的物质形态,也包括该地域的人共同具有的符号、价值观、社会规范等,以此影响着人们的生活实践、社会交往,并影响着社会的发展。

3. 乡土文化

乡土文化是指生活在一定区域的人们在长期的生产生活中创造出来的影响人们行为方式和价值观念的物质文化和精神文化的总和。它包括文物古迹、典章制度、风俗习惯、民间艺术等多方面内容,是当地人思想观念、生活习惯、民风传统的重要体现。

(二) 乡土文化教育

乡土文化教育是一种以反映与创生相结合的方式进行乡土文化传承,进而实现以文化人的育人活动。易言之,乡土文化教育并不是将乡土的事物简单复制或移植至教育领域,而是以文化的视角对乡土事物进行凝练、演绎与诠释,使之在保留价值内核和文化精髓的基础上能够在新时代焕发生机与活力。通过乡土文化教育,使学生了解、认识乡土文化的实体意义和情感意义,让学生了解其生存区域的生活环境、人文景观和文化艺术等,帮助他们养成热爱乡土事物的情感,激发他们投身乡土建设的意愿和能力。具体而言,乡土文化教育的内涵有四:

---

① 梁漱溟:《东西文化及其哲学》,载《梁漱溟全集》(第一卷),山东人民出版社1989年版,第339页。

② 陈序经:《文化学概观》,中国人民大学出版社2005年版,第28页。

③ 《辞海》,上海辞书出版社1980年版,第1533页。

其一，乡土文化教育是引导学生认知乡土，了解辨识乡土文化精华，并自觉扬弃乡土文化糟粕的教育；

其二，乡土文化教育是培养学生感知乡土文化之美，养成乡土文化之情的情感教育；

其三，乡土文化教育是敦促学生以乡土文化之识、乡土文化之情，化作自觉保护、传承、发扬乡土文化之行的教育；

其四，乡土文化教育的最终旨趣在于将学生乡土文化认同上升为民族认同、国家认同，并以此培养具有乡土底蕴、世界胸怀的现代化中国人。

二　乡土文化教育的多维解读

当前，乡土文化教育在全球化和弘扬中华优秀传统文化及社会主义核心价值观的大背景下，犹如温床滋润中的花朵，在阳光下尽情绽放，展现出多重意蕴。

（一）乡土文化教育是一种价值教育

美国学者霍华德·加德纳认为教育有两个坚实的基础："其一，是学习的科学；其二，是作为生活在社会中的人的自身价值。"① 乡土价值教育根源于第二个基础，是学生的伦理道德价值观念的建立、提升与取向的重要途径，也是探寻人的生命意义的主渠道。康福外国语学校校长刘煜炎常说："教育的核心是育人，育人的核心是价值教育。"有学者认为"价值教育的实质是创造人的价值的教育或真善美的人的创价教育"，② 也有学者认为"价值教育是有关人们如何行为才是'正当的''对的''好的'和'高尚的'的教育，是有关人们行为正当性原则的教育，因而也是有关培养正直的、真正的、有良好品格的人的教育"③。价值教育强调人的价值实现，是培养学生在生活中共同遵从的价值规范或原则。这种规范或原则源于生活，发展于生活，作用于生活，规约着人们的行为举

---

① ［美］霍华德·加德纳：《未来的教育：教育的科学基础和价值基础》，《教育研究》2005年第2期。

② 王逢贤：《价值教育及其在新世纪面临的挑战》，《高等教育研究》2000年第5期。

③ 石中英：《关于当前我国中小学价值教育几个问题的思考》，《人民教育》2010年第8期。

止，引领着学生的生活取向。乡土文化教育的内容正是源于学生的生活世界，它未必具有普世价值，但对于该地域来说，却有存在的道理。乡土文化教育就是将祖祖辈辈流传下来的伦理规约、道德理念内化为学生的价值观念，提升其价值理念，实现教育的价值。

（二）乡土文化教育是一种生活教育

"人类一面为生活而劳动，一面为劳动而生活。"这句话讲的是人们为了生活就得劳动，只有劳动才能有所收获；同时劳动也是为了生活，在劳动的过程中享受快乐，产生价值，赋予生活意义。"生活世界的本质是人类的劳动以及人类在劳动过程中的交往活动。"① 如小学语文课文《落花生》，是一篇围绕"种花生—收花生—吃花生—议花生"的叙事散文，对于农村学生来说，完全可以亲身实践"种花生—收花生"这个环节，大家合作体验劳作的过程，享受收获的成果。比起只在教室里吟诵"谁知盘中餐，粒粒皆辛苦"，学生在参与劳动的过程中能更好地感知劳动的美、合作的愉悦，获得生活的乐趣，凝聚成一种适应未来生活的态度。

乡土文化教育源于家乡生活，以家乡的人、事、物为素材，立足于学生亲身经历的生活，富有生机和活力。与此同时，乡土文化教育又让学生深入地了解家乡，充实生活经验，提高生活技能，从而更好地在这片土地上生活。陶行知先生强调了教育与生活的联系，他主张"生活即教育"；陈鹤琴提出"大自然、大社会都是活教材"的观念；李廉方的乡土教育思想，这些都是乡土文化教育的理念源泉。乡土文化教育是生活目的的教育，有什么样的生活，就提供什么样的教育，生活是根本，教育为生活服务，教育的目的是为了更美好的生活；反之，教育也是生活手段的教育，生活为教育提供素材，绚丽丰富的生活充实了教育的内容。目的与手段相辅相成，共同作用于人的生活。从教学原则看，乡土文化教育由近及远，由具体到抽象，便于学生理解。因此，扎根于生活的教育才是符合学习特点的教育。随着时代的发展，人们的需要是不断变化的，教育的内容也随着生活的变化而不断发展，而变化的教育内容又促进人们需求的变化。正所谓"教育要从生活出发，从实践和问题出发，

---

① 韩红升：《劳动：开启德育回归生活世界之门》，《教育研究》2008 年第 11 期。

用鲜活的理论和知识,去解决在生活和实践中不断涌现的新问题"①,这种螺旋上升的趋势双向提升了教育与生活。相比"人教版""北师大版""苏教版"等全国通用的教材内容,乡土文化教育凸显了与本土生活环境的贴切性,便是最适切的生活教育。

(三) 乡土文化教育是美的教育

中央电视台《乡土》栏目用诗意生动的画面给观众呈现了全国各地一道道乡土文化大餐,使我们看到"香而不俗、土而不粗"的气质样貌。在观看这档节目的时候人们不禁感慨,淳朴的乡村竟然蕴含着如此美丽的风情,古朴的建筑不由得让我们肃然起敬,秋天的丰收是那么的甜蜜满足,乡土奇俗更是令我们大饱眼福。所以,乡土文化教育就是挖掘美的教育,培养学生审美情趣的教育。法国著名雕塑家奥古斯特·罗丹曾说:"生活中不是没有美,而是缺少发现美的眼睛。"

乡土文化教育之美体现在学生的直观体验和隐性渗透中,直观体验来源于可看、可听、可闻的教育资源。如图文并茂的乡土教材、声图文并现的多媒体光盘;学校的建筑风格;校园内的标语、广播、宣传栏、艺术雕塑;学校里的一草一木;农村里的山山水水等都给学生以直观美的感受。除此之外,师生之间和谐的谈吐,大量的生活实践活动都给人以潜移默化的感染和启迪。"日渐染而不自知兮","入芝兰之室,久而不闻其香"。乡土文化本身的绚烂与光芒对学生不断渗透,学生长期置身于这样熟悉的环境,不知不觉内化了乡土美的价值理念,沐浴在美的教育中。

(四) 乡土文化教育是核心素养教育

我国将核心素养界定为:"学生在接受相应学段的教育过程中逐步形成起来的适应个人终身发展与社会发展的人格品质与关键能力。"② 所以核心素养的培养离不开学校,是在学校习得的,是支持"有文化教养的健全公民形象的心智修炼或精神支柱"。③ 乡土文化教育虽然依托地域文

---

① 孟建伟:《教育与生活——关于"教育回归生活"的哲学思考》,《教育研究》2012年第3期。
② 钟启泉:《基于核心素养的课程发展:挑战与课题》,《全球教育展望》2016年第1期。
③ 钟启泉:《核心素养的"核心"在哪里——核心素养研究的构图》,《中国教育报》2015年4月1日第7版。

化，但不囿于乡土文化，而是通过乡土文化的教育，提升学生的价值观念，为他们打下走向社会的基础，即不光知道什么，学会什么；而是在现实中能做什么，该做什么，具有"应该是什么"，"应该怎么做"的价值意识和价值判断能力。"如果说核心素养是一个人最关键、最重要的知识、能力与态度，这种知识、能力与态度，一定是能够满足个体未来在特定或复杂情境下的要求与挑战的。"那么，核心素养的提升就不能脱离教育，是学生在受教育过程中不断生成的。乡土文化教育的贴切性有助于学生理解、接受，将本乡本土的人文品性传承吸收。乡土文化的独特魅力就像浸入骨髓一样，无论在何方，都深深地刻在骨子里，招之即来，挥之不去，与人的一生如影随形，难以改变。从小接受过良好的乡土文化教育的人，不论今后在哪里，从事什么职业，乡土文化的传统底蕴都会暗中帮助，形成一条不可逾越的价值底线，构筑人生的信条。

（五）乡土文化教育是社会主义核心价值观教育

社会主义核心价值观的提出是立足于我国的实际情况和时代要求，是对中华民族优秀文化的提炼、概括和提升，体现了文化的灵魂，民族的凝聚力和向心力。对于远离城市的农村中小学生来说，社会主义核心价值观充满了敬畏和神圣感，仰视那些高高在上的抽象理论，感觉既陌生又遥远。《中庸》提到"道不远人"，所以社会主义核心价值观并未远离每一个人，而是秉持在每一个人心中。开展乡土文化教育的当务之急就是使学生了解家乡的文化生活和历史传统，唤起他们爱家乡的情感，爱家乡就是爱小家，只有爱小家才会爱大家。正所谓"乡土教育是以养成乡土之爱为起点，而渐次启发爱国心的教育"。①

从教育意义来说，乡土文化教育以爱乡土、理解乡土为中心，有助于人们找到根，把根留住，具有传承并弘扬具有地域特色的乡土文化的价值；从教育价值来说，可从内向型深化与外向型扩张两个向度去认识。内向型深化突出其本体价值，是"人化"水平的提升，促进农村学生的全面发展，提升核心素养；外向型扩张突出其工具价值，是"人化"水平的延伸，由乡土爱推及国家爱，践行社会主义核心价值观，共构和谐

---

① 林瑞荣：《国民小学乡土教育的理论与实践》，中国台湾，师大书苑有限公司1998年版，第4页。

美好的社会。学生核心素养的提升有助于其终身发展，学生的终身发展又促进了国家和社会的可持续发展，同理，国家和社会的可持续发展又为个人的终身发展提供了优良环境。所以提升学生的核心素养和社会主义核心价值观是相辅相成的，是个人与国家、社会发展的有机统一。

我国幅员辽阔，区域差异显著，各地域有着不同的历史传统、生活环境、风俗习惯，但是在公德、个人修养等方面与社会主义核心价值观有着一致性、契合性、相通性。在个人修养方面，要求人们诚实守信；在人伦关系上，倡导人们尊老爱幼、重情重义、团结友善；在环境保护方面，要热爱乡土、保护生态环境；在职业道德方面，要遵纪守法、勤奋工作、爱岗敬业；在民风民俗方面，要守规矩，有约束，要崇尚文明，禁忌愚昧等等，这些都渗透着"富强民主文明和谐、自由平等公正法治、爱国敬业诚信友善"的思想和观念。

从以上分析可得出，乡土文化教育是基于本土资源，培养学生的认知、技能、情意的综合性教育活动。它既传授学生优秀的乡土知识，还要在知识的学习过程中探索体会其中蕴含的价值，促进他们寻找和体认自己的文化身份，培养他们从认识、认同到践行乡土文化的责任感，为自身素养的提高奠定根基，树立价值准则，为国家、社会的发展贡献力量。所以乡土文化教育是集知识性、情感性、功用性为一体的教育活动。

三 乡土文化教育的实质是一种文化认同教育

在世界多元文化激荡冲突的当下，乡土文化教育承载着传承优秀特色文化、铭刻中华民族精神的重要使命。乡土文化教育作为传承优秀传统文化的主要形式，与文化认同教育在本质上存在着一致性。

（一）文化认同是乡土文化教育的目的和动力，二者理念相通，乡土文化教育问题也是文化认同教育问题

文化认同既是乡土文化教育的目的，也是乡土文化教育顺利开展的推动力。乡土文化教育的目的是让学生在了解乡土文化的基础上，实现乡土文化的认同进而践行文化的传承。培养学生对乡土文化的认知和传承是乡土文化的教育行为，这些行为的真正意义就在于通过理性的知识传递，引导个体和社会群体成为乡土文化意义建构过程的参与者，影响个人与社会的文化认同；同样，文化认同也是乡土教育真正有实效、有

意义的动力和永葆生机的源泉。学生只有认可和接受了乡土文化的内涵与价值,对文化赋予了情感上的自觉与自信,才会愿意更加深入地在学习中了解家乡的一草一木,一砖一瓦,它是乡土文化教育不可或缺的精神动力。

乡土文化教育与文化认同教育所传达的理念是相通的,初衷和目标亦是一致的。无论是乡土文化教育还是文化认同教育,二者的出发点和落脚点都致力于在合理发掘优秀传统文化的基础上不遗余力地进行文化传承,一步一步推进中华本土特色文化发扬光大。从这一点上讲,二者可以说是"殊途同归"。在乡土文化教育中,教师通过对乡土文化的讲授和传递,让学生充分感受到本土文化带来的独特韵味和魅力,从而在不断走近乡土、融入乡土的过程中自觉进行文化传承。同样,文化认同教育的初衷也是让学生在充分熟悉与了解乡土文化的基础上,逐步产生心理与情感上的接受与归属感,进而自觉地转化为行为上的驱动力,最终目标亦是为文化的传承贡献自己的智慧。可见,二者的教育理念相通,教育过程契合。从这一角度而言,把乡土文化教育所涉及的问题可归结为文化认同教育问题。

(二)乡土文化教育与文化认同教育所担负的弘扬家国情怀的使命是一致的,乡土文化教育的寻根过程就是一种文化认同教育

家国情怀作为一种地域认同、民族认同和国家认同的集中体现,是家国同构、爱国主义、乡土观念、民族精神的整合与超越,在增强民族凝聚力、提高公民意识等方面都有重要的时代价值。乡土文化教育与文化认同教育都传达了一种家国情怀,两者都旨在通过传承优秀本土文化,提升民族自豪感和凝聚力。在乡土文化教育中,教师的讲授和传递让学生充分感受到本土文化带来的独特韵味和魅力,从而在融入乡土的过程中树立文化自信,自觉扛起文化传承的大旗;文化认同教育也是通过让学生经历从文化认知到情感再到行动的一连串过程来淬炼和锻造学生的自豪感和使命感,从而塑造国民的精神,增强民族向心力。

乡土文化教育与文化认同教育都致力于告诉学生"我们是谁"。文化认同作为个人或群体确定身份的标志,具备"自我认同"的特征。亨廷顿曾说文化认同是用"祖先、宗教、语言、历史、价值、习俗和体制等

界定自己",是用最有意义的事物来回答"我们是谁"。① 相比之下,乡土文化则赋予了最原始的素材和最经久不衰的生命力,每一座栩栩如生的雕像背后都凝聚着跳跃的历史音符,每一个薪火相传的乡情民俗都是一首无声的歌。一张张文化名片的背后凝聚的是对乡土价值的肯定性体认,是对"我们是谁"一种颇具分量的诠释。通过探寻文化印迹、揭示文化溯源,"根在何处"的意义开始变得清晰,"乡土"的分量日渐深重,那些在与本土文化的融汇中所激发出的自豪感和归属感推动着人们最终认清"我们是谁"。这种对"根在何处"的探寻与发掘,以及寻根过程中构建的关于乡土与自我的认知与重塑,其本身就是一种文化认同教育过程。

(三)乡土文化教育与文化认同教育具有共同的诉求基础,客观上决定了二者的不可分割性和相辅相成的关系

乡土文化教育与文化认同教育具有共同的诉求基础。其一,广袤多姿的乡村文化生态图景是乡土文化教育所要依托的文化土壤,也是学生构建文化认同的根基。从历史源起到文物风貌,从乡情民俗到工艺绝学,只有乡土文化的土壤足够富饶,乡土教育才有广阔的认知来源,学生才能在了解与熟知的基础上,建立实质的情感联系,进而有意识地参与性、体验性地继承与发展乡土文化。其二,文化精髓和内在价值是乡土文化教育要强化的核心素养,亦是学生实现文化认同的核心。在乡土文化发展过程中有一些历经岁月选择沉淀下来的精华,既涵盖乡土社会所向往的"天人合一"的处事态度与生存理念,色彩斑斓的自然画卷,亦包括由传统儒家文化家国观念、忠义孝悌、克己复礼等思想衍生出的一套爱国爱家、勤俭节约、重义轻利、仁爱互助等共同的价值标准和民间非制度性伦理道德规范。② 这些文明精髓和价值不仅是维持社会秩序,教化学生自我约束的"精神藩篱",更是诱导学生确立对本土文化认同的关键。学生在近距离、深层次地感受到乡土价值带来的精神滋养的同时,亦会让他们在潜移默化间对乡土文化产生更牢不可摧的认可度和更深的情感,

---

① [美]萨缪尔·亨廷顿:《文明冲突与世界秩序的重建》,周琪、刘绯、张立平、王圆译,新华出版社2010版,第2—50页。

② 赵霞:《乡村文化的秩序转型与价值重建》,河北人民出版社2013版,第23—71页。

从而将这些价值规范作为自己行事的标准,在实践中不断塑造自己的人格。其三,规范化的乡村教学是乡土文化教育最终达到认同目标的主要路径,更是学生巩固文化认同的保障。乡村学校通过有目的、有意识的课程编排与教师讲解,将乡土以符号化、系统化的形式呈现在学生面前,让学生对自己的乡土轮廓和风貌有了一个更加清晰、直观的认识,从而在熟悉的基础上不遗余力地推进文化传承,加深对自己乡土文化的认同。

乡土文化教育与文化认同教育共同的诉求基础,使二者的联系更加密切,也客观上决定了二者的不可分割性。

第二节 乡土文化教育的内容与价值

"教育内容是对受教育者施以什么样的精神影响,给予什么内容的文化的问题。"① 教育内容既是教育活动的载体,也是教育目标达成的保障。乡土文化教育内容的选择,主要在于引导学生重新思考乡土文化,深刻认识乡土文化的价值。

一 乡土文化教育的内容

作为优秀中华传统文化的一部分,乡土文化教育的内容相对比较丰富,类别较多。

(一)乡土文化教育的内容体系

1. 历史地理

人物、逸史、掌故、习惯风俗、族谱、地名源流、族群分布、风景名胜、氏族、宗教、地方史志、历史名人、重大历史事件、考古发现、家乡所在县市的简史、岁时节令、家乡先贤、古树名木。

衙署、书院、宅邸、园林、寺庙、教堂、遗址遗迹、文化古迹、街道、祠堂。

2. 社会生活

交通状况、节庆、教育、书院、政治、服饰文化、饮食文化、乡规民约、伦理道德、婚丧嫁娶、与端午中秋等传统节日有关的活动。

---

① 胡德海:《教育学原理》(第三版),人民教育出版社2013版,第369页。

植物景观、常见植物、民间草药、家乡特产的农作物、野生食用植物、野生有毒植物、动物、家乡的自然生态与保育节庆植物（婚丧嫁娶、端午、中秋等节日有关的植物）。

渔牧业、林业、蚕业、茶业、养蜂。

3. 文化艺术

地名、乡土文学、诗词、民间故事、民间传说、乡土小说、民俗活动、对联、农民美术创作、篆刻、传统建筑、庙宇建筑、彩绘、雕塑、碑刻、牌坊、墓碑、瓷器、民族工艺、乡土语言、地方方言、传统音乐、地方音乐戏曲、乡土歌谣、舞蹈、民间信仰、民俗体育、传统艺能、舞狮、划龙舟、摔跤、赛马、射击。

（二）乡土文化教育内容的类别

1. 乡土物质文化与乡土精神文化

乡土物质文化指为了满足当地人民生存和发展所创作的物质产品及其所表现的文化，如居民建筑、服饰、饮食文化等。

乡土精神文化与乡土物质文化相对，是在长期的历史发展中所创造的非物质文化，大体可分为两部分：第一，源远流长的娱乐文艺。传统表演，如广东的舞狮，陕西省的华阴老腔；手工技艺，如剪纸、吹糖人；婚丧嫁娶习俗等等。第二，规约当地人民生活方式的道德习俗。乡土文化教育以乡土知识为载体，但教育内容不局限于知识，知识中渗透的人生观、世界观、价值观、伦理道德观都涵盖在内。各地域祖祖辈辈流传下来的不少道理依然是今天仍需坚守的名句，如"忠厚传家久，诗书继世长"，家风"八端"——"孝、悌、忠、信、礼、义、廉、耻"等。

2. 传统乡土文化与现代乡土文化

我国是农业大国，有着3000多年的农耕文明，与此相伴的是传统乡土文化，是经过世代相传而在特定区域的共同文化的积淀，是人类社会得以发展的精神财富，是中华民族繁荣的根本。然而，科学技术的进步，互联网时代对社会形态的巨大颠覆使得传统乡土文化与现代乡土文化有时冲突，甚至受到质疑与批判。文化是随着时代的变化而发展的，传统乡土文化是构成现代乡土文化的源泉，现代乡土文化是传统乡土文化发展的结果，也是去糟存精后保留下来的适应现代文化发展的元素。但是，传统乡土文化不是野蛮、落后、愚昧、糟粕的代名词，这种误解不可取，不应对其全盘否定。因此,乡土文化教育既要紧跟时代,但又不能忘本。2011 年 7 月 12 日人民网发表文章,明确表示"传统乡土文化是村规民规的'依托',是诚信体系的'护栏',是农业文明的'基石'"①。因此,乡土文化教育的内容既要与时俱进,跟上时代的潮流,也应坚守传统乡土文化的根基。

3. 显性乡土文化与隐性乡土文化

显性乡土文化指以乡土中特有的文字、语言或者符号等为载体,外在表现出来的、易于识别的文化内容,如乡土民谣、民族服饰和乡土工艺品等。隐性乡土文化通常是内敛的、不易于识别的,潜移默化地渗透在生活中的文化内容,如生活习惯、思维方式和价值观念等。在乡土文化中,显性文化的具体性和表现性更易于观察、学习和传播;隐性文化的不可视性与潜在性,在传承过程中则需要借助外在的物体或者行为等形式来实现传播和渗透。在教育中,乡土显性文化与隐性文化的关系在于二者的互相支撑与辅助。显性的乡土文化更易于走进课堂,而隐性的乡土文化需要借助显性文化的外在表达,进行思想等内容渗透和传播。②

(三) 乡土文化教育内容的特点

1. 情境性与人文性

从某种程度来说,乡土文化属于地方性知识。"子非鱼,安知鱼之乐?"只有土生土长的当地人,才会从小耳濡目染,真正理解文化形成的具体情境,所以乡土文化教育内容具有情境性特征。乡土文化教育内容应突出对生活在该地域的人们的适切性,教会他们如何在这片土地上追求生存的价值和意义。按照乡土文化教育的内容体系和内容类别,乡土文化教育资源不仅包括具体的乡土物质文化,还包括乡土非物质文化,例如,广东的舞狮,陕西省的华阴老腔;剪纸、吹糖人;婚丧嫁娶习俗;家规、古训,等等,这些都是乡土文化的精华,体现出乡土文化教育内容的人文性。

---

① 《弘扬先进文化要注重乡土文化的继承与创新》,2018 年 11 月 14 日,中国网 (http://news.china.com.cn/rollnews/2011-07/12/content8869898.htm)。

② 顾玉军、吴明海:《乡土文化:"乡土"与"天下"之链》,《湖南师范大学教育科学学报》2012 年第 1 期。

2. 知识性与实践性

乡土文化教育内容离不开知识范畴，知识性是乡土文化教育内容的显著特征。但乡土文化教育不局限于学校，不拘泥于课堂，范围应延伸到校外，在真实的环境中感受自然、体验劳动，给学生一个亲近自然、接触泥土的机会。在乡土文化学习的过程中，还可以培养学生的"寻根"意识，培养爱乡的情怀。挖掘乡土文化资源，勾起人们对历史文化的回忆，并产生对家乡文化的认同感。乡土文化教育内容的一大特点就是实用性强，很多内容都是学生身边的事情，所以学生的可参与性较强。和那些理论相比，乡土文化教育内容更容易在实践中体验，在体验中认识乡土，反过来又促进他们的学习积极性，加强他们的实践运用意识。

3. 传统性与时代性

乡土文化自身具有深刻的历史脉络，传统性是乡土文化教育内容的鲜明特征。然而，乡土文化不是一成不变的，而是随着时代的变迁在不断发展。乡土文化教育的内容也随着时代的发展而变化。在全球化的今天，所有的事物都在不断变化，网络的普及使学生的认知受到各种客观要素的影响，社会在变，人亦在变，跟得上时代的乡土文化教育内容才能符合学生的认知需求，被学生所接受、吸纳、内化并长期坚持。

二 乡土文化教育的价值

从教育意义来讲，乡土文化教育目的是以爱乡土、理解乡土为中心，传承并弘扬具有地域特色的乡土文化；从教育价值来讲，可从内向型深化与外向型扩张两个向度去认识。内向型深化是"人化"水平的提升，促进学生的全面发展；外向型扩张是"人化"水平的延伸，由乡土爱推及国家爱，共构和谐美好的社会。从满足个人的需要上升到满足国家的需要，这才是乡土文化教育之真正价值。基于此，乡土文化教育的价值有三：

(一) 基础价值：传承并弘扬乡土文化

对乡土文化本身来讲，开展乡土文化教育具有重要价值。第一，有助于深入挖掘乡土文化资源。乡土文化是我们中华民族薪火相传的根本，民俗风情、田野村庄、农屋小舍、古建遗筑、礼仪服饰等都渗透着乡土文化的艺术魅力。对乡土文化的尊重与延续，有利于在社会的飞速发展中留住文化根脉,守护"乡韵",让人们记住"乡愁"。第二,与主流文化和谐共存。城市化的发展碰撞冲击着摇摇欲坠的乡土文化,但"多元文化的形成是单个地域文化和谐共存的结果,没有各具特色的地域文化,多元文化就是无源之水和无本之木"。① 所以,各具特色的乡土文化是我国繁荣的民族文化的源头,有了源头,民族文化才会滋养壮大。

(二) 核心价值:提升学生的综合素养

乡土文化教育以乡土文化知识为载体。乡土文化知识是世世代代传承下来的中华优秀传统文化,历来重视人的素养问题,包括道德素养、人格素养、礼仪素养等。这些素养的养成是学生未来健康发展应该具备的,且持续影响他们一生的关键品格与能力。乡土文化教育所承载的教育使命,实际上就是在探寻文化与人的关系,也就是乡土文化会以怎样的方式实现育人价值,为学生的发展树立标杆、指明方向,形成核心价值导向。这一目标与现在大力提倡的核心素养不谋而合。

(三) 终极价值:国家认同与社会和谐

乡土文化教育不是静态的乡土文化知识介绍,而是一种情感教育,传递着对家乡的理解和尊重、肯定和热爱,学生在学习的过程中感受先贤的精神风采、伟大壮举,体会乡土文化散发的魅力与力量,增强乡土文化自信。乡土文化教育的过程就是系统化地让学生体会乡土精华和逐步认同乡土情怀,以优秀的乡土文化精髓影响他们的品性,潜移默化地影响他们的思维方式、认识活动和行为,进而升华为国家认同。不容置疑,在多元文化并存和乡土文化价值日趋动摇的今天,重拾乡土文化教育,使学生感悟乡土文化的博深,对乡土文化教育产生深度认同并升华为国家认同,并促进社会和谐,这是乡土文化教育的终极价值。

第三节 乡土文化教育开发的模式与流程

梳理乡土文化教育的开发情况,总结乡土文化教育的开发模式及流程,对于当今城镇化进程中农村学校乡土文化教育的发展具有一定的借

---

① 邓和平:《从民族位育之道看现代乡土教育重建》,《武汉大学学报》(哲学社会科学版) 2010 年第 2 期。

鉴意义。

一 乡土文化教育开发

虽然地方课程被纳入课程体系已有十余年时间，国家对乡土文化知识进入基础教育课堂教学也给予明确支持，但从总体来看，我国乡土文化教育的开展还处于自发性和零散状态，其制度化和规模化程度不足。从乡土文化教育对于农村地区的重要意义来说，乡土文化教育应从其开展的随意性、个别化，向规范化、整体性发展。基于此，应系统探索乡土文化教育从无到有的产生过程，通过对乡土文化教育的实践模式及操作流程的归纳和总结，促进乡土文化教育的规范化和全局化发展。

乡土文化教育开发是对乡土文化教育实践的系统化和理论化提升，为乡土文化教育能够深入、科学地开展奠定基础。具体来讲，乡土文化教育开发就是对本地区政治经济环境、文化资源条件和教育的实际情况进行综合考察的基础上，选取某一特色文化作为乡土文化教育主题，进行乡土文化教育目的、内容、实施过程的设计和规划的整个过程。它是包括乡土文化课程开发、教材开发、教学及活动设计、校园文化建设等多种教育手段及形式的开发在内的系统工程，是一种宏观层面教育形态的开发和设计。其主要环节包括乡土文化教育基础分析、乡土文化教育目标定位、乡土文化教育方案设计、乡土文化教育实践推广等。

二 乡土文化教育开发模式

关于"模式"的定义，有学者从模式论的高度给出了一个全面的定性叙述。他认为模式"是为解决特定的问题，在一定的抽象、简化、假设条件下，再现原型客体的某种本质特征；它是作为中介，从而更好地认识改造原型客体、构建新型客体的一种科学方法"。模式的提出有两种途径，一种是从实践出发，经概括、综合、归纳来提出各种模式；另一种是从理论出发，经过类比、分析、演绎进而提出各种模式。[①] 对乡土文化教育开发模式的研究，将以上两种途径相结合，通过对乡土文化教育实践案例的概括和总结，加之利用相关教育理论对其建构，归纳出三种

[①] 查有梁：《教育建模》（第二版），广西教育出版社2000年版，第4页。

具有代表性的乡土文化教育开发模式。

（一）"整体推进式"模式

这一模式是由地方教育行政部门为主导，根据本地文化发展和教育发展的需要，自主进行乡土文化教育的开发、监督、管理和评价，强调乡土文化教育在区域内的整体推进和全面落实，是集开发与管理为一体的自上而下的乡土文化教育开发模式。

1. 理论依据

这一模式遵循和体现泰勒目标模式的基本思想，将乡土文化教育的目的、内容、实施、评价按照线性流程加以设计，使乡土文化教育开发成为一个有条理、系统化的理性过程。在这一模式中，乡土文化教育目的是乡土文化教育开发的出发点，在明确的开发目的指引下，进行乡土文化教育内容选择、组织实施和评价改进来实现这一目的，体现目的与手段为一体的完整的、可操作的开发流程。乡土文化教育目的的提出虽带有一定的预生性，但并不意图严格控制教育内容和实施，其作用在于引导和启发乡土文化教育的开发和实践，使其成为一个自主开放、建构生成的过程。

2. 开发主体

这一模式以教育行政部门为开发主体，其主要职责包括制定乡土文化教育开发方案，调配和利用人力、物力资源进行乡土文化教材开发、师资培训，并制定教育政策对乡土文化教育的实施进行监督和管理等。通过有效发挥教育部门的行政职能，实现乡土文化教育开发的有序进行。

3. 开发目的

"整体推进式"乡土文化教育开发的目的在于弘扬乡土文化和促进乡村学生的健全发展。对于乡土文化资源的开发和利用能够促进本土优秀文化的教育传承，同时提升课程体系对于乡村学生的适应性，增进其对本土文化的认同，是对国家统一课程的调适和补充。

4. 开发步骤

"整体推进式"乡土文化教育开发的主要步骤是乡土文化教材开发—乡土文化教师培训—乡土文化教育全面推广。第一，乡土文化教材开发。在这一模式下，乡土文化教材为乡土文化教育的主要表现形式。教育行政部门协调组织乡土文化专家和教材编写人员共同参与乡土文化教材开发,将专家们的乡土文化知识、经验融入乡土文化教材,使其具有鲜明的人文特色。第二,乡土文化教师培训。因教师对乡土文化的了解不一,在乡土文化教育实施前有必要对教师进行统一培训。教师培训可由地方文化部门及教育部门共同组织,主要任务是传授教师乡土文化知识、技能,同时提升教师的乡土文化教育认同及实践自觉。第三,乡土文化教育全面推广。在这一阶段,教育行政部门通过制定教育政策,将乡土文化教育纳入本地课程体系,并对乡土文化教育的落实进行指导、监督、管理和评价。学校作为乡土文化教育的实践阵地,可自主进行课程安排、活动设计和乡土文化教育的调适改进,学校内外相互配合,共同推动乡土文化教育的开展。

5. 评价方式

"整体推进式"乡土文化教育开发将两种评价方式与两个评价层次相结合,即形成性评价与总结性评价相结合,学校内部评价与教育主管部门外部评价相结合。其中形成性评价是学校在进行乡土文化教育设计及实施过程中所进行的内部评价,由此来进行判断和决策,以便随时对乡土文化教育进行改进。总结性评价主要是教育行政部门在乡土文化教育实施告一段落后,对乡土文化教材的使用、乡土文化教育的实施及其效果做外部评价,以做整体上的进一步修正和完善。

6. 典型案例

河北省蔚县的《蔚县剪纸》课程开发,可视为"整体推进式"乡土文化教育模式比较典型的案例之一。为弘扬和发展蔚县剪纸文化,提高学生人文素养,蔚县教育局组织人员开发了《蔚县剪纸》教材,开展以传承蔚县剪纸为主题的乡土文化教育。在教材开发过程中,编写人员深入挖掘蔚县剪纸文化底蕴,大量收集材料,走访剪纸艺人,确保教材的知识性、艺术性和科学性。[①]《蔚县剪纸》教材出版后,县教育局组织了专门的教师培训,其内容包括教材介绍,邀请剪纸艺人进行剪纸技术指导,参观剪纸博物馆和蔚县剪纸厂等,使教师对蔚县剪纸的历史、文化、技巧、特点等有了全面的了解,从而保证了《蔚县剪纸》课程在各学校

---

① 贾文贵、邢培庆:《传承蔚县剪纸艺术 开发县级校本教材》,《教育实践与研究》2011年第5期。

的顺利实施。① 为全面落实蔚县剪纸教育，县教育局于2010年将《蔚县剪纸》列入三至八年级县域校本课程，实现了教材、课时、教师的"三落实"。通过《蔚县剪纸》校本课程的不断推进，全县成立了一批"剪纸特色学校"，获得了良好的社会反响。②

"整体推进式"乡土文化教育开发模式从全局的角度统筹乡土文化教育开发，将乡土文化教育纳入课程体系，容易在一定程度上取得整体效果。但该模式的不足之处在于从乡土文化教材开发到乡土文化教育推广容易过分强调专家的意识或行政权威，而对学校教育的实际情况考察不足，忽视了学校在乡土文化教育开发中的主体作用和学生的实际需求。

（二）"植根式"模式

如果说"整体推进式"模式是由教育行政部门主导的，集研究—开发—推广为一体的自上而下的乡土文化教育开发模式，那么"植根式"乡土文化教育开发则与此相反，它以学校作为乡土文化教育开发主体，独立进行乡土文化教育的研究、开发、实施和评价，是一种校本式的乡土文化教育开发模式。

1. 理论依据

这一模式的基本思想与劳顿和斯基尔贝克的情景模式的理念相契合，从情景分析、目标表述、设计方案、解释实施到评价改进都植根于学校所在区域特色乡土文化和本校实际情景。将乡土文化教育从开发到实施的整个流程置于一定的文化结构中，使其反映本学校的教育目的、知识价值观和教育的社会职责。它以学校及所在环境作为乡土文化教育开发的决策基础，所要解决的核心问题是如何使乡土文化教育满足学校情境中的人的需要和兴趣及如何实现所在区域乡土文化遗产的继承与传播。

2. 开发主体

"植根式"乡土文化教育开发模式以学校领导者和教师作为开发主体，他们拥有独立的乡土文化教育开发理念、方式和策略，是乡土文化

---

① 吴小春、田治卫：《浅谈校本课程〈蔚县剪纸〉的实施》，《教育实践与研究》2011年第9期。

② 贾文贵、邢培庆：《传承蔚县剪纸艺术开发县级校本教材》，《教育实践与研究》2011年第5期。

教育的建设者、实施者，其教育眼界、实践素养及对乡土文化教育的深刻认识，成为乡土文化教育开发的推动力量。

3. 开发目的

"植根式"乡土文化教育开发以学校需求作为价值目标，以所在地域文化资源作为决策基础，其首要目的是通过乡土文化教育来提升学生综合素养，帮助学生认识身边的文化环境，培养其对乡土文化的深厚情感。其次是通过对乡土文化的开发来拓展学校的教育资源，促进优秀乡土文化的传承和更新。

4. 开发步骤

这一开发模式的基本步骤是乡土文化教育校本调研—乡土文化教育实践开展—乡土文化教育成果引领。第一，乡土文化教育校本调研。校本调研是对乡土文化教育开发条件及需求做深入了解。通过问卷、访谈等方法收集资料，对学生的兴趣、教师的态度和家长的意愿等进行分析，使乡土文化教育开发具有一定的针对性。此外，还要对学校所处地域乡土文化进行深入研究，确保乡土文化教育内容的选取符合学校的实际情境。第二，乡土文化教育实践开展。这一阶段将着手进行乡土文化教育方案设计和乡土文化教育实施。学校可根据所处地域乡土文化特点和自身优势自主开发教育内容，根据学生的需要和兴趣设计多样化、可选择的教育活动，不但有利于实现乡土文化教育资源的优化配置，更能够满足学生的多样化需求。在乡土文化教育实施上关注学生的身心体验，使学生在丰富的活动中体验乡土文化魅力，提升乡土文化认同，锻炼实践能力，提高个人综合素养。第三，乡土文化教育成果引领。学校通过不断的教育实践、反思、总结，将形成特色化的乡土文化教育模式，实现依托乡土文化的特色办学，其实践成果将在区域范围内起到一定的引领和带动作用。从整体上看，"植根式"模式是由学校自主研制并实施的自下而上的乡土文化教育开发模式，充分体现教师对乡土文化教育的理解和诠释，实现了教师乡土化教学、学生个性化发展和学校特色发展的统一。

5. 评价方式

这一模式的评价目的并非追求一个好或坏的固定结论，而是关注改进，追求可持续发展。其评价方式以连续动态的形成性评价为主，同样强调内部评价与外部评价的结合,关注乡土文化教育的背景、方案、过程和效果四个基本问题的评估和诊断。通过及时的评价、反馈,随时发现乡土文化教育中存在的问题,以便做出调整和改进。

6. 典型案例

天津市西青实验小学依托其处于杨柳青镇这一地域优势,开展了以传承杨柳青年画这一民间艺术瑰宝为主题的乡土文化教育。学校通过建立年画动漫宣传长廊和杨柳青年画艺术长廊等形式进行植根于本土文化的校园文化建设,让学生体验年画的魅力,提升对年画艺术的兴趣。在年画专家及民间艺术家的指导下,学校教师编写了《杨柳青年画校本教材》,其中包括《学生年画彩绘技法》《杨柳青年画画稿》《杨柳青年画知识读本》三部分,构成了学校杨柳青年画教学教材体系。西青实验小学杨柳青年画教育形式多样,除定期开展年画课程外,学校还根据学生的兴趣和需要为学生开办了年画社,成立"年画十字绣"社团、"年画剪纸"社团并组织丰富多彩的社团活动。学校注重根据本校实际,充分整合资源,将年画与语文、音乐、舞蹈、劳技等多学科结合,拓展年画艺术教学内容,提升年画艺术教育水平。此外,学校还开展"年画节"等多样的校外活动,通过校内外丰富多样的教育形式不断彰显年画艺术的特色与魅力。[①]

"植根式"乡土文化教育的开发以区域文化资源和学校实际需求为出发点,因此,这一开发模式更切合实际,更"接地气"。它能够有效促进教师专业精进、学校特色发展和学生个性发展,其实践成果也为其他学校乡土文化教育开发提供了有益借鉴。但以学校个体为单位开展的乡土文化教育毕竟是单一的、零散的,缺乏系统性并难以深入。虽然部分学校通过乡土文化教育实践形成了一定的教育特色,但毕竟传播范围有限,其办学经验难以大面积推广。

(三)"以点带面式"模式

"以点带面式"模式类似于以上两种开发方式的综合,是一种教育行政部门与学校共同合作进行的乡土文化教育开发,即先由政府部门或教育行政部门提出乡土文化教育的开发设想,再选取试点学校进行研究、

---

① 李祖华:《魅力名镇杨柳青 年画传承千载情》,《基础教育参考》2015年第13期。

开发、评价和改进,以确认乡土文化教育的可行性,并试验出科学的实践模式,为后续乡土文化教育推广奠定基础。

1. 理论依据

这一模式的基本理念与斯腾豪斯的过程模式的思想趋同,关注的不是事先制订出的计划,然后予以实施和评价,而是一个不断研制的过程,其中贯穿着对整个乡土文化教育开发过程所涉及的变量、要素及其相互关系的不断评价和修正。该模式以试点学校为试验基地,教育专家及学校教师围绕乡土文化教育开发这一核心目标循环往复地进行开发、应用和改进,过程中充满未知和不确定性,需要聚焦于乡土文化教育实践并进行不断的尝试和改造。

2. 开发主体

"以点带面式"乡土文化教育开发以教育行政部门和试点学校共同作为开发主体。其中,教育行政部门为试点学校的乡土文化教育开发提供原则、方针上的引导和人力、财力、物力方面的调配。试点学校是乡土文化教育的开发基地,专家和教师是乡土文化教育开发的主要研究者、试验者和改良者,双方各自发挥优势和作用,相互补充、相互协作,共同致力于乡土文化教育开发。

3. 开发目的

这一模式的乡土文化教育开发更多是在乡村文化资源失落这一背景下提出,教育行政部门优先考虑自身对于乡土文化传承的应有作为,再试图通过教育的形式加以落实,体现其教育观、责任意识和职能自觉。因此,乡土文化教育开发的目的是以期从乡土文化教育入手,实现乡土文化资源的利用和保护,促进乡土文明的复兴和延续。

4. 开发步骤

"以点带面式"乡土文化教育开发模式的基本步骤主要有乡土文化教育初步设想—乡土文化教育试验开展—乡土文化教育全面推广。第一,乡土文化教育初步设想。如钱理群先生所言,帮助农民认识与培育自己的乡村文化是知识分子的社会责任。[①] 正是因有如此觉悟的有识之士,深

[①] 钱理群、刘铁芳:《乡土中国与乡村教育:乡村教育的人文重建》,福建教育出版社2008年版,第21页。

刻认识到乡土文化所面临的衰落危机，向教育部门提出开展乡土文化教育的主张，才有接下来乡土文化教育试验和推广。第二，乡土文化教育试验开展。以试点学校为基地，教育专家与学校教师一同进行乡土文化教育方案设计、实践应用和评价改进；教育部门及文化部门共同开展乡土文化教材编写和教师培训；社会人士为乡土文化教育的开发献计献策。在多方共同努力下，试点学校将构建出比较系统和完善的乡土文化教育模式供其他学校借鉴、参考。第三，乡土文化教育全面推广。在确认了乡土文化教育开展的可行性后，教育主管部门将制定政策将其全面推广。因试点学校在乡土化教育的开发中，已制定出较为完备的实施方案，试验出较为成功的实施办法，从总体上来说具备一定的科学性和可行性，各校可依据本校实际特点对其进行调整和完善来提高乡土文化教育模式的适用性，并在此基础上提升乡土文化教育的品质。

5. 评价方式

"以点带面式"乡土文化教育开发是一个不断研究和修正的过程，评价贯穿整个开发过程的始终。其评价方式同样注重形成性评价与总结性评价、内部评价与外部评价的结合。关注三个层面的评价，其一是试点学校在乡土文化教育开发及试验过程中的自我评价；其二是乡土文化教育开发过程中课程专家、评价专家等教育研究人员对于试点学校乡土文化教育开发成果的外部评价；其三是教育主管部门在乡土文化教育推广后对乡土文化教育实施情况进行的整体评价。

6. 典型案例

山西省太谷县的形意拳课程开发就是这一模式较为典型的案例之一。形意拳发源于山西太古，是我国著名的四大名拳之一，2007年太谷县车氏形意拳被列入山西非物质文化遗产。借此机会，车氏形意拳第三代传人杨凡生向太谷县教育局提议将形意拳列入当地中小学课程。太古县教育局对此十分重视，提出选取太谷县胡家庄学校作为形意拳教育试点学校开展形意拳教学实验。胡家庄学校于2007年9月将形意拳列入课程体系，由杨凡生先生亲自执教，每周固定2课时时间进行形意拳教学。经过一年多的实验，形意拳课程深受学生的喜爱并取得良好的教学效果。2008年12月，太谷县教育局决定在全县中小学推广形意拳，把形意拳列入当地中小学课程，并由杨凡生先生负责编写形意拳课程教材及对体育教师进行短期培训。经过前期试点学校实验的开展，积累了丰富的形意拳教育教学经验，为后续县域范围内形意拳课程的推广奠定了基础。

"以点带面式"乡土文化教育开发模式由于加入试验环节，能够很好地提升乡土文化教育开发质量和传播效率。但值得注意的是，试点学校较完善的乡土文化教育模式将不同程度上催生各学校的"拿来主义"思想，使乡土文化教育开展固定于一般模式，不利于各学校乡土文化教育的自主建构和多样化发展。

以上总结的三种乡土文化教育开发模式并不是孤立的，彼此之间存在着一定的内在联系，各自均有优势和不足。由于各地区文化背景不同、学校实际情况存在一定差异，乡土文化教育的开发应不拘泥于其中一种模式，可以根据实际需求将这三种模式进行综合运用或改造创生，以构建适合本土或本校实际的乡土文化教育开发方式。

三 乡土文化教育开发的基本流程

中共中央办公厅、国务院办公厅于2017年1月25日印发了《关于实施中华优秀传统文化传承发展工程的意见》，提出要挖掘和保护乡土文化资源，提升乡土文化内涵，形成良性乡村文化生态，让子孙后代记得住乡愁，并要求将中华优秀传统文化全方位融入国民教育始终，这一文件为乡土文化教育开发提供了新的契机。如果说中央政府赋予乡土文化教育"法定"的地位，那么地方及乡村学校则要在落实理念、调适目标的基础上，赋予其内容、形式和资源。通过对乡土文化教育实践案例的梳理及相关理论分析，总结出乡土文化教育开发的主要程序，包括：基础分析、目标定位、方案设计及实践推广（如图3—1所示）。

（一）乡土文化教育基础分析

乡土文化教育的基础分析是对乡土文化开展的外部环境和自身条件进行分析，有助于把握乡土文化教育开展的有利形势及寻找乡土文化教育开展的起点和基础。

1. 外部环境分析把握乡土文化教育开发的外部空间

外部环境包括乡土文化教育开发的社会态度及需要、乡土文化教育相关政策法规的基本精神、国内外乡土文化教育发展现状及经验等，从宏观层面认清乡土文化教育开发的客观环境，抓住乡土文化开发的有利

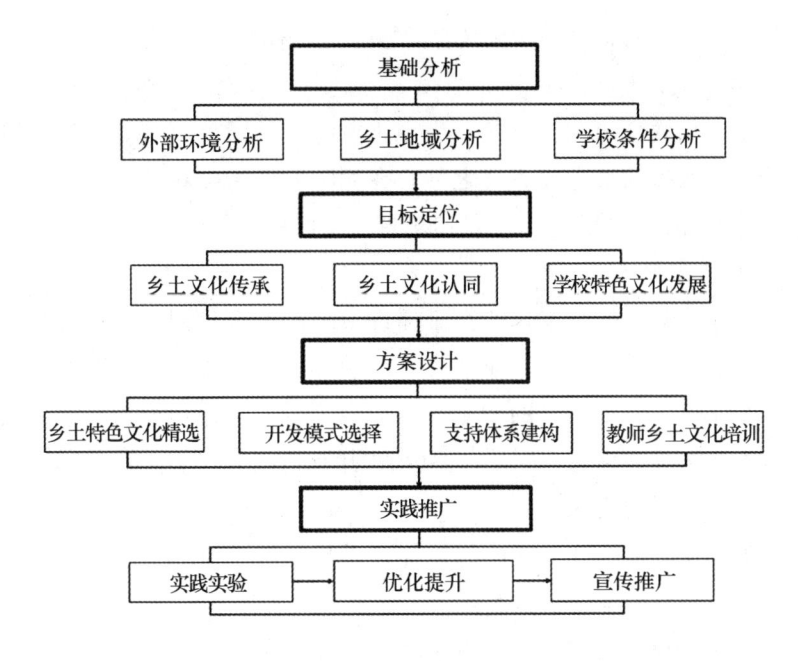

图 3—1 乡土文化教育开发的基本流程

形势。

2. 乡土地域分析寻找乡土文化教育开发的资源条件

乡土地域环境包括所在地域的政治环境、经济环境、文化环境等，它既决定了乡土文化教育开发的空间，又为乡土文化教育开发提供资源。尤其是本地特色乡土文化，它是乡土文化教育开发的前提基础，是确定乡土文化教育开展的内容及形式的主要依据。可以说，乡土地域环境很大程度上决定了乡土文化教育开发的走向及成效。

3. 学校条件分析明确乡土文化教育开发的内在条件

学校条件分析主要涉及两方面内容：一是资源条件分析。从学校的客观实际出发，挖掘乡土文化教育开发的内在优势和资源，为乡土文化教育开发提供生长点和突破口。二是学生需求分析。学生的发展是乡土文化教育的根本目的，乡土文化教育开发尤其要明确学生的兴趣、态度，这是所有乡土文化教育开发工作的出发点。

(二) 乡土文化教育目标定位

乡土文化教育由一定的教育目的引领它为后续各项实施环节提供导

向。从总体上来看，乡土文化教育的目的主要有如下三点。

1. 乡土文化传承

乡土文化教育的主要目的即为乡土文化的传承和发展。教育是进行文化传承和保护的最主要方式之一，乡村学校作为乡村社会文化中心对本土优秀传统文化的继承和弘扬肩负着重要责任。

2. 乡土文化认同

乡土文化教育的根本目的在于促进学生的健全发展。通过开展乡土文化教育来增强学生的文化自觉，使其在掌握乡土知识、技能的基础上，认同家乡文化，热爱自己的乡土，愿意为家乡发展做出努力，这不仅仅是一种人文素养的培养，更是一种价值观的培育。

3. 学校特色文化发展

乡土文化教育的开展能够间接促进学校的特色文化发展。通过乡土文化教育在学校内部的不断深化和完善，乡土文化逐步与学校精神文化、行为文化相融合，与学校的制度文化、物质文化相一致，促进了学校特色文化的形成与演进。

（三）乡土文化教育方案设计

在确认乡土文化教育目标后，需设计具体、可操作的方案，以保障乡土文化教育目标的实现。

1. 精选乡土特色文化

文化选择的过程就是确定乡土文化教育主题的过程。这一阶段要注重乡土文化资源的搜集和整理，对本土自然生态、文物历史、礼俗仪式、道德伦理等进行深入、广泛的研究，选取特色鲜明、价值不朽的优秀文化进行教育资源开发。主题的选择还需注重对学生的身心特点、兴趣爱好，选取符合学生发展需求、能够激发学生学习动机的乡土文化来开展教育活动，使乡土文化传承与学生发展相统一。

2. 模式选择

前文共总结出三种乡土文化教育开发模式，每一种模式都有各自适用的条件。例如，"整体推进式"开发模式，要求教育主管部门所开发出的乡土文化教材能够普遍适用于学校实际，具有操作性和可行性，便于应用；"植根式"开发模式需要学校具备较强的科研能力，能够进行系统的乡土文化教育开发、实施和完善，对学校的课程领导力提出较高要求；

"以点带面式"开发模式需要政府部门精心挑选有一定科研水平并具备资源条件的学校进行实验,同时还要求试点学校具有一定的代表性,以保证本地区大多数学校具备乡土文化教育开发的基础条件。因此,各地方及学校可根据实际情况,选择适切的乡土文化教育开发模式。

3. 支持体系建构

乡土文化教育立足于本土、服务于本土,社会各阶层都有责任和义务参与到乡土文化教育开发中来,提供一定的支持和服务。乡土文化教育支持体系应具有本土性,因为这种本土性使其对乡土文化教育的支持具备时效性和适切性。乡土文化教育支持体系还应具有开放性,其组成成员应具有差异性及多元性,尤其注重本土文化组织的参与,他们具有乡土最精深的文化基因,为乡土文化教育提供文化资源和智力支持。

4. 教师乡土文化培训

乡村教师是保存、传播、创新本土性知识的重要力量,是乡土文化教育发展的主力军。[①] 使教师具备乡土文化知识、技能及乡土文化教学能力是实施乡土文化教学的基本前提。乡土文化教学并不仅仅是乡土文化课程任课教师一人之责,对于乡土文化传承和发展是每一位乡村教师的文化责任。如何能够唤起教师的乡土文化教学意识,使每一位教师将乡土文化教育理念转化为自己的教育信念,在日常教育教学中、与学生交往中加以践行,是教师培训工作要努力达到的重要目标。

(四)乡土文化教育实践推广

乡土文化教育的实践推广阶段是将乡土文化教育开发的一系列规划和设想付诸行动并将其成果向更大范围传播的过程,是乡土文化教育落实的关键,其主要环节包括乡土文化教育实践实验、优化提升和宣传推广。

1. 乡土文化教育实践实验

无论乡土文化教育开发采用何种模式,都涉及在学校层面如何进行操作的问题。

首先,制定学校乡土文化教育施行方案。这一方案是指在学校微观

---

① 吴惠青、郭文杰:《新农村建设中农村教师的文化责任》,《浙江社会科学》2016 年第 2 期。

层面的乡土文化教育具体实施计划，包括细化乡土文化课程目标、内容，确定教学组织形式及评价方案等。因乡土文化教育内容的生活性、教育过程的体验性、教育成果的实践性要求学校设计多样化的综合实践活动来丰富学生的情感体验。例如，河南省信阳市郝堂宏伟小学依托其处于茶叶种植村的地域文化背景，开发出《茶艺》课程，内容包括茶叶种植知识、采摘常识、绿茶红茶的品鉴礼仪等，主要采取讲授和实际演练相结合的授课方式，让学生走进社区，在真实情境中学会认茶，学会品茶，去感受茶文化的独特魅力。[①]

其次，进行乡土文化教育规章制度建设。乡土文化教育的规章制度建设包括乡土文化教育的实施、管理与评价等方面的政策制定。如曲阜市时庄中学的"六艺大课堂"乡土文化校本课程开发，制定了《时庄中学六艺大课堂实施办法》《六艺大课堂任课教师考核细则》《六艺大课堂校本课程评价标准》等规章制度，实现了对乡土文化课程实施的有效管理，有利于乡土文化教育的有序开展。

最后，开展乡土文化教育实践。其主要任务是将乡土文化教育方案落实到学校实际工作中。教学是乡土文化教育实践的最主要途径，在这一阶段发挥着重要作用。教师要发挥乡土文化教育的智慧和热情，在开启乡村学生知识世界的同时，能引导学生理解乡村世界，主动吸收乡土社会教育资源，引领乡村学生乡土情感与意识的全面孕育，[②] 使学生在丰富的身心体验中获得乡土智慧、乡土情感的生长。

2. 乡土文化教育优化提升

在确认乡土文化教育具备一定的可行性的基础上，要逐步优化乡土文化教育品质，提升其教育效果。

首先，开展乡土文化教育的总结与反思。这一阶段要着手进行教育成果的阶段性总结，反思乡土文化教育中的问题和不足，制订改进计划，使乡土文化教育逐步走向成熟。还要进一步完善各项制度，使乡土文化

[①] 孙玉红、李广：《"学校—社区互动"视角下农村校本课程定位分析——以河南省信阳市郝堂宏伟小学校本课程实践为例》，《教育理论与实践》2016年第32期。

[②] 刘铁芳：《乡土的逃离与回归：乡村教育的人文重建》，福建教育出版社2008年版，第45页。

教育规范化、制度化、常规化。经过不断地实践、反思、调整，乡土文化教育逐步得到巩固和完善，成为学校日常教育教学的一部分，步入学校教育正轨。

其次，优化乡土文化教育品质。这是一个在稳固乡土文化教育已有成果基础上，提升乡土文化教育质量的阶段。乡土文化教育形成后，需进一步提炼乡土文化教育发展的核心要素并将其协调、优化，使乡土文化教育更加精细化、优质化。还需加强经验总结，凝练乡土文化教育的内涵，提升其文化意蕴，构建成熟的乡土文化育人模式，形成优质的乡土文化教育特色。

3. 乡土文化教育宣传推广

乡土文化教育含有传承我国优秀传统文化、促进学生健全发展的重要意义，具有普遍的推广价值，应该成为基础教育的重要内容之一。如果说前一阶段乡土文化教育的开展还是尝试性的和局部的，接下来要强化宣传推广，汇集各校力量共同致力于乡村文化繁荣和乡村学生的健康发展。乡土文化教育的宣传推广应分为两个层面。一是教育系统内部的宣传推广，将乡土文化教育的实践成果辐射到更多学校，有助于各学校之间相互借鉴经验，促进乡土文化教育整体推进。二是教育系统外部的宣传推广，将乡土文化教育推向社会，提升社会群众的乡土文化传承意识，为乡土文化教育争取普遍的社会认可和扶持。

不同地域文化为乡土文化教育提供了不同教育资源，这要求乡土文化教育开发要因地制宜、因校制宜，根据本地、本校实际有针对性地选择和调整乡土文化教育开发模式及流程，使其满足乡土文化教育差异性和多样性的特点。同时乡土文化教育作为一个地区或一所学校的教育特色，还需与学校整体课程体系相融合，与国家课程和地方课程相协调，共同致力于学生的全面发展与个性发展的统一。

第四节　乡土文化教育认同的机理与阶段

学生作为中国精神文明建设的主要支柱，其对乡土文化教育的认知、态度直接影响着中华优秀文化的传承与守正，影响着社会主义先进文化的发展建设。因此，深入探讨学生乡土文化教育认同机理，分析其乡土文化教育认同阶段,对学生认同与传承发展乡土文化,并将其凝练、升华为国家认同具有重要价值。

一 乡土文化教育认同及其要素

(一) 认同的多学科释义

"认同"一词由"认"和"同"复合而成,"认"是过程和手段,内隐着主体的能动性;"同"是目标和结果,强调最终指向性。"认同"之英文 identity,源于拉丁文 idem,意为相同的(the same)。该词广泛存在于多个学科领域,对其解读有多个视角:在哲学领域,哲学家在对"同一性"的思考过程中发展了对认同的理解。如"万物是一"的哲学思考;笛卡尔的"我思故我在"以及相关物质与空间同一关系的追问;自我与他者在实践中生成性同一的探讨。从哲学视角而言,认同即是对同一性的肯定和确认。心理学从个体的心理机制以及相应变化方面来解释认同,强调认同是个体内部的一种复杂的心理过程,具体包括认知、情感和行为三个层面。例如,弗洛伊德将认同解释为"个体与他人、群体或模范人物在情感上、心理上的趋同过程。个体本能激发其模仿父母等,以获得心理上的同一性"。在社会学领域,认同问题即是在复杂社会关系网络和多元文化背景下,相关"我是谁"的身份问题。认同是指"个体对身份的共识以及对社会关系的影响和意义"[①]。

综合哲学、心理学和社会学的相关界定,对认同的理解有三:其一,认同是确认"同"的过程,其最终落脚点在"同"上,即个人与认同客体达到"同"的愿景,实现客体主体化;其二,认同具有主体依赖性。认同的产生与发展依赖于个人内在心理机制的运作与变化,并与个体的主观认知、情感体验与行为表现密切相关;其三,认同具有社会制约性。认同的主体依赖性决定了其社会制约性,即认同受相关外在环境的影响和制约。

(二) 乡土文化教育认同

乡土文化教育是一种以反映与创生相结合的方式进行乡土文化传播、

---

① 白苏婷、秦龙、杨兰:《认同概念的多学科释义与科际整合》,《学术界》2014年第11期。

传承，进而实现以文化人、以文化育的生命教育和人格教育，是一种从心而发又回归本心的教育。换句话说，乡土文化教育并不是将乡土的事物简单复制或移植至教育领域，而是以文化的视角对乡土事物进行精神凝练、心灵演绎、本真诠释和教育优化，使之在保留价值内核和绵延文化精髓的基础上能够与时俱进——质朴而不寡淡、自然而不土气、纯粹而不单调，时刻在现代化进程中焕发蓬勃生机和向上活力。从这一角度而言，乡土文化教育本身内隐着学生认同的可能。

乡土文化作为人类文化的根基和中华文化的本源，内含着强大的生命力量。乡土文化教育将蕴含和凝结了人类生命本质力量的文化提炼并转化为学生生命本质力量，促进学生人性彰显和人格发展。[①] 这也是乡土文化教育的价值旨趣和本真意蕴，这一意义追求内在规定着学生认同的必然。根据对认同的理解，认同过程受相关媒介和外在环境的影响，多从认知状态、情感态度和行为意向三个层面反映出来，并以此判断其认同程度。认知状态表征着对乡土文化教育的了解熟悉程度；情感态度反映着对乡土文化教育是否满意、是否喜欢、认为有无价值等主观感受；行为意向则考量能否在生活中以实际行动践行乡土文化教育的成效，如自觉保护乡土文化优秀遗产、正确区分乡土文化的精华和糟粕并予以扬弃等行为。

（三）乡土文化教育的认同要素

结合对认同的理解，认同的主体依赖性决定了人这一因素的不可或缺性；认同的目标是实现客体主体化，决定着认同客体是认同的基本要素；认同的社会依赖性决定了其离不开媒介和外在环境的作用影响。因此，认同一般由认同主体、认同客体、认同媒介和外在环境四个要素构成。相应地，学生对乡土文化教育的认同要素也分别是学生、乡土文化教育、认同媒介和外在环境。

1. 学生：认同的核心要素

学生的主体性和能动性决定了其在乡土文化教育认同中的核心地位。学生对乡土文化教育的认同过程是其认知发展、情感转变、行为自主的

---

① 王学男、李五一：《建国以来我国教育公平问题的回顾与反思——兼谈对教育本质是追求抑或遮蔽》，《北京大学教育评论》2015年第4期。

过程。认知发展是乡土文化教育认同的基础。学生在日常生活和学校学习中形成了两种不同的知识经验：乡土经验和城市经验。乡土文化教育认知发展即是学生以已有乡土经验为根，通过同化或顺应的方式融合教育影响和城市经验，优化生长出新的经验的过程；情感转变是乡土文化教育认同的关键环节。"当新的态度情感形成时，旧有态度不会消失，反而以内隐的形式潜在影响着人们的认识行为。"① 学生能否将乡土文化教育内化于心、外化于行与其情感转变的程度密切相关；行为自主、知行一致是乡土文化教育认同的结果与升华，是学生真正信服与内化的外在表现。

2. 乡土文化教育：认同的基本要素

乡土文化教育是认同的客体，构成了认同的基本要素。学生对乡土文化教育的认同即是学生对乡土文化教育目的、内容、形式、方法、效果等方面的整体综合性认同。一旦离开认同客体，认同便成为了无源之水、无本之木。认同客体是相对认同主体而言的，若缺少了认同客体，不但认同主体再无实际意义，认同也成了无米之炊，故认同客体是认同的基本要素。

3. 认同媒介：认同的关键要素

认同媒介是学生乡土文化教育认同的助推力量，包括校长、教师、同伴群体以及奖惩手段等。其中，教师是最为重要的媒介之一。乡土文化教育对学生的影响主要是通过教师教学来实现的；同时，学生对乡土文化教育的认同离不开教师作用的发挥。教师权力性影响力促使学生短暂地遵从性认同乡土文化教育；而其非权力性影响力则能"将命令关系转化为依赖关系，将强制力量转变为亲和力量，于无形中发挥广泛持久的作用，促使学生内化乡土文化教育"②。此外，同伴群体作为学生交往最直接、最密切的一大群体对乡土文化教育认同有重要的影响意义。受从众心理的影响，当群体内大多数同伴认同乡土文化教育时，学生个体也会做出公众相符行为，效仿认同。

---

① 陈宪章：《双重态度模型理论与社会主义核心价值体系认同》，《探索》2012 年第 3 期。
② 浮新平：《论教师的非权力性影响力的育人价值》，《教育探索》2010 年第 5 期。

4. 外在环境：认同的规定要素

"认同的发生源自社会生活的流变，稳定感的打破。在相对孤立、繁荣和稳定的环境中，通常不会产生认同问题。"① 由此观之，学生对乡土文化教育的认同与外在环境的变化密切相关。早在我国古代便有"以俗教安""以乡之物教万民"的乡土文化教育，至民国时期，乡土文化教育的呼声愈加高涨。而随着现代化进程的加快，乡土文化教育却愈显凋零、愈加沉寂。从外在环境来看，城市文化的强势入侵、乡土封闭空间的打破、农村学校的趋城发展、学校教育的应试倾向等都对乡土文化教育形成了挑战，学生乡土文化教育认同产生危机。当前，党和国家高举文化旗帜，致力于社会主义先进文化建设和中华优秀传统文化弘扬，这为乡土文化教育认同提供了有利条件和支持保障。

二 学生乡土文化教育认同机理

"机理"是自然科学领域最为常见的一个概念，后被引申到人文社会科学领域。《辞海》中对其解释为"一个工作系统的组织或部分之间相互作用的过程或方式"。认同机理是指认同的构成要素以及各要素间有机整合、相互作用的方式与过程。根据双重态度模型理论，认同同时存在显性认同和隐性认同两种机理。显性认同过程受到个体意识的主动调控，外在作用方式能够被个体明确感知；而隐性认同的发生过程与作用方式都难以被个体有效察觉，常常在不知不觉中进行。根据该理论，结合乡土文化教育的学生认同构成要素，其机理分为显性认同机理和隐性认同机理（见图3—2）。

（一）显性认同机理

显性认同机理是指学生在能动地感知和整合乡土文化教育、认同媒介和外在环境三要素作用影响的基础上，有意识地转变和调整态度以形成认同的方式与过程。根据学生主动调控程度的不同，可将乡土文化教育显性认同分为服从和同化两种状态。服从是学生在乡土文化教育、认同媒介和外在环境几要素迫使下形成的一种依顺性倾向，是一种虚假的认同。换句话说，这一状态看似是学生的能动调整和有意转变，实则是

---

① 吴玉军：《思想政治教育中的价值认同问题》，《马克思主义与现实》2016年第2期。

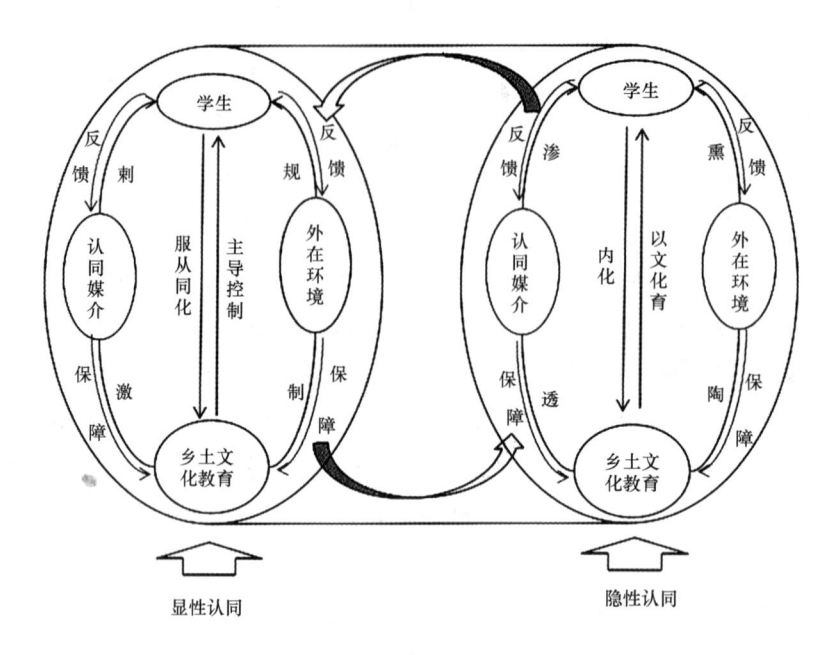

图3—2 学生乡土文化教育认同机理

其在诸多矛盾冲突下被迫做出的对策性选择。而同化状态则是学生在乡土文化教育、认同媒介和外在环境三要素合力影响下,积极调用心理能量,发挥主观能动性,自主抉择和努力加工的结果。

显性认同机理的生成需要以下几个因素的相互作用。一是乡土文化教育的主导控制。乡土文化教育的开展承载着外在世界赋予的特定目的和规范计划。这种目的性和计划性督促着各种教育力量采取多种方式影响作用于学生,引领其实现服从或同化。二是认同媒介的刺激。从服从状态的达成分析,乡土文化教育或利用校长教师权威,或借助惩罚手段,或凭靠同伴群体从众影响将诸多虚假需要强加于学生,使其或为了减轻压力,或为了避免惩罚,或为了远离孤立而采用被动对策,顺从认同。从同化状态的达成来看,奖励手段和榜样示范从中起到了重要作用。三是外在环境的规制。学校章程、班级规范、课堂纪律等对学生具有制约性、权威性和合法性。在这一特殊境遇下,不论内心是否真正接受乡土文化教育,学生大多都会顺势而为、表层认同。另外,外在环境内在规定了学生乡土文化教育认同的标准条件,指导并规范着学生的行为举止和认同表现。

（二）隐性认同机理

隐性认同机理是指乡土文化教育、认同媒介和外在环境三要素于潜移默化中悄无声息地作用于学生认同，并对之产生实质影响和真切效用的方式与过程。例如，学生针对乡土文化教育内容单调、形式不够多样、方法不够灵活等问题可能产生不满。但是，当校外人员对学校开展的乡土文化教育给以较低评价时，大多数学生会予以反驳，不自觉地去维护学校的乡土文化教育。这便是春风化雨式的隐性影响之成效，随着这种影响的积累沉淀，学生逐渐实现对乡土文化教育的内化。

隐性认同的发生机理来自三个方面的相互影响：一是乡土文化教育以文化育的影响。文化建设，教育为本；教育发展，文化视域。① 文化与教育的相融相生性决定了乡土文化教育以文化人、以文育人的可能与必然。以乡土文化所特有的智慧、艺术、品格和气韵感染学生，在掌握学生身心发展规律的基础上，时雨化之；点滴渗透，循序渐进；道而弗牵，强而弗抑，开而弗达；于润物无声间实现对学生的"人性塑造和情感关照"②。譬如，在实施过程中借助于学生与乡土文化间的原生情感链接，通过文化回应的方式，悄然触动学生内心情绪，激发自觉认同。二是认同媒介的渗透影响。学生内隐认同的发生与教师媒介自然性影响力的发挥关系密切。乌申斯基指出，"教师个人对青年人心灵的影响所产生的教育力量，无论是什么样的教科书，什么样的思潮，什么样的奖惩制度都是不可能代替的。"作为重要他人，教师个人关于乡土文化的知识积累、对乡土文化教育的情感态度等都于无形中影响着学生的心理与行为，促使其模仿学习或替代学习，进而发生乡土文化教育认同。三是外在环境的熏陶影响。学生长久置身于良好的乡土环境、优雅的校园环境中，便会不断地受到陶冶、洗礼，在耳濡目染中不知不觉地形成并内化积极情感，认同乡土文化教育。而无论是乡土文化教育的以文化育，还是认同媒介的渗透，或是外在环境的熏陶，其都必须与学生内隐的真实性需要

---

① 唐琼梓、秦树理：《新农村文化建设中教育功能的缺失及其认识论根源》，《理论导刊》2016年第11期。

② 于伟：《先秦儒家之"礼"与我国教育的教化功能》，《教育研究》2013年第4期。

相契合。如此才能促使学生内化乡土文化教育，实现认同。

显性认同与隐性认同是乡土文化教育认同的一体两面。二者相互交叉、相互影响，共同作用于学生认同。而与显性认同相比，隐性认同的影响最为深刻久远：当二者协调一致时，隐性认同对显性认同起推动、促进效用；当二者冲突相悖时，隐性认同则会干扰、阻碍显性认同。为此，要充分把握好二者之间的张力，强化学生对乡土文化教育的认同。

三 学生乡土文化教育认同阶段

根据对认同机理的分析，学生对乡土文化教育认同一般可分为前认同阶段、认同萌发阶段、认同形成阶段和认同稳固阶段。见图3—3。

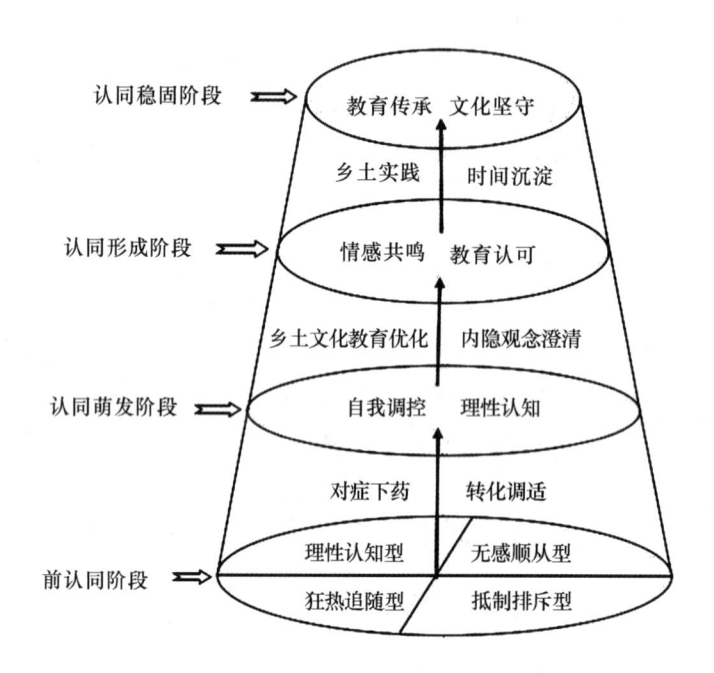

图3—3 学生乡土文化教育认同阶段

（一）前认同阶段

前认同阶段是学生乡土文化教育认同的准备环节。乡土文化教育作为新刺激物进入学生的认知实践语境，难免会引起其认知的不平衡甚至是失调。因此，这一阶段是学生与乡土文化教育不断冲突、碰撞、磨合的过程。在这一过程中,学生通过调用个人感知觉对乡土文化教育进行初步加工,进而形成了一种较为浅显的整体性认知。根据学生认知表现的差异性,可将其分为四种类型:狂热追随型、抵制排斥型、无感顺从型和理性认知型。

学生对乡土文化教育的狂热追随大致出于以下两种原因:一是学生猎奇心理浓厚,追求新鲜,崇尚个性。出于好奇心理对乡土文化教育狂热追随。但由于性格的不稳定性,其常常是三分钟热度,随之而来的更多的是熟视无睹甚至抵制排斥。二是学生对乡土文化有深厚的感情,乡土情绪高涨,进而对乡土文化教育抱有极大的热忱。在初步接触过程中,若乡土文化教育契合学生期望,则学生对乡土文化的情感自然而然地迁移至乡土文化教育。此时,只要加以教化引导、感染强化,则在积极情感的助力下,学生对乡土文化教育的认识就愈加理性、情感愈加深厚。若乡土文化教育并未达到学生预期结果,则学生极有可能对乡土文化教育失望,甚至抵制排斥。学生对乡土文化教育的抵制排斥分为三种:一是由对乡土文化教育的失望所致;二是学生将对乡土文化的固有偏见带入到了乡土文化教育中;三是学生对乡土文化教育占用考试科目学习时间而抱有不满。无感顺从型学生常常存在一定的身份认同危机,主观能动性不足,个性不张扬。迫于教师权威、学校制度、同伴群体压力等方面的影响而遵从性接受乡土文化教育,鲜少反思与质疑。理性认知是学生认知的理想状态。能够达到这一状态的学生必然具有较强的自我意识和良好的自我同一性。理性认知型学生能够在整个接触过程中做到不偏不倚,以学习者的心态谦逊、客观地认识和理解乡土文化教育。但客观地讲,在初步接触时期便能进行理性认知的学生相对较少。

(二)认同萌发阶段

认同萌发阶段是学生乡土文化教育认同的基础环节。在这一阶段,学生意识到了乡土文化教育的合理性和价值性,通过自我调控将不满、抵制等情感态度进行有意压制甚至驱逐在意识之外,进而达到一种理性认知状态,并基于这一状态对乡土文化教育进行深层选择与加工。这种基于选择与加工的理性认知调整,除了学生的自我调控外,更离不开乡土文化教育、认同媒介和外在环境的交互影响,离不开强针对性的转化调适:对于狂热追随型学生而言,要在保留乡土情感和文化热情的基础上，通过教育控制和环境规制降低非理性成分，在教育引领和教师指导下实现理性认知；对于抵制排斥型学生而言，则要首先借助规范权威使其服从认同，后以教育引之；对于无感顺从型学生而言，要指导其找回自我，树立自信，借助教育影响助其达到理性状态；对于理性认知型学生而言，重在使之稳固，不受外界引诱动摇。

在这一阶段，虽然学生对乡土文化教育形成了一种相对理性的认知态度，但不满、抵制等情感并未由此化解。尤其对于抵制排斥型学生而言，这种情绪仍旧以一种相对隐蔽的方式潜在影响着其认知行为，使之不自觉地表现出认知困难、知行不一、行为被动等问题。

（三）认同形成阶段

认同形成阶段是学生乡土文化教育认同的核心环节。在这一阶段，学生真切感受到乡土文化教育所描述的"我的世界",① 二者间形成了一定的文化共识和情感共鸣，学生认可接纳乡土文化教育。

乡土文化教育认同的达成既离不开乡土文化教育的优化发展，也离不开学生内隐观念的澄清。在认同过程中，外在环境的变化发展和学生的状态反馈不断推动着教育者调整优化乡土文化教育。例如，根据时代要求，不断创新乡土文化教育形式，适当引入先进的技术与方法；根据学生身心发展需要和年龄阶段特征不断调整乡土文化教育内容等。在优化过程中逐步实现乡土性与时代性的统一、通俗性与科学性的统一、实践性与理论性的统一，不断增强乡土文化教育的抵抗力、生命力和说服力，进而吸引学生注意，激发学生兴趣，发展学生认同。在乡土文化教育不断迸发的强大魅力下，学生开始自觉关注个人态度，通过自我审视、交流对话、批评质疑等方式挖掘、探究内隐的价值观念，并在教师的指导帮助下将内隐观念中与乡土文化教育相悖的内容进行有力控制和逐渐改变。内隐价值观念的显化澄清使得学生全身心接受乡土文化教育，知行一致、态度积极。但在这一阶段形成的认同只是对乡土文化教育本身的认同。对于乡土文化教育内涵的更深层次的价值意义，学生尚未敏锐感知和深刻体会到。

---

① 王乐：《乡村少年"离土"教育的回归——基于"文化回应教育学"的视角》，《湖南师范大学教育科学学报》2014年第3期。

（四）认同稳固阶段

认同稳固阶段是学生乡土文化教育认同的升华环节。在这一阶段，学生能够以较为宏观的视角审视、理解乡土文化教育，高度肯定学校开展乡土文化教育的决定与行为，深刻意识和体会到乡土文化教育所内含的深沉价值和久远意蕴，并身体力行地将乡土文化传承到底。

乡土文化教育认同稳固的实现既离不开乡土社会实践，又需要时间的积累与沉淀。乡土文化教育通过与乡土社会实际的沟通链接，实现了接地气、加底气和注生气三大任务。学生通过参与乡土社会实践得以发现乡土文化教育所具有的坚实基础、蓬勃生机和时代意蕴，进而深化认同、稳固发展。同时，随着时间的流转与沉淀，学生乡土社会实践层层深入，其积极的乡土观念与实际行动不断得到链接强化，乡土文化教育积极情感因此而转化为一种习惯化、自动化的力量，而这种力量恰恰是学生教育传承、文化坚守的重要支撑和可靠保障。

从现实角度分析，学生对乡土文化教育的认同并不是一个简单的线性过程。学生认识的摇摆性、心理情感的复杂性、外在环境的多变性等都决定了乡土文化教育认同的波折性与反复性。但以发展眼光来看，乡土文化教育认同是一个不断深化、螺旋上升的过程。同时，乡土文化教育认同过程如同一把筛子，将其中的不合格者筛去，留下最具生命活力和文化激情的青少年，以保证乡土文化教育强有力的持续发展。

第四章　乡土文化教育认同的现实样态

在城镇化和多元文化的大语境中，乡土文化作为传统的文化形态，其教育传承和认同情况面临着诸多挑战。考察乡土文化教育认同现状、分析存在问题，有助于乡土文化教育的顺利开展和乡土文化教育认同的大幅提升。

第一节　选取调查学校概述

本课题调查的范围主要包括河北省、天津市和山西省。

一　河北省取样学校

蔚县，古称蔚州，为"燕云十六州"之一。位于河北省西北部，东临北京，南接保定市，西倚山西大同市，北枕张家口市。蔚县是中国文化先进县、民间艺术之乡、剪纸艺术之乡、剪纸艺术研究中心，河北省历史文化名城。拥有全国重点文物保护单位21处，中国传统村落名录7处，中国历史文化名镇2处，中国历史文化名村2处。本课题组通过查阅大量的文献资料，访问相关权威网站及经当地教育主管部门的推荐，最终决定抽取河北蔚县五所有乡土文化教育特色的农村学校作为调查样本。以下分别简要介绍几所调查学校。

（一）南留庄中学

河北蔚县南留庄中学1991年1月独立建制，是市级"文明单位"、市级教学工作"先进集体"、市级师德建设先进集体、市级素质教育示范校、首批"书香校园"和"花园式学校"。全市百所文明学校之一，连续多年被评为县教育工作、教学工作先进单位。

学校占地面积86亩,建筑面积10391平方米,拥有30个教学班。现有教职工113人,83名专任教师,本科学历占75%,其中高级教师22人,一级教师45人。涌现出市、县级骨干教师、教学能手、青年教师希望之星17人。

几年前蔚县教育局开发《蔚县剪纸》乡土文化教材,学校曾经开设此类课程,目前已停开该课程。因剪纸是蔚县特色文化,学生对剪纸也比较喜欢,美术老师会在美术课程课时范围内每学期给学生上2—3节的剪纸课。教学内容比较简单,主要让学生用剪刀来剪一些小动物、植物等简单的作品。在教给学生简单的技法之后,鼓励和引导学生根据自己的想象去创作,而不拘泥于某一固定作品。学校偶尔会举行学生剪纸作品的展览,但是没有形成系统的教学评价体系。从开课的效果来看,学生对剪纸课程都比较感兴趣,积极性很高。

(二) 白乐中学

蔚县白乐镇初级中学始建于1958年,1987年独立建制,学校占地40亩26860平方米,建筑面积3320平方米。现有教学班7个,学生259人。现有教职工38人,其中专任教师34人,学历达标率100%,本科率87.5%,八年来先后分配特岗教师13人,通过培训成为教学一线的主力军,分担重要教学岗位,按期入编7人,尚有未入编特岗教师6人。

白乐中学也曾经开设过剪纸课程。政治教材中有涉及传统文化方面的内容,会让学生发言来介绍蔚县的文化。语文课会根据教材的内容加入一些家乡文化知识或是让学生写一些家乡文化方面的作文等。

(三) 蔚县三中

蔚县三中位于河北省蔚县蔚州镇,全县最大的关帝庙位于三中校园内,学校东侧即为释迦寺。该校建于1981年,占地60820平方米,建筑面积19457平方米。班级40个,学生3000多名,教职工201人,专任教师111人,高级教师33人,一级教师98人。教师学历达标率100%,本科率91.1%。设有装备完善的理化生实验室7个,微机、录播、形体、美术等功能用室齐全,图书12万余册,基本满足教育教学需要。

走进蔚县三中，古典气息扑面而来。整个学校以关帝庙为中轴线，其两侧建有教室、办公室、阅览室和餐厅等，这些建筑外观古朴，与关帝庙建筑风格匹配和谐。在中轴线上分布着倒座戏台、前殿、中殿（关帝殿）和后殿（三义殿）四座建筑，其中，前殿分为三间，均被改造成教研办公室；关帝殿外墙两侧挂有展板，介绍关帝庙；三义殿外墙两侧亦设有介绍桃园三结义的展板。整所学校充满古色古香的意蕴，不张扬不喧闹，行于其中，享受其中。蔚县三中依托道教文化、关帝庙充分挖掘关公文化，精心打造乡土与现代教育相融合的校园文化，开展了一系列乡土文化教育活动。

（四）暖泉中学

蔚县暖泉中学，创建于1958年8月，坐落于冀晋交界壶流河畔的暖泉镇，初称蔚县暖泉完全小学，附设初中班（即暖泉附中），1959年8月单独建制，改称蔚县暖泉初级中学。1969年5月至1981年7月改办成高级中学，共有高中班30个，培养毕业生1500人。1979年7月招生恢复为初级中学。1995年12月合并暖泉镇中学，2007年7月合并阳眷镇中学、下宫村乡中学。从1958年至今，共136个初中班，毕业生8500人。学校规模由建校初的两个教学班，1996年发展为18个教学班，2008年回归为12个教学班。

学校经过两次扩建，现占地面积70亩（47072平方米），校舍380间，建筑面积8889平方米。现有12个教学班，教职工67人。配备的多功能教室、教学仪器及文体器材达到标准，图书馆藏书23625册。

蔚县暖泉中学是一所拥有悠久历史和丰富底蕴的学校。学校围绕"树立新理念、打造新优势、优化新环境、再创新业绩"的办学目标，实行全员全方位全封闭满负荷无缝隙管理，积极创建敬业、爱生、严谨、笃学的师资队伍，造就勤学、善思、活泼、向上的学生群体。教师和学生帮扶结对子，师生互帮互促，新老教师结对子，全体任课教师共同提高。通过整合教学资源、美化校容校貌、加强软硬件建设、改善办公条件，努力实现学校的跨越式发展。

（五）代王城中学

蔚县代王城中学始创于1956年，占地面积39000平方米，建筑面积10736平方米；现有22个教学班，在校生近1500人。在半个多世纪的办学历程中，秉承科学的办学理念，致力于文化知识的传播和人格灵魂的塑造，为社会培养了大批合格人才，以骄人的成绩享誉蔚萝大地。

学校有一支结构合理、专业齐全、师德高尚、作风过硬、勤奋敬业、教学水平高的教师团队。现有专任教师99人，全部本科以上学历，中高级教师73人，获县优秀教师以上称号75人，县以上学科带头人、骨干教师、教学能手12人，雄厚的教师队伍为学校可持续发展奠定了扎实的基础。

学校环境优美，全面实施增绿美化工程，打造温馨校园。新建的学生公寓标准配备，全面实施了宿舍文化建设，打造舒适的学生公寓。建有标准化食堂和同时容纳1000多人的学生餐厅，全面实现一流的就餐环境和一流的饭菜质量。新装备多媒体教室10个教学班，全面实施多媒体教学，并逐步实现"班班通"，打造优越的学习环境。

二 山西省取样学校

山西闻喜县古称桐乡，秦时更名为左邑县，汉武帝刘彻在此欣闻平南越大捷而赐名"闻喜"，隶属于山西省运城市。闻喜县历史悠久，自改左邑桐乡为闻喜至今，已有2100余年历史，其文化积淀深厚。除了国家级非物质文化遗产闻喜花馍外，还有全国第十六届群星奖的"闻喜鼓车"，摘取"中国最佳楹联文化县"桂冠的楹联文化，被授予"国家文化产业示范基地"的"本命年红腰带"等特色乡土文化。闻喜县礼元镇的裴柏村被誉为"中华宰相村"，是裴氏宗祠所在地。该家族为三晋望族，也是中国历史上声势显赫的名门巨族，以59位宰相、59位大将军著称于世，后代名人辈出，是盛名久著的一大世家。裴氏家族所取得的成就与裴氏家训、家戒有着必然联系，是后代应铭记与传承的文化传统。因此，研究闻喜县乡土文化在学校教育中的传承情况，具有一定的现实意义。

中国楹联看运城，运城楹联看闻喜。闻喜县是中国最佳楹联文化县。从县城入口的大牌楼到龙海大道，楹联文化处处可见。在闻喜县后宫乡刘古庄村、侯村乡寺底村、东镇西街村等，村民们仍然保持着学联律、吟联句、参联赛、打联擂的民俗文化，村村镇镇办活动，家家户户写楹联。楹联这一传统文化被闻喜人民烙上了鲜明的乡土特色，成为了具有闻喜特色的乡土文化。此外，礼元镇的裴柏村被誉为"中华宰相村"，是裴氏宗祠所在地。此地乡土文化历史悠久、影响深远。选择闻喜县作为本次课题研究的重要对象，具有一定的代表意义。下面重点介绍本次抽样调查的几所学校。

（一）晋华实验学校

晋华实验学校位于山西省运城市闻喜县桐城镇桃园村口，该校于2004年由城镇中学教师梁武卿创办，是一所九年一贯制的民办学校。以良好的校风、教风和学风、优异的教学成绩赢得了家长的满意和社会的赞誉。学校布局合理，功能完善，设备先进，环境优雅，构建了一个现代化、高品位的育人环境。师资队伍学历层次高，专业功底厚，协作意识强，教师治学严谨，教艺精湛，乐于奉献。

该校以闻喜县乡土特色文化——楹联文化为依托，开设楹联课程，开展了一系列教育教学活动。将楹联教学与语文教学、品德教学、社会实践相结合，打造特色学校。2006年晋华实验学校被中国楹联学会授予"中国楹联教育基地"，先后荣获"全国优秀楹联教育基地"和"楹联河东流派实验基地"等荣誉称号，2012年该校获得山西省教育厅颁发的"山西省校本课程一等奖"。

（二）春元中学

春元中学位于闻喜县东镇鲁村。春元中学较为重视学校的校园文化建设，其院内教学楼、宿舍楼、食堂的每一块墙壁都张贴有闻喜的文物古迹、名人逸事、文化特产，主要是出自闻喜县的历代名人，还有剪纸、刺绣、煮饼、花馍等本地传统文化，以及国学经典语句。学校的每一扇门的两侧同样悬挂了楹联作品，整个校园具有浓厚的乡土文化气息，该校曾经开展过楹联教育。

（三）礼元初中

礼元初中位于山西省运城市闻喜县礼元镇裴柏村。裴柏村是闻名世界的裴氏家族发祥地。"天下无二裴"，支派繁多的裴姓人，其谱系源流、本末出处均在有"中华宰相村"美誉的裴柏村，万枝同根，血脉相连。裴氏家族各代豪杰俊迈、名卿贤相茂郁如林，不可胜数。其"凡是贪官污吏、布衣白丁，死后不入祖茔"的家规，"重教务学，崇文尚武，德业并举，廉洁自律"的家训和十毋家戒更是万代遗馨。毛泽东主席在1958年中共中央政治局扩大会议期间，见到山西省委第一书记陶鲁笳时，便对裴氏家族赞不绝口，表示研究中国历史，不可不熟悉裴氏家族。无独有偶，中央领导人胡耀邦在谈到人才教育问题时，也曾着重强调："研究中国封建社会的人才教育，要研究南林北裴。"礼元初中以裴氏文化为平台，融合裴氏文化元素，开展了一系列的乡土文化教育活动。

（四）实验二中

闻喜实验二中位于闻喜县桐城镇，创建于2012年，属于初级中学。学校现有44个教学班，七、八年级各14个，九年级15个（2015—2016学年）。是闻喜县及附近区域内最大的初级中学之一。全校共有教职工200余人，其中专职教师约180人。

三 天津市取样学校

天津市作为四大直辖市之一，多年来在教育方面取得突出成绩，在传承天津当地乡土文化上更是不遗余力。天津许多学校特别是小学开设有多种多样的特色课程，其中不乏乡土特色课程。王庆坨镇的不少学校在开展乡土文化教育方面有一定知名度。

王庆坨镇位于武清区西南，与河北省接壤，这里历史悠久、文化底蕴深厚，是沟通各地与对外交往的重要枢纽。王庆坨人重教崇文、民风开化、勇于开拓，在人文艺术等多个领域创造出许多突出成就，尤其作为武清区知名的体育强镇，篮球、乒乓球运动有着深厚的群众基础，是远近闻名的乒乓球之乡。

王庆坨镇初级中学，位于天津市武清区王庆坨镇。1978年建校，在校学生1290人。学校以"崇尚人文，以德为本，素质教育，全面发展"的办学理念，依托传统优势项目"篮球""乒乓球"打造"生本教育"。

第二节 乡土文化教育认同的现状

认同亦可称为接受度，分为认知状态、情感态度和行为意向三个层次。中学生对乡土文化教育认同可从三个维度考察：认知状态考察农村中学生对乡土文化教育的了解熟悉程度和价值认识；情感态度考察中学生对乡土文化教育是否满意、是否喜欢等主观感受；行为意向考察中学生能否在生活中以实际行动践行乡土文化教育的成效，主动分享乡土文化教育内容、继续深入学习乡土文化。

一 调查样本的情况

此次调查，共发放问卷2500份，回收2387份，有效问卷2062份，有效回收率86.4%。在回收的有效样本中，河北省1204人；天津市176人；山西省682人。调查涉及12所普通中学，其中，白乐中学187人，春元中学116人，代王城中学263人，吉家庄中学136人，晋华实验学校289人，礼元初中77人，南留庄中学193人，暖泉中学155人，实验二中200人，桃花中学153人，王庆坨中学176人，蔚县三中117人。初一年级855人，初二年级747人，初三年级435人。男生960人，女生1055人。汉族2024人，非汉族4人。

调查样本中，父亲职业为农民的765人，个体经商201人，医务人员11人，教师10人，公务员28人，进城务工899人，其他职业129人。母亲职业为农民的948人，个体经商198人，医务人员21人，教师38人，公务员15人，进城务工558人，其他职业230人。其中父亲文化小学学历528人，初中学历1122人，高中学历330人，中专学历31人，大专及以上学历31人。母亲文化为小学学历638人，初中学历1051人，高中学历264人，中专学历30人，大专及以上学历32人。

此次调查中，无宗教信仰的1817人，有宗教信仰的190人。居住情况为独自住的29人，和父母同住1135人，和亲属同住159人，住校695人，其他情况30人（见表4—1）。

表4—1　　　　　　　　调查样本统计

	类别	人数	比例（%）
地区 N = 2062	河北	1204	58.4
	天津	176	8.5
	山西	682	33.1

续表

类别		人数	比例（%）
学校 N=2062	白乐中学	187	9.1
	春元中学	116	5.6
	代王城中学	263	12.8
	吉家庄中学	136	6.6
	晋华实验学校	289	14.0
	礼元初中	77	3.7
	南留庄中学	193	9.4
	暖泉中学	155	7.5
	实验二中	200	9.7
	桃花中学	153	7.4
	王庆坨中学	176	8.5
	蔚县三中	117	5.7
年级 N=2037	初一	855	42.0
	初二	747	36.7
	初三	435	21.4
性别 N=2015	男	960	47.6
	女	1055	52.4
民族 N=2028	汉族	2024	99.8
	非汉族	4	0.2
父亲职业 N=2043	农民	765	37.4
	个体	201	9.8
	医务人员	11	0.5
	教师	10	0.5
	公务员	28	1.4
	打工	899	44.0
	其他	129	6.3

续表

	类别	人数	比例（%）
母亲职业 N=2008	农民	948	47.2
	个体	198	9.9
	医务人员	21	1.0
	教师	38	1.9
	公务员	15	0.7
	打工	558	27.8
	其他	230	11.5
父亲文化 N=2042	小学	528	25.9
	初中	1122	54.9
	高中	330	16.2
	中专	31	1.5
	大专及以上	31	1.5
母亲文化 N=2015	小学	638	31.7
	初中	1051	52.2
	高中	264	13.1
	中专	30	1.5
	大专及以上	32	1.6
宗教信仰 N=2007	无	1817	90.5
	有	190	9.5
居住情况 N=2048	独自住	29	1.4
	和父母	1135	55.4
	和亲属	159	7.8
	住校	695	33.9
	其他	30	1.5

二 调查问卷的信效度

依照心理测量理论，从乡土文化教育认知认同、乡土文化教育情感认同和乡土文化教育行为认同等方面设计了乡土文化教育认同量表，每个分量表含两个二级指标，共计29个题目，采用李克特五点式量表，非常认同记为5分，比较认同为4分，不确定为3分，比较不认同为2分，非常不认同为1分。具体题目分布见表4—2。

表 4—2　　　　　　　　　　　题目分布一览

一级指标	二级指标	题目
A1 乡土文化教育认知认同	B1 价值认识	1、2、3、4、5
	B2 熟悉程度	6、7、8、9、10
A2 乡土文化教育情感认同	B3 喜欢程度	11、12、13、14
	B4 满意度	16、18、21、22
A3 乡土文化教育行为认同	B5 主动分享	17、20、23、26、27、29
	B6 继续学习	15、19、24、25、28

此外设计了省份、年级、性别、民族、父母职业、宗教信仰、居住情况等背景因素；设计了父母文化程度、学校开展乡土文化形式、频次、教师日常教学中提及乡土文化、乡土文化教育效果等可能影响乡土文化教育认同的影响因素。

（一）量表的效度

量表编制完成后，分别邀请了北京大学、北京师范大学、天津师范大学等高校 6 位专家评判量表。除第 22 题、27 题、29 题未获得专家认可，其他 26 个题目得到专家的普遍认可，整体专家效度较好。

对收集到的 2062 个有效样本，随机取出一半进行验证性因子分析。利用 AMOS 21.0 进行 SEM 模型验证，得到拟合图 4—1。从图中可以看出除个别题目的有效载荷量低于 0.4 之外，其他观察变量（题项）与潜变量（分类因子）之间有效载荷量均高于 0.4。同时验证结果显示，整个量表模型的绝对适配度指数 X^2（770.787，$p<0.001$）、RMR 值（0.038）、RMSEA 值（0.045）、CN 值（451）、GFI 值（0.940）均达到理想程度；比较适配度指数 TLI（0.900）、CFI（0.900）均在 0.9 以上，表现理想，所有拟合系数均达到标准，说明问卷的结构清晰，模型拟合良好。具体见表 4—3。

表 4—3　　　　　　　　　　　模型验证指数

	X²	df	X²/df	CN	RMR	RMSEA	TLI	GFI	CFI
理想标准			≤3	>200	<0.05	≤0.08	≥0.9	≥0.9	≥0.9
实际指数	770.787	296	2.604	451	0.038	0.045	0.900	0.940	0.900

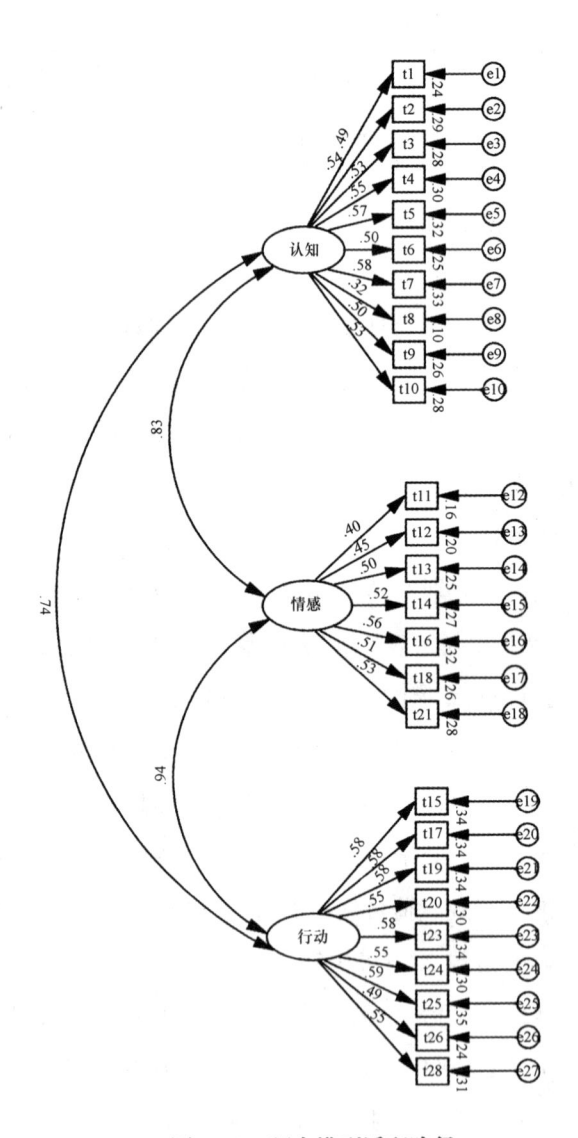

图 4—1　研究模型适配路径

（二）量表信度

采用 a 信度分析法测得整个问卷的信度为 0.892，基于标准化项的 a 系数 0.893；三个分量表的信度分别为 0.773、0.696、0.807。一般而言教育类量表的信度在 0.8 以上为佳，分量表信度在 0.6 以上为宜。整体而言，本量表具有较高信度，分量表信度较好。

进一步的分析显示，总量表和三个分量表之间的相关系数在 0.854 到 0.892 之间，三个分量表之间的相关性在 0.597 到 0.698 之间。说明三个分量表与总量表之间有较高的一致性，三个分量表既相互关联，又具有一定的独立性。可见，整个量表具有较好的内部一致性（具体见表4—4）。

表4—4　　　　　　　总量表与分量表内部一致性

	总量表	认知认同量表	情感认同量表	行为认同量表
总量表	1			
认知认同量表	0.854**	1		
情感认同量表	0.862**	0.615**	1	
行为认同量表	0.892**	0.597**	0.698**	1

注：** 在 .01 水平（双侧）上显著相关。

三　调查现状分析

（一）总体认同水平相对不错，但行为认同表现不佳

鉴于量表设计时采用五点式，最高值为 5 分，得分越高说明认同水平越高，为了方便进行比较，对总体得分进行了均值化处理，因此只需要比较得分与中间值 3 的差异性即可。

表4—5　　　　　　　总体认同水平检验

	N	均值	标准差	T（检验值3）	P	T（检验值4）	P
总体认同	2062	4.06	0.530	90.678	0.000	5.031	0.000
认知认同	2062	4.16	0.55658	94.413	0.000	12.827	0.000
情感认同	2062	4.07	0.61249	79.070	0.000	4.931	0.000
行为认同	2062	3.94	0.66427	64.481	0.000	-3.879	0.000

调查显示，所有学生的总体认同水平为 4.06 分，显著高于检验值 3 ($p<0.001$)。同时也显著地高于检验值 4 ($p<0.001$)，说明初中学生对乡土文化教育的认同水平较高，整体处于良好水平。但认知、情感、行动认同三者的差异明显存在，特别是行动认同相对较差。具体见表 4—5。

1. 认知认同相对突出，但学生个体差异较大

在认知认同方面，所有学生整体得分 4.16 分，处于良好水平（$p<0.001$），说明初中学生能够对现有的乡土文化教育持积极肯定态度，对乡土文化教育的了解程度和熟悉程度较好。

学生的认知认同包括学生对乡土文化教育的价值认识和熟悉程度两方面。价值认识是指学生是否真正了解乡土文化教育的内在价值，明确乡土文化对个体存续、文化传承的重要意义。整体上来看，学生对乡土文化教育的价值是认可的，整体均值达到 4.22 分，属于中等偏上水平，但这并不说明学生一定清楚乡土文化教育的内在价值。事实上，通过访谈我们也发现学生对乡土文化教育的认知并没有展示出高度一致性，不少学生对乡土文化教育持比较冷漠的态度。尽管多数学生表示学习乡土文化对了解家乡、自我成长等有一定的价值意义，并能够辨别和了解教师在学科教学中乡土文化融入情况。但对学生个体的差异性我们并不能掉以轻心，如何帮助学生树立正确的乡土文化教育价值观，依旧值得学校和教师努力。

学生对乡土文化教育的熟悉程度同样值得关注，尽管学生的整体得分达到 4.09 分，但访谈中的结果并不令人满意，不少学生并不清楚乡土文化教育的内容、表现形式，甚至一些教师也对乡土文化教育不够了解。可以说乡土文化教育的价值并没有得到广大师生的一致认可，未来乡土文化教育的开展依然面临艰巨挑战。

2. 情感认同有一定优势，但学生的喜欢程度和满意度上升空间较大

在情感认同方面，所有学生得分较高（4.07 分），处于良好层次（$p<0.001$），说明初中学生对现阶段的乡土文化教育相对比较满意，认可乡土文化教育的价值，喜欢乡土文化教育，对乡土文化能够感到自豪。尤其是学生对乡土文化教育的喜欢程度相对较高，整体得分 4.11 分，说明多数学生对乡土文化教育是比较喜欢的。因为乡土文化是与学生的生活体验连接在一起的，它来源于日常的生活，同时又契合了中学生的学

习需求。访谈中不少教师表示，乡土美术、乡土地理等内容与学生的生活很贴近，容易激起学生的日常认知，加上教师的教学相对有趣，因此得到学生的喜欢是正常的，但访谈中也有不少学生明确表示不喜欢乡土文化教育，这与我们的期待是有差距的。未来的乡土文化教育如何激发所有学生的学习热情依旧值得我们深入思考。

学生对乡土文化教育的满意程度也较高（4.00 分），尽管如此，学生对当前乡土文化教育抱有更高期待。不少学生表示他们渴望能学习到有关当地文化的内容，但教师在课堂上并没有很好满足他们的需求，这与实际教学的时间较少有关。不少学校反映每周只有 1—2 节甚至更少时间可以用于开展乡土文化教育，而且乡土文化教育的形式是相对单一的，校内外的展示活动相对稀缺，专家讲座更是难得一见，这也造成学生的满意度存在较大上升空间。

3. 行动认同表现较差，学生继续学习的动力不足

在行动认同方面，所有学生的得分仅为 3.94 分，显著低于认知和情感认同，整体处于一般水平（$p<0.001$），说明尽管学生对乡土文化教育的认知程度较高，也比较喜欢乡土文化教育，但在生活中以实际行动践行乡土文化教育成效的结果仍不尽如人意，这也反映出当前乡土文化教育存在"认可容易、践行太难"的现实困境。

不容否认，不少学生在乡土文化教育之后能够向同学、家人、朋友分享自己学到的内容（$M = 4.04$，$p<0.001$），这反映出多数学生能够在一定程度上践行乡土文化教育的成果，但这种践行的层次是较低的，并未上升为自觉行为。在继续学习方面，不少学生表现不尽如人意（$M = 3.89$，$p<0.001$），继续学习乡土文化的动力明显不足，被动学习的情况相对突出。访谈中，不少教师表示：农村学生大多是留守儿童，性格比较内向；学生底子差，知识基础薄弱；学校实行寄宿制，学生日常生活范围小，接触面窄，很多乡土文化知识、本地新闻热点学生并不了解。因此，学生在乡土文化教育过程中常常处于被动状态，倾向于听教师讲解，而主动查阅乡土文化资料，与家长或同学交流学习心得的行为偏少。

(二) 认同水平的差异性普遍存在，不同性别、区域、年级等方面的差异明显

1. 性别差异显著存在，女生的整体认同度高于男生

(1) 女生整体认同度高于男生

调查显示，男生的总体认同水平为 4.02 ± 0.54 分，女生的总体认同水平为 4.10 ± 0.51 分，整体而言女生高于男生，且两者之间存在显著性差异（$p=0.001$），说明初中女生对乡土文化教育的总体认同水平优于男生。

在认知认同方面，男生平均水平为 4.13 ± 0.58 分，女生平均水平为 4.20 ± 0.52 分。独立样本检验显示，女生认知认同水平显著高于男生（$p=0.003$）。具体而言，在价值认识（$t=-3.78$，$p<0.001$）方面，男生得分低于女生，并且两者的差距比较明显，尽管两者在人数上不尽一致，但这种影响可以忽略不计。在熟悉程度上，男女之间的差异并不明显（$t=-1.47$，$p=0.145$）。整体上女生对乡土文化教育的价值认识显著优于男生，男女学生对乡土文化教育的熟悉程度不存在差异。

在情感认同方面，男生平均水平为 4.02 ± 0.64 分，女生平均水平为 4.12 ± 0.58 分。独立样本检验显示，女生情感认同水平显著高于男生（$p=0.001$）。具体而言，男生对乡土文化教育的喜欢程度（$t=-3.20$，$p=0.001$）和满意度（$t=-2.67$，$p=0.008$）均显著弱于女生，说明初中女生对乡土文化教育喜欢、认可程度显著高于男生。

在行为认同方面，男生平均水平为 3.91 ± 0.66 分，女生平均水平为 3.98 ± 0.66 分，独立样本检验显示，女生在生活中以践行乡土文化教育成效的行为意向显著高于男生（$p=0.012$）。具体而言，男生对乡土文化教育成果的主动分享（$t=-2.57$，$p=0.01$）显著弱于女生，说明初中女生相比男生更容易在实际生活中实践乡土文化教育的内容，也更愿意以实际行动传承乡土文化。但两者在继续学习乡土文化方面的差异不存在（$t=-1.71$，$p=0.088$），具体见表4-6。

男女学生之所以存在如此明显的差异，实际上与两性的性格差异存在显著关系，女生相比男生更容易接受外部意见，尤其是教师的意见，对教师的指导"言听计从"较多，加上女生天生温婉、细致，学习耐心较男生好，因此取得较高得分不足为奇。相对而言，男生的性格多趋向

于外向，对教师的指导多"左耳进、右耳出"，调皮、淘气的程度甚于女生，不仅对乡土文化教育、对其他文化课程的学习也呈现"不够上心"的情况。

表 4—6　　　　　　　　　男女认同水平差异统计

	性别	N	均值	标准差	T	df	P
总体认同	男	960	4.02	0.54359	-3.346	1960.264	0.001
	女	1055	4.10	0.50685			
认知认同	男	960	4.1266	0.58241	-2.956	1927.693	0.003
	女	1055	4.1994	0.51799			
情感认同	男	960	4.0232	0.63759	-3.401	1944.461	0.001
	女	1055	4.1159	0.58033			
行为认同	男	960	3.9091	0.66265	-2.510	2013	0.012
	女	1055	3.9830	0.65763			

（2）性别与区域不存在显著的交互影响

鉴于调查研究取样地区涉及河北、山西和天津三个省市，因此男女之间的认同差异可能与区域存在交互影响，因此采用多因素线性模型分析了区域与性别的交互影响。结果显示，在总体认同（$p=0.557$）、认知认同（$p=0.163$）、情感认同（$p=0.950$）和行为认同（$p=0.813$）等维度，区域与性别之间的交互效应不显著，说明区域与性别间的交互影响并不存在。换言之，不论天津、河北还是山西的样本均呈现女生比男生认同水平高的现象，且在认知、情感、行动等三个维度均呈现这一趋势，具体见表 4—7。

表 4—7　　　　　　　　　性别与区域的交互效应检验

源	因变量	III 型平方和	df	均方	F	Sig.
校正模型	总体认同	12.058[a]	5	2.412	8.886	0.000
	认知认同	22.038[c]	5	4.408	15.041	0.000
	情感认同	8.080[d]	5	1.616	4.381	0.001
	行为认同	12.465[e]	5	2.493	5.775	0.000

续表

源	因变量	III 型平方和	df	均方	F	Sig.
截距	总体认同	18574.846	1	18574.846	68446.156	0.000
	认知认同	19448.798	1	19448.798	66368.393	0.000
	情感认同	18580.375	1	18580.375	50371.199	0.000
	行为认同	17623.163	1	17623.163	40826.146	0.000
区域	总体认同	8.488	2	4.244	15.639	0.000
	认知认同	18.121	2	9.061	30.919	0.000
	情感认同	3.631	2	1.815	4.922	0.007
	行为认同	9.419	2	4.710	10.910	0.000
性别	总体认同	2.543	1	2.543	9.371	0.002
	认知认同	3.002	1	3.002	10.246	0.001
	情感认同	2.754	1	2.754	7.466	0.006
	行为认同	1.934	1	1.934	4.481	0.034
区域 * 性别	总体认同	0.318	2	0.159	0.586	0.557
	认知认同	1.065	2	0.533	1.817	0.163
	情感认同	0.038	2	0.019	0.052	0.950
	行为认同	0.179	2	0.089	0.207	0.813
误差	总体认同	545.200	2009	0.271		
	认知认同	588.724	2009	0.293		
	情感认同	741.058	2009	0.369		
	行为认同	867.212	2009	0.432		
总计	总体认同	33847.209	2015			
	认知认同	35560.630	2015			
	情感认同	34156.082	2015			
	行为认同	32284.272	2015			
校正的总计	总体认同	557.258	2014			
	认知认同	610.761	2014			
	情感认同	749.138	2014			
	行为认同	879.677	2014			

二级指标的分析，也发现这种交互作用并不存在，进一步验证女生对乡土文化教育的价值认识、喜欢程度、满意度和主动分享均显著高于

男生。具体见表4—8。

表4—8　　　性别与区域的二级指标上交互效应检验

源	因变量	III 型平方和	df	均方	F	Sig.
校正模型	价值认识	26.242[a]	5	5.248	13.951	0.000
	熟悉程度	19.950[c]	5	3.990	10.414	0.000
	喜欢程度	7.332[d]	5	1.466	3.239	0.006
	满意度	12.585[e]	5	2.517	4.623	0.000
	主动分享	11.549[f]	5	2.310	4.186	0.001
	继续学习	15.885[g]	5	3.177	6.078	0.000
截距	价值认识	19938.002	1	19938.002	52998.619	0.000
	熟悉程度	18965.670	1	18965.670	49501.161	0.000
	喜欢程度	18865.876	1	18865.876	41670.499	0.000
	满意度	18203.093	1	18203.093	33434.975	0.000
	主动分享	18415.078	1	18415.078	33372.429	0.000
	继续学习	17288.097	1	17288.097	33075.774	0.000
省份	价值认识	18.941	2	9.471	25.174	0.000
	熟悉程度	18.170	2	9.085	23.712	0.000
	喜欢程度	2.159	2	1.079	2.384	0.092
	满意度	8.611	2	4.305	7.908	0.000
	主动分享	6.351	2	3.176	5.755	0.003
	继续学习	14.259	2	7.129	13.640	0.000
性别	价值认识	5.069	1	5.069	13.473	0.000
	熟悉程度	1.474	1	1.474	3.848	0.050
	喜欢程度	3.884	1	3.884	8.580	0.003
	满意度	1.548	1	1.548	2.844	0.092
	主动分享	2.573	1	2.573	4.663	0.031
	继续学习	0.953	1	0.953	1.823	0.177

续表

源	因变量	III 型平方和	df	均方	F	Sig.
省份 * 性别	价值认识	1.696	2	0.848	2.254	0.105
	熟悉程度	0.646	2	0.323	0.844	0.430
	喜欢程度	0.396	2	0.198	0.438	0.646
	满意度	0.180	2	0.090	0.166	0.847
	主动分享	1.451	2	0.725	1.314	0.269
	继续学习	0.013	2	0.006	0.012	0.988
误差	价值认识	755.783	2009	0.376		
	熟悉程度	769.720	2009	0.383		
	喜欢程度	909.553	2009	0.453		
	满意度	1093.765	2009	0.544		
	主动分享	1108.577	2009	0.552		
	继续学习	1050.067	2009	0.523		
总计	价值认识	36830.720	2015			
	熟悉程度	34657.720	2015			
	喜欢程度	35086.938	2015			
	满意度	33509.222	2015			
	主动分享	34211.000	2015			
	继续学习	31646.280	2015			
校正的总计	价值认识	782.025	2014			
	熟悉程度	789.670	2014			
	喜欢程度	916.885	2014			
	满意度	1106.350	2014			
	主动分享	1120.126	2014			
	继续学习	1065.952	2014			

注：a. $R^2 = 0.034$（调整 $R^2 = 0.031$）；b. 使用 alpha 的计算结果 $= 0.05$；c. $R^2 = 0.025$（调整 $R^2 = 0.023$）；d. $R^2 = 0.008$（调整 $R^2 = 0.006$）；e. $R^2 = 0.011$（调整 $R^2 = 0.009$）；f. $R^2 = 0.010$（调整 $R^2 = 0.008$）；g. $R^2 = 0.015$（调整 $R^2 = 0.012$）。

综上，可以推知，相比男生，女生具有更高的乡土文化教育认同水平。女生更加熟悉、了解乡土文化教育，也更乐意、更喜欢乡土文化教育，甚至更倾向于在实际生活中践行乡土文化教育的内容。这可能与女生心思细腻、善于听从教师的意见，学习态度更为认真有关。

（3）性别与年级存在不同程度交互效应

鉴于调查涉及初一、初二、初三 3 个年级，因此男女之间的认同差异可能与年级存在交互影响，因此采用多因素线性模型分析了年级与性别的交互影响。结果显示，在总体认同（$p=0.163$）、认知认同（$p=0.266$）和行为认同（$p=0.217$）等三个维度年级与性别之间的交互效应不显著，但在情感认同维度存在交互效应（$p=0.023$）。从图4—4中可以看出，初三男生在情感认同维度得分高于女生。具体见表4—9。

表4—9　　　　　　　　性别与年级的交互效应检验

源	因变量	III 型平方和	df	均方	F	Sig.
校正模型	总体认同	28.210[a]	5	5.642	21.383	0.000
	认知认同	21.877[c]	5	4.375	14.938	0.000
	情感认同	29.424[d]	5	5.885	16.419	0.000
	行为认同	38.917[e]	5	7.783	18.530	0.000
截距	总体认同	29799.387	1	29799.387	112941.256	0.000
	认知认同	31240.663	1	31240.663	106662.809	0.000
	情感认同	29968.884	1	29968.884	83612.721	0.000
	行为认同	28109.886	1	28109.886	66920.843	0.000
性别	总体认同	2.529	1	2.529	9.586	0.002
	认知认同	2.079	1	2.079	7.098	0.008
	情感认同	2.841	1	2.841	7.928	0.005
	行为认同	2.827	1	2.827	6.729	0.010
年级	总体认同	24.147	2	12.074	45.759	0.000
	认知认同	18.639	2	9.320	31.819	0.000
	情感认同	22.456	2	11.228	31.327	0.000
	行为认同	34.427	2	17.213	40.980	0.000

续表

源	因变量	III 型平方和	df	均方	F	Sig.
性别 * 年级	总体认同	0.959	2	0.480	1.817	0.163
	认知认同	0.776	2	0.388	1.325	0.266
	情感认同	2.717	2	1.359	3.791	0.023
	行为认同	1.283	2	0.641	1.527	0.217
误差	总体认同	526.906	1997	0.264		
	认知认同	584.905	1997	0.293		
	情感认同	715.775	1997	0.358		
	行为认同	838.833	1997	0.420		
总计	总体认同	33643.111	2003			
	认知认同	35357.480	2003			
	情感认同	33947.408	2003			
	行为认同	32079.852	2003			
校正的总计	总体认同	555.116	2002			
	认知认同	606.782	2002			
	情感认同	745.199	2002			
	行为认同	877.751	2002			

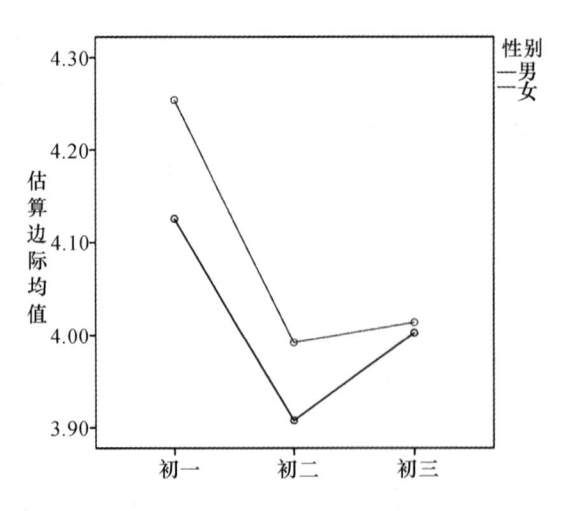

图4—2 不同年级总体认同估算边际均值

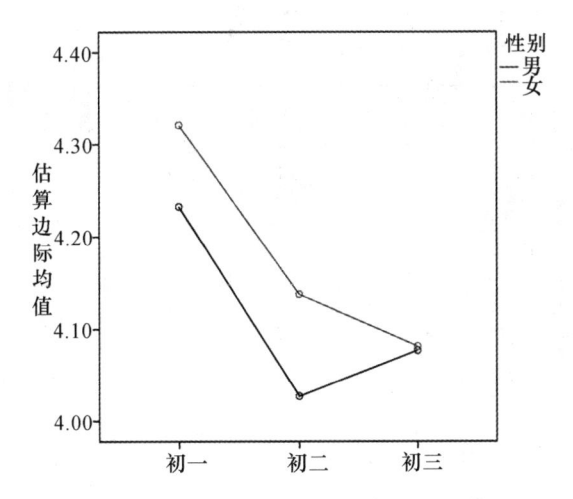

图4—3 不同年级认知认同的估算边际均值

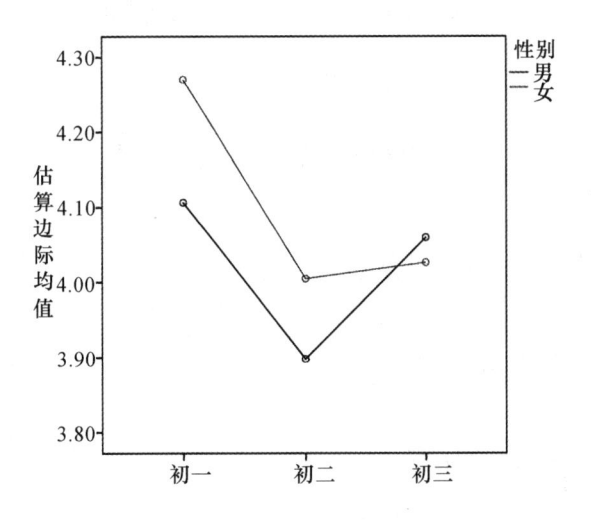

图4—4 不同年级情感认同的估算边际均值

二级指标的分析结果显示，年级与性别之间在价值认识、满意度和继续学习等三个指标上的交互效应不显著，但在熟悉程度、喜欢程度存在临界交互效应，在主动分享指标上存在显著的交互效应。初三年级的男生在熟悉程度、喜欢程度上高于女生，两者存在显著的临界差异；初二、初三男女学生在主动分享乡土文化教育成效上差异不显著。具体见表4—10。

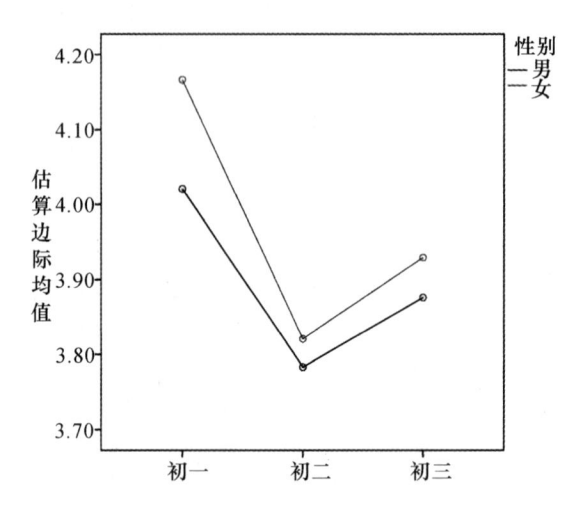

图 4—5 不同年级行为认同的估算边际均值

表 4—10　性别与年级的二级指标交互效应检验

源	因变量	III 型平方和	df	均方	F	Sig.
校正模型	价值认识	22.093ᵃ	5	4.419	11.710	0.000
	熟悉程度	23.943ᶜ	5	4.789	12.592	0.000
	喜欢程度	27.698ᵈ	5	5.540	12.502	0.000
	满意度	32.785ᵉ	5	6.557	12.284	0.000
	主动分享	30.618ᶠ	5	6.124	11.252	0.000
	继续学习	44.009ᵍ	5	8.802	17.251	0.000
截距	价值认识	32211.128	1	32211.128	85361.965	0.000
	熟悉程度	30285.042	1	30285.042	79635.968	0.000
	喜欢程度	30705.469	1	30705.469	69298.689	0.000
	满意度	29000.681	1	29000.681	54328.947	0.000
	主动分享	29673.595	1	29673.595	54526.505	0.000
	继续学习	27330.913	1	27330.913	53565.518	0.000

续表

源	因变量	III 型平方和	df	均方	F	Sig.
性别	价值认识	5.039	1	5.039	13.354	0.000
	熟悉程度	0.408	1	0.408	1.073	0.300
	喜欢程度	2.989	1	2.989	6.746	0.009
	满意度	2.651	1	2.651	4.966	0.026
	主动分享	2.797	1	2.797	5.140	0.023
	继续学习	1.983	1	1.983	3.887	0.049
年级	价值认识	16.775	2	8.388	22.228	0.000
	熟悉程度	20.974	2	10.487	27.577	0.000
	喜欢程度	20.404	2	10.202	23.025	0.000
	满意度	26.230	2	13.115	24.569	0.000
	主动分享	22.736	2	11.368	20.890	0.000
	继续学习	40.905	2	20.453	40.085	0.000
性别 * 年级	价值认识	0.134	2	0.067	0.178	0.837
	熟悉程度	2.312	2	1.156	3.039	0.048
	喜欢程度	2.835	2	1.417	3.199	0.041
	满意度	2.566	2	1.283	2.403	0.091
	主动分享	3.716	2	1.858	3.414	0.033
	继续学习	1.032	2	0.516	1.012	0.364
误差	价值认识	753.563	1997	0.377		
	熟悉程度	759.446	1997	0.380		
	喜欢程度	884.848	1997	0.443		
	满意度	1065.995	1997	0.534		
	主动分享	1086.777	1997	0.544		
	继续学习	1018.936	1997	0.510		
总计	价值认识	36634.680	2003			
	熟悉程度	34443.160	2003			
	喜欢程度	34864.000	2003			
	满意度	33315.000	2003			
	主动分享	33983.889	2003			
	继续学习	31454.520	2003			

续表

源	因变量	III 型平方和	df	均方	F	Sig.
校正的总计	价值认识	775.656	2002			
	熟悉程度	783.389	2002			
	喜欢程度	912.546	2002			
	满意度	1098.780	2002			
	主动分享	1117.395	2002			
	继续学习	1062.945	2002			

注：a. $R^2=0.028$（调整 $R^2=0.026$）；b. 使用 alpha 的计算结果 $=0.05$；c. $R^2=0.031$（调整 $R^2=0.028$）；d. $R^2=0.030$（调整 $R^2=0.028$）；e. $R^2=0.030$（调整 $R^2=0.027$）；f. $R^2=0.027$（调整 $R^2=0.025$）；g. $R^2=0.041$（调整 $R^2=0.039$）

2. 不同区域认同差异显著存在，区域与学校间的交互作用明显

（1）区域总体差异表现显著，山西学生得分最高

从调查数据看，河北省学生的总体认同水平为 4.00 ± 0.55 分，天津学生的总体认同水平为 4.20 ± 0.51 分，山西学生的总体认同水平为 4.12 ± 0.48 分。整体而言，天津学生认同最高，其次是山西省，而河北略低。方差检验显示，天津学生认同得分与山西学生不存在差异（$p>0.05$），但天津、山西学生认同水平显著高于河北学生（$p<0.001$）。说明天津和山西两地学生的认同水平相对较高。

在认知认同层面，河北学生的认知认同水平为 4.07 ± 0.59 分，天津学生的认知认同水平为 4.26 ± 0.54 分，山西学生的认知认同水平为 4.28 ± 0.47 分。天津学生与山西学生得分相近，河北学生得分偏低。方差分析显示，天津学生认知水平与山西学生不存在差异（$p>0.05$），但河北学生认知水平显著低于前两者（$p<0.001$）。说明天津、山西两地学生对乡土文化教育的熟悉程度更好，河北学生需要进一步提升认知水平。

在情感认同层面，河北学生的情感认同水平为 4.05 ± 0.61 分，天津学生的情感认同水平为 4.22 ± 0.59 分，山西学生的情感认同水平为 4.06 ± 0.61 分。天津学生得分高于其他两地，方差分析也显示，天津学生的情感认同水平显著高于山西、河北学生。说明天津学生对乡土文化教育的满意程度更高，更容易从乡土文化教育中体会到自豪感、自信心。

在行为认同层面，河北学生的行为认同水平为 3.89±0.69 分，天津学生的行为认同水平为 4.13±0.62 分，山西学生的行为认同水平为 3.99±0.62 分，天津表现较优。前文已经提及，相比较认知认同和情感认同，学生的行为认同略有不足。但天津学生的行为认同相对突出，显著高于山西学生，河北学生的行为认同最低，三地之间存在显著的下降趋势（$p<0.001$）。具体见表4—11。

表4—11　　　　　　　　　认同水平的区域差异

		N	均值	标准差	F	P	事后检验
总体认同	河北	1204	4.00	0.55	17.520	0.000	天津=山西>河北
	天津	176	4.20	0.51			
	山西	682	4.12	0.48			
认知认同	河北	1204	4.07	0.59	33.568	0.000	天津=山西>河北
	天津	176	4.26	0.54			
	山西	682	4.28	0.47			
情感认同	河北	1204	4.05	0.61	6.056	0.002	天津>山西=河北
	天津	176	4.22	0.59			
	山西	682	4.06	0.61			
行为认同	河北	1204	3.89	0.69	12.106	0.000	天津>山西>河北
	天津	176	4.13	0.62			
	山西	682	3.99	0.62			

（2）区域与学校间存在显著交互影响

鉴于调查涉及的学校数量存在差异，河北7所学校，山西4所学校，天津1所学校，学校数量存在差异，同时学校的教学质量可能存在不一致，由此可能导致区域与学校间存在交互效应。即尽管河北学生总体认同水平低于其他两地，但可能存在有个别学校表现突出，优势被整体掩盖的现象。因此采用多因素线性模型考察了区域与学校的交互效应，结果显示，河北蔚县三中表现突出，在总体认同、认知认同、情感认同和行为认同等方面均表现突出；先前天津学生表现突出的现象可能与学校样本较少有关；山西晋华实验学校的表现并不弱于天津王庆坨中学，具体见表4—12。尽管数据显示天津学生表现相对突出，但可能与天津学生的样本量相对较少有关，也可能与学生多将乡土文化教育理解为学校特色活动有关。访谈过程中我们也发现，天津王庆坨中学并未开展乡土文化教育，但足球特色活动却有声有色。王庆坨小学在乡土文化教育方面取得不错成绩，开展了陶艺、烫葫芦等特色课程，取得良好效果。王庆坨中学学生认同得分高，是因为不少学生毕业于王庆坨小学，学生将小学所学乡土文化教育迁移到中学，同样也与学生渴望开设乡土文化课程有关。访谈中王庆坨中学学生表现出对天津本地文化热切的学习渴望，不少教师也反映希望开设相关课程。

教师A表示"我认为很有必要。学生应该了解和关注家乡。建议老师在自己的教学中多融入家乡的教育"。

表4—12　　　　　　　　不同学校认同水平统计

	学校	总体认同		认知认同		情感认同		行为认同		N
		M	SD	M	SD	M	SD	M	SD	
河北	吉家庄中学	4.09	0.47	4.15	0.51	4.10	0.59	4.01	0.57	136
	桃花中学	3.96	0.58	4.02	0.62	4.04	0.60	3.83	0.73	153
	蔚县三中	4.62	0.17	4.65	0.18	4.62	0.23	4.58	0.24	117
	暖泉中学	3.92	0.55	3.98	0.61	3.98	0.60	3.81	0.66	155
	代王城中学	3.99	0.52	4.03	0.59	4.05	0.57	3.90	0.68	263
	南留庄中学	3.83	0.55	3.97	0.59	3.87	0.66	3.62	0.69	193
	白乐中学	3.87	0.52	3.95	0.56	3.89	0.61	3.75	0.67	187
天津	王庆坨中学	4.20	0.51	4.26	0.54	4.22	0.59	4.13	0.62	176
山西	春元中学	4.03	0.49	4.20	0.48	4.05	0.61	3.83	0.66	116
	礼元中学	3.96	0.49	4.21	0.44	3.90	0.62	3.74	0.69	77
	实验二中	4.06	0.49	4.22	0.50	3.96	0.65	3.95	0.59	200
	晋华实验学校	4.24	0.44	4.37	0.44	4.17	0.56	4.14	0.57	289

主体间交互效应明确显示,地区与学校之间的确存在显著的交互效应($p<0.001$),不论在总体认同,还是在认知认同、情感认同和行为认同等维度交互效应显著($p<0.001$),具体见表4—13。不仅如此,学校之间也存在显著性差异($p<0.001$),蔚县三中显著高于其他学校,同时晋华实验学校也表现不错,南留庄中学整体表现较弱。

表4—13　　　　　　　　区域与学校间的交互检验

源	因变量	III 型平方和	df	均方	F	Sig.
校正模型	总体认同	73.796[a]	11	6.709	27.203	0.000
	认知认同	71.069[c]	11	6.461	23.343	0.000
	情感认同	62.515[d]	11	5.683	16.394	0.000
	行为认同	102.445[e]	11	9.313	23.659	0.000
截距	总体认同	26327.697	1	26327.697	106757.245	0.000
	认知认同	27724.247	1	27724.247	100167.186	0.000
	情感认同	26350.906	1	26350.906	76014.128	0.000
	行为认同	24800.781	1	24800.781	63002.478	0.000
地区	总体认同	0.000	0			
	认知认同	0.000	0			
	情感认同	0.000	0			
	行为认同	0.000	0			
学校	总体认同	64.101	9	7.122	28.881	0.000
	认知认同	50.908	9	5.656	20.437	0.000
	情感认同	57.994	9	6.444	18.588	0.000
	行为认同	91.876	9	10.208	25.933	0.000
地区 * 学校	总体认同	0.000	0			
	认知认同	0.000	0			
	情感认同	0.000	0			
	行为认同	0.000	0			
误差	总体认同	505.556	2050	0.247		
	认知认同	567.398	2050	0.277		
	情感认同	710.649	2050	0.347		
	行为认同	806.978	2050	0.394		

续表

源	因变量	III 型平方和	df	均方	F	Sig.
总计	总体认同	34547.389	2062			
	认知认同	36275.040	2062			
	情感认同	34871.429	2062			
	行为认同	32972.062	2062			
校正的总计	总体认同	579.352	2061			
	认知认同	638.467	2061			
	情感认同	773.164	2061			
	行为认同	909.423	2061			

之所以出现上述现象，可能与当地重视乡土文化教育、注重素材挖掘以及教育教学方法得当有关，从访谈来看蔚县三中、山西晋华实验学校对乡土文化极为重视，乡土文化教育活动开展得卓有成效。

第一，充分利用当地文化优势。蔚县三中位于河北省蔚县蔚州镇，全县最大的关帝庙位于三中校园内，学校东侧即为释迦寺。走进蔚县三中，古典气息扑面而来。整个学校以关帝庙为中轴线，其两侧建有教室、办公室、阅览室和餐厅等，这些建筑均为一层且外观古朴，与关帝庙建筑风格匹配和谐。具有明显的地理位置优势。

河北是中国道教的重要发祥地之一，张家口现存关帝庙31处，其中蔚县县内就有10处。庙宇与戏台相邻而建是张家口道教建筑的一大特色，如蔚县八百古堡内财神庙和关帝庙对面都建有戏台。蔚县三中善于借助当地乡土文化优势，依托道教文化、关帝庙充分挖掘关公文化，精心打造乡土与现代教育相融合的校园文化，开展了一系列乡土文化教育活动。

山西闻喜县桐城镇是楹联之乡，楹联文化是当地极有特色的文化样式，当地乡土文化气息浓厚，村民们仍保持着学习民俗文化的传统，村镇之间还举办有关楹联系列文化的活动。这为晋华实验学校的楹联文化教育提供了良好的文化氛围。

访谈中有教师表示："一说柳宗元是永济的，是咱们这块的，学生就很骄傲的样子。学生很感兴趣，对本地（知识）肯定要比外地（知识）

感兴趣。为什么？自豪感。而且我感觉这个（课堂讲本地知识）属于插闲话的那种，就是比较轻松的那个话题，课堂气氛比较好。你讲故事，联系其他的东西，他的注意力更集中。有没有一些学生最开始不喜欢或者反感讲家乡文化知识？几乎没有。反响很好。而且孩子们你给他们讲什么，他们就听什么，带趣味性的、故事性的，他可能会更喜欢一些。"

乡土文化是深深根植于当地文化土壤中的，厚重的历史中留下了太多名人轶事、古建遗存、乡规民约等，这些厚重的文化积淀一直深刻影响当地的人们，浸入他们的血液，成为不可抹去的文化印记。将当地优质的乡土文化与学校相结合，不仅能有效激发学生的自豪感、自信心，更能促进学生的文化认同，帮助他们更好地适应当地生活，同时也为未来的发展奠定雄厚基础。

第二，高度重视乡土文化教育活动。学校领导和班主任都比较重视乡土文化的主题实践班会活动。他们会定期参加初一年级的主题班会活动，会后学校会对班会教师进行相应的物质奖励，这在一定程度上能激发班主任对乡土文化教育的积极性和热情，学校对乡土文化教育的重视程度在一定程度上也反映出教师对乡土文化的重视。

山西晋华实验学校表现突出，与学校开展的卓有当地文化特色的楹联教育有关。晋华实验学校高度重视楹联的教育价值，紧紧抓住楹联这一乡土特色，先后编纂了两册楹联乡土教材，不仅开设专栏介绍学生楹联习作，如开设"擂台争辩、青春励志、放歌时代、校园经纬、立德修身、联校风采、赤子怀恩、风物杂咏、节日吉庆、谐趣技巧、杂联集萃"等板块，此外还邀请当地名流参与学校楹联文化建设，同时教师也积极献才献艺，加入楹联教材的编撰工作，极大提升了学生的学习热情。

第三，教学形式贴近学生的生活。虽然蔚县三中未开设专门的乡土文化教育课程，也未开发关于乡土文化的专门教材。但是该校充分利用学校教育的优势，自2013年开始，便尝试将关公文化与校园建设相融合，发展至今已有5个年头。在充分分析各年级之间的具体情况和特点后，针对他们各自的特点进行了不同形式的乡土文化教育主题实践活动。例如，针对初一年级，主要利用主题班会活动来开展乡土文化教育，学校领导和班主任参加该年级各班的主题班会，学校还邀请所有家长参加学生的主题班会活动，这在一定程度上激发了家长对学生进行乡土文化教育的自觉性和积极性。针对初二年级，学校考虑到初二年级是学生初中生活的关键时期，为促使学生深刻学习和理解关公文化及其精神，在初二年级范围内开展关公文化演讲比赛和关公文化板报比赛。针对初三年级，考虑到初三年级学生学习任务比较繁重，举行关公文化合唱比赛以及发扬关公精神、为班级争光的拔河比赛等，以营造健康、良好的校园氛围，缓解学生压力。

第四，教育教学方法得当、形式多样。蔚县三中的教师重视对学生循序渐进的引导与鼓励。如在访谈中，该学校的副校长提及了一个典型事例，介绍了一名男同学在副校长的引导与鼓励下，在搜集关公资料、感悟关公文化主题班会的过程中获得对"义"的深刻理解，从而"由打架大王、学困生发展转变为优秀学生，以优异成绩顺利考入高中"的典型案例。

马副校长：上届有个学生（现在已经毕业了），刚到学校的时候，三科成绩总共210分。刚来的时候，他特别爱打架、不喜欢学习，但是为人很仗义。同班同学受到其他班同学的欺负时，他总是挺身而出。后来学校组织学习关公精神，恰巧他有一次打架被叫到政教处。我对他说"你班同学受欺负，你两肋插刀很好，但这不是关公的义气。老师希望你搜集一些关公的资料，能在关公主题文化班会上分享一下"。班会过后我又找到他，询问他的收获。他的脸一下子就红了，"我和别人打架，是匹夫之怒，是狭义的义气。关公是广义的义气，他用在大的地方，我用在小的地方，我错了。"我对他说"你认识到这一层很好，但作为一名学生除了爱护自己的班级、同学，你最大的责任是什么？""是学习。"他回答。我顺势说"你学习好了就是对父母最大的孝，好好学习不能没有目标，应该以关公为楷模，要定一个小目标，比如超过你前面的同学，然后逐步提高，你能做到吗？""能！"从此以后，他学习的劲头上来了，周末也努力补习功课，最终考上了县里的提前招生。

晋华实验学校配备有专职的楹联教师，成立了专门的楹联教学领导小组，教学形式多样：学科渗透（如语文和品德教育）与社会实践活动相结合（如结合国家重大节日和重大事件，学校举行相应的主题征联活动），创办《晋华楹联》板报，举办全校性楹联大赛，举办主题征联活动，以多种形式推进楹联文化教育。同时积极响应县教育局有关裴氏文化宣传的号召,学校将楹联与裴氏家训进行了联系,在学校日常教育教学生活中使用楹联,为品学兼优的学生赠嵌名联,将楹联知识纳入考试评价制度(将楹联纳入考试范围,约占 30 分,计入语文成绩),有效提升了学生的认同水平。

"(晋华实验)学校有楹联文化课,每周一节。主要是初一、初二学生上。初一基本上是学联律,像咱们古诗词,诗有诗律,词有词律,楹联经过几千年了,已经形成了基本的东西,但是没有把它给用文字肯定下来。咱们这个时代把联律确定下来就是功莫大焉。这是联律会这几年干的事情,这几年主要是推动联律。这个联律有些语法知识,本来很简单,现在孩子们不像我们以前学的,语法量占得大。现在减轻负担,学生基本都不学语法。学生不懂语法,文句就写不通,老师们也不懂。初二练习写联。初三没有楹联文化课,但也参加联社活动。初一、初二、初三都要完成一些征联、写联的作业。另外,我们这个楹联课也跟学生的写字课联系,既练了写字也学习了楹联。"

"(晋华实验)学校每年每月都参加全国楹联杂志的擂台活动,让学生投稿、参赛。另外,每逢节庆日、抗战周年、国庆日、中秋节等,学校都组织征联,让学生写联。除这些外,每个学生都写励志联。好的联学校给裱起来,在校园里悬挂展览。"

3. 认同的年级差异显著,初一学生整体表现突出,年级与区域交互作用明显

(1) 年级总体差异显著存在,初一学生表现最好,初二学生最差

从调查数据来看,初一学生的整体认同水平为 4.18 ± 0.51 分,初二学生 3.95 ± 0.53 分,初三学生 4.00 ± 0.51 分,初一和初三学生优于初二学生。方差分析显示,初一学生认同水平显著高于初三、初二学生($p<0.001$),初二、初三学生差异不显著($p>0.05$)。

认知认同层面,初一学生平均得分 4.27 ± 0.53 分,初二学生 4.09 ± 0.57 分,初三学生 4.07 ± 0.52 分。事后检验显示,初一学生显著高于其他年级学生($p<0.001$),初二、初三学生不存在差异。

情感认同层面,初一学生得分 4.18 ± 0.58 分,初二学生 3.96 ± 0.63 分,初三学生 4.03 ± 0.62 分。事后检验显示,初一、初三、初二学生之间存在显著差异($p<0.001$),初二年级表现最弱。

行为认同层面，初一学生认同水平 4.09±0.64 分，初二学生 3.80±0.67 分，初三学生 3.90±0.65 分。就行为认同水平而言，初一最高，其次是初三，而初二最低。事后检验显示，初一显著高于初三，初二表现最弱（$p<0.001$）。具体见表 4—14。

之所以初二学生表现不佳，可能与教师对学生的乡土文化教育要求高有关。此外，还可能与学生自身对乡土文化教育的消极应对态度有关。例如在山西的楹联教育中，有教师反映，"（初一）孩子们上楹联课的情绪特别好。因为咱们这个课上的不多，一个礼拜一节课。他们（学生）都还盼望着上楹联课哩。昨天我不知道，学校临时把课调整了，我没有来，学生就找我呢，给我打电话让我上课。但是到了初二，让他们写东西的时候，他们就有点反感。学习联律容易，但写东西的时候（学生）肚子里没东西，他就填不上（对联）。"

表 4—14　　　　　　　　　不同年级认同水平差异检验

		N	均值	标准差	F	P	事后检验
总体认同	初一	855	4.18	0.51	42.712	0.000	初一＞初三＝初二
	初二	747	3.95	0.53			
	初三	435	4.00	0.51			
认知认同	初一	855	4.27	0.53	29.648	0.000	初一＞初二＞初三
	初二	747	4.09	0.57			
	初三	435	4.07	0.52			
情感认同	初一	855	4.18	0.58	29.085	0.000	初一＞初三＞初二
	初二	747	3.96	0.63			
	初三	435	4.03	0.62			
行为认同	初一	855	4.09	0.64	39.261	0.000	初一＞初三＞初二
	初二	747	3.80	0.67			
	初三	435	3.90	0.65			

（2）年级与区域的交互作用明显

鉴于调查涉及的学校数量存在差异，由此可能存在区域与年级间的交互效应。采用多因素线性模型考察区域与年级的交互效应，结果显示，不同区域、不同年级的学生在认同水平上存在显著的交互效应,在总体认同($F=7.427$, $p<0.001$)、认知认同($F=4.349$, $p=0.002$)、情感认同($F=5.295$, $p<0.001$)和行为认同($F=7.113$, $p<0.001$)等方面交互作用显著。具体而言,天津学生在年级差异方面异于河北和山西两地学生。天津初一、初三学生的乡土文化教育认同水平近似,初二年级水平最低;河北、山西两地初一学生显著高于初三学生,初二学生表现最弱,三地之间最大的差异在于初三年级,具体见表4—15、图4—6至图4—9。

表4—15　　　　　区域与年级间的交互效应检验

源	因变量	III 型平方和	df	均方	F	Sig.
校正模型	总体认同	44.944[a]	8	5.618	21.661	0.000
	认知认同	48.058[c]	8	6.007	21.232	0.000
	情感认同	34.653[d]	8	4.332	12.061	0.000
	行为认同	61.187[e]	8	7.648	18.458	0.000
截距	总体认同	18091.064	1	18091.064	69751.164	0.000
	认知认同	18915.469	1	18915.469	66854.080	0.000
	情感认同	18117.465	1	18117.465	50445.256	0.000
	行为认同	17176.594	1	17176.594	41451.651	0.000
年级	总体认同	21.507	2	10.754	41.461	0.000
	认知认同	16.343	2	8.172	28.881	0.000
	情感认同	19.349	2	9.675	26.937	0.000
	行为认同	31.292	2	15.646	37.757	0.000
区域	总体认同	12.981	2	6.490	25.024	0.000
	认知认同	22.485	2	11.242	39.735	0.000
	情感认同	6.650	2	3.325	9.259	0.000
	行为认同	15.070	2	7.535	18.183	0.000
年级 * 区域	总体认同	7.705	4	1.926	7.427	0.000
	认知认同	4.922	4	1.230	4.349	0.002
	情感认同	7.606	4	1.902	5.295	0.000
	行为认同	11.790	4	2.948	7.113	0.000

续表

源	因变量	III 型平方和	df	均方	F	Sig.
误差	总体认同	525.994	2028	0.259		
	认知认同	573.796	2028	0.283		
	情感认同	728.358	2028	0.359		
	行为认同	840.356	2028	0.414		
总计	总体认同	34152.803	2037			
	认知认同	35887.340	2037			
	情感认同	34461.388	2037			
	行为认同	32573.025	2037			
校正的总计	总体认同	570.938	2036			
	认知认同	621.854	2036			
	情感认同	763.012	2036			
	行为认同	901.543	2036			

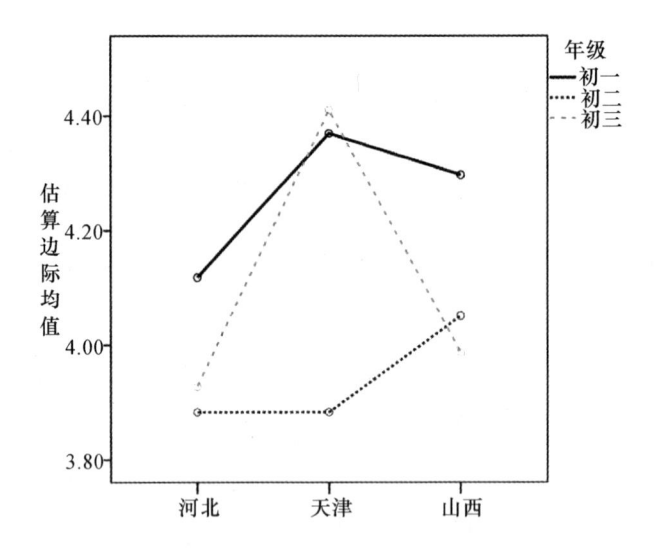

图 4—6 不同区域总体认同的估算边际均值

之所以出现上述现象，一方面这可能与调研样本中天津学生数量偏少有关，另一方面也可能与天津实施的学生综合素质评价有关。天津将乡土文化的内容作为综合素质考核的内容之一，引起了学生的关注与重

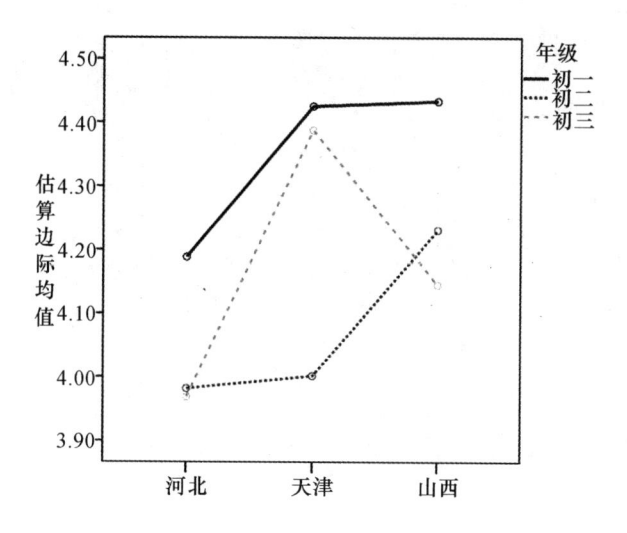

图 4—7 不同区域认知认同的估算边际均值

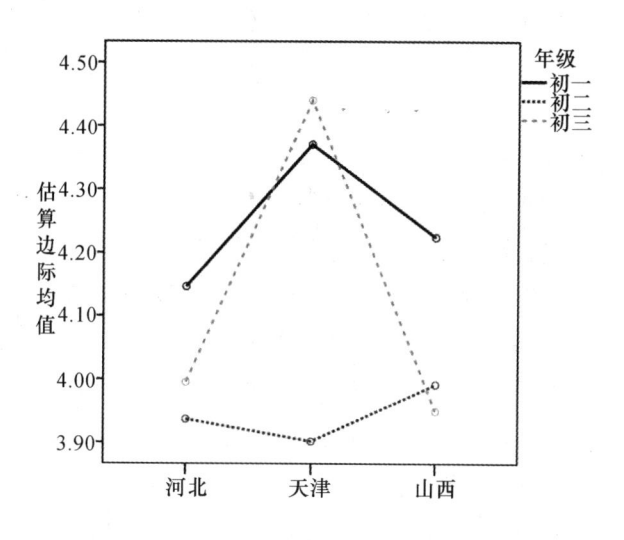

图 4—8 不同区域情感认同的估算边际均值

视,因此在实际的乡土文化教育中接触的内容相对丰富。加之天津诸如泥人张、杨柳青年画、博物馆、美术馆等不少公共资源免费向公众开放,学生有机会接触到天津当地的乡土文化资源,其认同程度较高就不足为

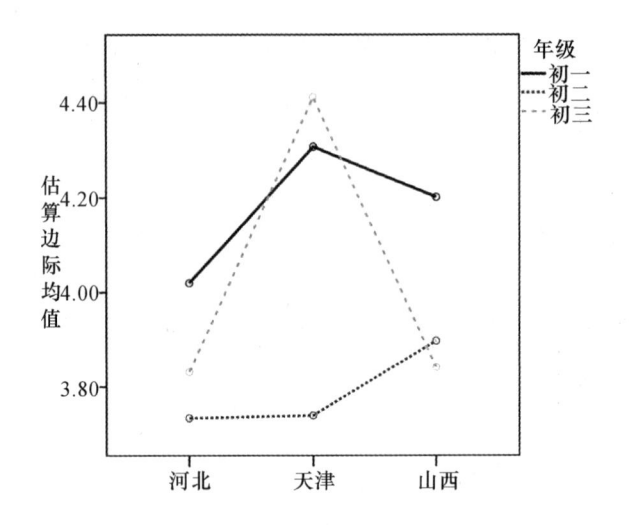

图4—9 不同区域行为认同的估算边际均值

奇。至于初二学生整体表现弱于初一、初三学生,可能是因为初二学生的日常学习任务明显高于初一,不少学生需要花费大量时间补习功课,挤占了乡土文化教育的时间。

访谈结果也发现:不少学生初二时学习压力明显增大,教师也多将精力放在统编教材的传授上,所以学生学习时间有限。初三年级尽管学习任务更为繁重,乡土课程的学习更少,"初三年级这个活动(指楹联)比较少,不上(楹联)课了。有需要的时候,语文老师负责。我把材料给他们(语文老师),上(语文)课时他们给学生讲一讲,把作业收上来,我给学生们修改"。但是由于前两年的积淀,可以将乡土文化的内容融入到考试中去,有效提升了成绩,"比如说写记叙文可以用楹联做题记,我说你看看你的分数是不是比别人高一些。他们就注重分哩,没办法,就得从这方面引导。其他几个班没说,作文分上明显就有差距。"尽管这种引导带有功利性的意味,但反而促使初三学生对楹联教育有了更多的感悟。另外初三学生相比初二学生心智更加成熟,看待问题也更具客观性,在这个意义上,初三学生表现相对突出一些也就不足为奇。

(三)影响认同的背景因素分析

影响乡土文化教育的因素是错综复杂的,不仅涉及学校相关课程开设、相关活动的开展频次,同时也可能与乡土文化教育的效果、教师日常教学的渗透,甚至与当地文化的辐射范围、父母对孩子的影响等存在关联。为深入了解学生乡土文化教育认同的诸多影响因素,研究采用量化研究和质性研究相结合的方式。量化研究主要采用相关分析、回归分析、路径分析等方式,依托2062份回收问卷进行多角度分析;同时结合近8万字的访谈记录,系统梳理影响学生认同的可能因素。质性研究主要采用在调研当地搜集到的乡土教材文本,分析乡土教材编制背后可能存在的问题,完善补充学生乡土文化教育认同的影响因素。

1. 学生行为认同受认知认同、情感认同的影响

学生乡土文化教育认同最终目的指向的是学生的行为认同,即学生能否在生活中以实际行动践行乡土文化教育的成效,形成自觉保护乡土文化优秀遗产、正确区分乡土文化的精华和糟粕并予以扬弃等能力并付诸行动。而认知认同和情感认同是行为认同的重要前提,行为认同的实现是在认知认同达成、情感认同升华的基础上实现的。认知认同和情感认同是行为认同的充分条件,反之若学生仅有认知认同或情感认同,则不一定生成行为认同。换句话说,在知和行之间存在着深邃的鸿沟,需要借助升华的情感认同方有可能推进行为的实现。因而考察学生的乡土文化教育认同必须分析认知认同、情感认同与行为认同三者内在的关联。

前文已经提及,学生的认知认同水平与总体认同水平之间存在显著高相关($r=0.854,p<0.001$),学生的情感认同水平与总体认同水平之间存在显著高相关($r=0.862,p<0.001$),学生的行为认同水平与总体认同水平之间也存在显著高相关($r=0.892,p<0.001$)。具体见表4—16。

表4—16 学生认同的总体相关性

		认知认同	情感认同	行为认同
总体认同	Pearson 相关性	0.854**	0.862**	0.892**
	显著性(双侧)	0.000	0.000	0.000
	N	2062	2062	2062

不仅如此，行为认同、认知认同和情感认同三者之间亦显著相关。统计分析发现，学生的行为认同与认知认同存在显著相关（$r=0.597$，$p<0.001$），行为认同与情感认同的相关性更高（$r=0.698$，$p<0.001$），这从一个侧面验证了认知认同、情感认同与行为认同三者之间的内在关联性，同时也启发我们是否可以考虑采取回归分析的方式，分析三者间是否存在线性关系。具体见表4—17。

表4—17　　　　　　　　学生认同的内部相关性

		认知认同	情感认同	行为认同
总体认同	Pearson 相关性	1	0.615**	0.597**
	显著性（双侧）		0.000	0.000
	N	2062	2062	2062
情感认同	Pearson 相关性	0.615**	1	0.698**
	显著性（双侧）	0.000		0.000
	N	2062	2062	2062
行为认同	Pearson 相关性	0.597**	0.698**	1
	显著性（双侧）	0.000	0.000	
	N	2062	2062	2062

注：** 在.01 水平（双侧）上显著相关。

为了进一步考察学生对乡土文化教育的认知认同水平、情感认同水平与行为认同水平之间的关系，采用线性回归的方式考察三者之间的内在关系。研究假设，学生的认知认同水平高，而学生的行为认同水平并不一定高；学生的情感认同水平高，而学生的行为认同水平可能会高；学生的行为认同水平高，则学生的认知认同水平与学生的情感认同水平一定会高。

研究利用逐步式线性回归考察学生对乡土文化教育的行为认同水平与学生对乡土文化教育的认知认同水平、学生对乡土文化教育的情感认同水平之间的关系，设置了两个模型。

模型一：

Y（行为认同）$= a + X_1 \times$ 情感认同

模型二：

Y（行为认同）＝a＋X_1×情感认同＋X_2×认知认同

进一步研究发现，模型一中，R 为 0.698，R^2 为 0.488，调整 R^2 为 0.487，并且呈现显著性（$p = 0.000$）。模型二中，R 为 0.730，R^2 为 0.533，调整 R^2 为 0.532，并且呈现显著性（$p < 0.001$）。相比较而言，模型二的调整 R^2 高于模型一，说明模型二较模型一优秀。具体见表4—18。

表4—18　　　　　　　　行为认同模型汇总[c]

模型	R	R^2	调整 R^2	标准估计的误差
一	0.698[a]	0.488	0.487	0.47560
二	0.730[b]	0.533	0.532	0.45419

注：a. 预测变量：（常量），情感认同；b. 预测变量：（常量），情感认同，认知认同；c. 因变量：行为认同。

进一步分析显示，非标准化的模型一为：行为认同＝0.864＋0.757×情感认同；非标准化的模型二为：行为认同＝0.256＋0.577×情感认同＋0.322×认知认同，其中 p 值均显示显著。

经调整之后，结果如下：

标准模型一：行为认同＝0.864＋0.698×情感认同

标准模型二：行为认同＝0.256＋0.532×情感认同＋0.270×认知认同

对以上两个模型进行比较后得出模型二的表现更优，因此采用模型二。具体见表4—19。从模型二说明学生的行为认同受情感认同的影响更大，当情感认同每提升1个单位，行为认同即提升0.532个水平；当认知认同每提升1个单位，行为认同即提升0.270个水平。

2. 学生认同与父母职业、父母文化程度存在一定相关

统计分析发现，学生的总体认同水平与父亲职业之间存在显著弱相关（$r = 0.062$，$p = 0.005$），学生的认知认同水平与父亲职业存在显著弱相关（$r = 0.092$，$p < 0.001$），学生的情感认同水平与父亲职业之间存在弱相关（$r = 0.015$，$p = 0.500$），学生的行为认同水平与父亲职业之间存

在显著弱相关（$r=0.053$，$p=0.018$）。

表4—19　　　　　　　　　行为认同回归分析系数[a]

模型		非标准化系数		标准化系数		
		B	标准误差	试用版	t	Sig.
一	（常量）	0.864	0.070		12.277	0.000
	情感认同	0.757	0.017	0.698	44.277	0.000
二	（常量）	0.256	0.080		3.216	0.001
	情感认同	0.577	0.021	0.532	27.853	0.000
	认知认同	0.322	0.023	0.270	14.136	0.000

注：a. 因变量：行为认同。

学生的总体认同水平与母亲职业之间存在显著弱相关（$r=0.073$，$p=0.001$），学生的认知认同水平与母亲职业之间存在显著弱相关（$r=0.092$，$p<0.001$），学生的情感认同水平与母亲职业之间存在弱相关（$r=0.036$，$p=0.112$），学生的行为认同水平与母亲职业之间存在显著弱相关（$r=0.064$，$p=0.004$）。

学生的总体认同水平与父亲文化之间存在显著低相关（$r=0.102$，$p<0.001$），学生的认知认同水平与父亲文化之间存在显著低相关（$r=0.110$，$p<0.001$），学生的情感认同水平与父亲文化之间存在显著弱相关（$r=0.063$，$p=0.004$），学生的行为认同水平与父亲文化之间存在显著弱相关（$r=0.090$，$p<0.001$）。

学生的总体认同水平与母亲文化之间存在显著弱相关（$r=0.096$，$p<0.001$），学生的认知认同水平与母亲文化之间存在显著低相关（$r=0.121$，$p<0.001$），学生的情感认同水平与母亲文化之间存在显著弱相关（$r=0.063$，$p=0.005$），学生的行为认同水平与母亲文化之间存在显著弱相关（$r=0.071$，$p=0.001$）。具体见表4—20。

进一步的方差分析显示，父亲文化程度不同，学生的乡土文化教育认同程度存在差异，父亲具有中专学历，学生的认同水平最高，显著高于其他学生；认知认同、情感认同和行为认同中均存在类似现象。母亲具有中专、高中或大专以上学历的，学生在认同方面也呈现一定优势。

说明父母的文化程度与学生认同之间存在某种关联,父母文化程度越高,对孩子相应的文化影响越大,间接影响了学生的认同水平。

表4—21 学生认同与父母职业、文化程度的相关性

	总体认同	认知认同	情感认同	行为认同	父亲职业	母亲职业	父亲文化	母亲文化
总体认同	1.000	0.849**	0.866**	0.902**	0.062**	0.073**	0.102**	0.096**
认知认同	0.849**	1.000	0.632**	0.618**	0.092**	0.092**	0.110**	0.121**
情感认同	0.866**	0.632**	1.000	0.713**	0.015	0.036	0.063**	0.063**
行为认同	0.902**	0.618**	0.713**	1.000	0.053*	0.064**	0.090**	0.071**
父亲职业	0.062**	0.092**	0.015	0.053*	1.000	0.522**	0.146**	0.162**
母亲职业	0.073**	0.092**	0.036	0.064**	0.522**	1.000	0.163**	0.209**
父亲文化	0.102**	0.110**	0.063**	0.090**	0.146**	0.163**	1.000	0.507**
母亲文化	0.096**	0.121**	0.063**	0.071**	0.162**	0.209**	0.507**	1.000

注：** 指在置信度（双测）为0.01时，相关性是显著的。

3. 学生认同与居住方式存在一定相关

学生的总体认同水平与居住情况之间存在显著弱负相关（$r=-0.045$，$p=0.043$），学生的认知认同水平与居住情况之间存在弱负相关（$r=-0.025$，$p=0.259$），学生的情感认同水平与居住情况之间存在弱负相关（$r=-0.035$，$p=0.118$），学生的行为认同水平与居住情况之间存在显著弱负相关（$r=-0.049$，$p=0.026$）。尽管如此，但进一步的方差分析显示，即使居住情况不同，但学生的认同水平并未见差异，三个子维度的认同也不存在显著差异，说明居住方式并不是影响学生认同的重要因素。具体见表4—21。

4. 学生认同与父母影响存在显著相关

学生的总体认同水平与父母影响之间存在显著中等相关（$r=0.404$，$p<0.001$），学生的认知认同水平与父母影响之间存在显著低相关（$r=0.302$，$p<0.001$），学生的情感认同水平与父母影响之间存在显著相关（$r=0.355$，$p<0.001$），学生的行为认同水平与父母影响之间存在显著相关（$r=0.395$，$p<0.001$）。可见，父母影响对学生的乡土文化认同

存在显著正相关。换言之，父母的影响程度越高，学生的认同程度随之升高。给我们的启示是，在开展乡土文化教育的同时，不能忽视家长的作用。可以采取家校合作的方式，在乡土文化课堂中引入家长资源或者适时开设家长讲堂，充分发挥家长的乡土文化优势。具体见表4—22。

表4—21　　　　　　　不同居住方式的学生认同差异

		N	均值	标准差	F	P	事后检验
总体认同	独自住	29	4.03	0.46	0.807	0.521	未见差异
	和父母住	1135	4.08	0.54			
	和亲属住	159	4.05	0.56			
	住校	695	4.03	0.51			
	其他	30	4.03	0.48			
认知认同	独自住	29	4.06	0.53	0.620	0.648	未见差异
	和父母住	1135	4.17	0.56			
	和亲属住	159	4.18	0.59			
	住校	695	4.14	0.54			
	其他	30	4.18	0.54			
情感认同	独自住	29	4.08	0.54	1.049	0.380	未见差异
	和父母住	1135	4.09	0.61			
	和亲属住	159	4.00	0.70			
	住校	695	4.05	0.60			
	其他	30	4.07	0.53			
行为认同	独自住	29	3.95	0.56	1.214	0.303	未见差异
	和父母住	1135	3.97	0.67			
	和亲属住	159	3.95	0.67			
	住校	695	3.90	0.66			
	其他	30	3.84	0.60			

表4—22　　　　　　　学生认同与父母影响的相关性

	总体认同	认知认同	情感认同	行为认同	父母影响
总体认同	1	0.854**	0.862**	0.892**	0.404**
认知认同	0.854**	1	0.615**	0.597**	0.302**

续表

	总体认同	认知认同	情感认同	行为认同	父母影响
情感认同	0.862**	0.615**	1	0.698**	0.355**
行为认同	0.892**	0.597**	0.698**	1	0.395**
父母影响	0.404**	0.302**	0.355**	0.395**	1

注：** 指在.01水平（双侧）上显著相关。

5. 学生认同与教学效果等因素存在显著相关

学生的总体认同水平与教学效果之间存在显著中等相关（$r=0.568$，$p<0.001$），学生的认知认同水平与教学效果之间存在显著中等相关（$r=0.499$，$p<0.001$），学生的情感认同水平与教学效果之间存在显著中等相关（$r=0.458$，$p<0.001$），学生的行为认同水平与教学效果之间存在显著中等相关（$r=0.523$，$p<0.001$）。

学生的总体认同水平与教师的日常教学渗透之间存在显著低相关（$r=0.310$，$p<0.001$），学生的认知认同水平与教师的日常教学渗透之间存在显著正相关（$r=0.274$，$p<0.001$），学生的情感认同水平与教师的日常教学渗透之间存在显著正相关（$r=0.263$，$p<0.001$），学生的行为认同水平与教师日常教学渗透之间存在显著正相关（$r=0.272$，$p<0.001$）。

学生的总体认同水平与所在年级之间存在显著负相关（$r=-0.186$，$p<0.001$），学生的认知认同水平与所在年级存在显著负相关（$r=-0.180$，$p<0.001$），学生的情感认同水平与所在年级之间存在显著负相关（$r=-0.142$，$p<0.001$），学生的行为认同水平与所在年级之间存在显著负相关（$r=-0.165$，$p<0.001$）。

6. 影响学生认同的多因素回归分析

为了进一步考察年级、父亲职业、母亲职业、父亲文化程度、母亲文化程度、教学效果、教师日常教学渗透以及父母影响等因素对学生对乡土文化教育的总体认同水平的影响情况，采用线性回归的方式考察它们之间的内在关系。

研究利用逐步式线性回归考察年级、区域、父亲职业、母亲职业、父亲文化、母亲文化、教学效果、教师日常教学渗透以及父母影响等因素对学生对乡土文化教育的总体认同水平的影响情况,整体数据拟合成四个模型。

模型一:Y(均值) = a + X_1 × 教学效果

模型二:Y(均值) = a + X_1 × 教学效果 + X_2 × 父母影响

模型三:Y(均值) = a + X_1 × 教学效果 + X_2 × 父母影响 + X_3 × 日常教学渗透

模型四:Y(均值) = a + X_1 × 教学效果 + X_2 × 父母影响 + X_3 × 日常教学渗透 + X_4 × 性别

通过进一步研究发现,模型一中,R 为 0.534,R^2 为 0.285,调整 R^2 为 0.285,并且呈现显著性($p<0.001$)。模型二中,R 为 0.603,R^2 为 0.363,调整 R^2 为 0.363,并且呈现显著性($p<0.001$)。模型三中,R 为 0.612,R^2 为 0.374,调整 R^2 为 0.373,并且呈现显著性($p<0.001$)。模型四中,R 为 0.613,R^2 为 0.376,调整 R^2 为 0.375,并且呈现显著性($p=0.006$)。具体见表4—23。

表4—23　　　　　　　　学生认同的模型汇总[e]

模型	R	R^2	调整 R^2	标准估计的误差	更改统计量				
					R^2 更改	F 更改	df1	df2	Sig. F 更改
一	0.534[a]	0.285	0.285	0.44473539823519	0.285	778.07	1	1948	0.000
二	0.603[b]	0.363	0.363	0.41984481426440	0.078	238.82	1	1947	0.000
三	0.612[c]	0.374	0.373	0.41649131997604	0.010	32.48	1	1946	0.000
四	0.613[d]	0.376	0.375	0.41579171193409	0.002	7.554	1	1945	0.006

注:a. 预测变量:(常量),教学效果;b. 预测变量:(常量),教学效果,父母影响;c. 预测变量:(常量),教学效果,父母影响,日常教学渗透;d. 预测变量:(常量),教学效果,父母影响,日常教学渗透,性别;e. 因变量:总体认同。

初步分析后,得到以下非标准化模型。

非标准化模型一:总体认同 = 2.537 + 0.376 × 教学效果

非标准化模型二：总体认同 = 2.219 + 0.329 × 教学效果 + 0.130 × 父母影响

非标准化模型三：总体认同 = 2.171 + 0.303 × 教学效果 + 0.127 × 父母影响 + 0.056 × 日常教学渗透

非标准化模型四：总体认同 = 2.097 + 0.304 × 教学效果 + 0.126 × 父母影响 + 0.054 × 日常教学渗透 + 0.052 × 性别

经调整之后，结果如下：

标准模型一：总体认同 = 2.537 + 0.534 × 教学效果

标准模型二：总体认同 = 2.219 + 0.468 × 教学效果 + 0.287 × 父母影响

标准模型三：总体认同 = 2.171 + 0.430 × 教学效果 + 0.280 × 父母影响 + 0.110 × 日常教学渗透

标准模型四：总体认同 = 2.097 + 0.431 × 教学效果 + 0.279 × 父母影响 + 0.106 × 日常教学渗透 + 0.049 × 性别

对以上四个模型进行比较后得出结论，模型四的拟合度更胜一筹，所以采用模型四。具体见表4—24。

表4—24　　　　　　　　学生认同模型系数

模型		非标准化系数		标准化系数	t	Sig.
		B	标准误差	试用版		
一	（常量）	2.537	0.056		45.399	0.000
	教学效果	0.376	0.013	0.534	27.894	0.000
二	（常量）	2.219	0.057		39.167	0.000
	教学效果	0.329	0.013	0.468	25.165	0.000
	父母影响	0.130	0.008	0.287	15.454	0.000
三	（常量）	2.171	0.057		38.227	0.000
	教学效果	0.303	0.014	0.430	21.923	0.000
	父母影响	0.127	0.008	0.280	15.172	0.000
	日常教学渗透	0.056	0.010	0.110	5.699	0.000

续表

模型		非标准化系数		标准化系数		
		B	标准误差	试用版	t	Sig.
四	（常量）	2.097	0.063		33.367	0.000
	教学效果	0.304	0.014	0.431	22.020	0.000
	父母影响	0.126	0.008	0.279	15.125	0.000
	日常教学渗透	0.054	0.010	0.106	5.476	0.000
	性别	0.052	0.019	0.049	2.748	0.006

通过模型四可以得知，教学效果每提高1个单位，学生对乡土文化教育的总体认同水平提高0.431个水平；父母影响每提高1个单位，学生对乡土文化教育的总体认同水平提高0.279个水平；日常教学渗透每提高1个单位，学生对乡土文化教育的总体认同水平提高0.106个水平；性别为女生，学生对乡土文化教育的总体认同水平提高0.049个水平。其他诸如父母职业、父母文化水平、年级等因素均未进入回归模型，说明这些因素的影响作用是微不足道的，不会对学生的乡土文化认同造成显著影响。

结合访谈，研究发现，乡土文化教育认同度高的学校，除了学校重视、乡土文化教育活动形式多样之外，教师的乡土文化水平尤其是在日常教学中经常提及当地乡土文化是不可忽视的重要影响因素。

访谈中不少教师提到在日常教学中，会偶尔或经常提及当地文化，甚至有的教师表示讲课时多使用方言，"方言更能表达出味道，学生一听就明白了"。一方面丰富和生动了课堂教学，实现了师生之间的有效沟通、交流；另一方面又加深了学生对当地文化的了解与理解。有教师反映"前两天他们做卷子的时候，后边有道题就是请你介绍当地一景或一物。好多孩子就是想不到，我说最好的例子就是咱们桃花（镇）前边的小五台山，你为什么不拿它做例子来描述描述，你可以写下小五台山上的花、草，或者是小五台山的寺庙。当然还有我们的打树花。我也给他们介绍过打树花，虽然（自己）不太了解吧，但是我也知道打树花是把生铁化成铁水，往墙上泼洒。讲的时候，孩子们就说，'老师我也去看过'"。

在课堂教学中穿插乡土文化内容会因人、因课而异。有 19.7% 的学生反映教师在课堂上会经常提到乡土内容，66.3% 的教师（1364 人）只是偶尔或有时提及乡土的内容，具体见表 4—25。在课堂上穿插相关乡土文化会因课程而异，语文、美术、政治等科目提到的概率要大一些。

表 4—25　　　　　教师日常教学渗透乡土文化的情况

类型		频率	百分比（%）	有效百分比（%）	累计百分比（%）
有效数据	从不	93	4.5	4.5	4.5
	偶尔	588	28.5	28.6	33.1
	有时	776	37.6	37.7	70.8
	经常	406	19.7	19.7	90.6
	总是	194	9.4	9.4	100.0
	合计	2057	99.8	100.0	
缺失数据		5	0.2		
合计		2062	100.0		

访谈中有教师反映"（语文课）比如那节课讲社戏，我就会穿插一些，先拣学生们比较熟悉的像剪纸啊、打树花这些，他们比较感兴趣，接受度也比较高。说完这些又说了一些皮影戏啊，也就是让学生了解一些，也没有讲得多深，有时候也会展示一些作品啊，让学生欣赏欣赏。但是比如去参观啊什么的，还没有达到这种程度。"

"（政治课）原来教材里面涉及到一些传统文化的教育，反正以我对蔚县的了解，一般大部分说的还是蔚县的剪纸或者介绍一下小五台山，还有打树花，这种情况下一般都是让学生发言，他们对这个东西理解到说明程度都让他们自己说，每一届学生说的都不一样。一般三年里面涉及到 1—2 节课吧，涉及到的内容不是特别多。记得去年讲过一节传统文化的课，我觉得中考可能会考，就顺便说了说，我讲的是中国的传统文化，让学生说的是蔚县的文化。他们说的也就是蔚县的剪纸、打树花、小五台山，蔚县的小吃。说到这些的时候大家都是积极踊跃的，对这个都比较了解，七嘴八舌都能说出一些。现在用教育部的部编课本了，现在还没有看到有传统文化的内容，所以现在也不怎么穿插了。"

父母的影响也是不能忽视的重要因素，尽管不少学生因家长外出务工成为留守儿童，但父母作为孩子的第一任教师的角色无人可替代，家长对孩子的影响力毋庸置疑。家长对乡土文化的认识、价值取向、践行方式将在无形中影响孩子的教育认同，与此同时家长对学校的教学效果也存在一定影响，家长通过对教学效果的评价间接影响学生对乡土文化教育的认同程度。

（四）学生乡土文化教育认同的内在路径分析

学生对乡土文化教育的认同除了受外部因素的影响，其在内部各要素之间同样存在鲜明的影响路径。为了进一步探索学生的认知认同、情感认同与行为认同之间的内在作用路径，研究采用路径分析的手段，考察三者之间的关系，采用最大似然法进行了模型估计。模型中各参数估计结果见表4—26。

表4—26　　　　　　　　模型中各参数估计结果

	标准化系数	非标准化系数	P
情感认同←认知认同	0.615	0.677	0.000
行为认同←情感认同	0.532	0.577	0.000
行为认同←认知认同	0.270	0.322	0.000
价值认识←认知认同	0.564	0.500	0.000
熟悉程度←认知认同	0.571	0.500	0.000
喜欢程度←情感认同	0.632	0.571	0.000
满意度←情感认同	0.520	0.429	0.000
主动分享←行为认同	0.408	0.361	0.000
继续学习←行为认同	0.670	0.610	0.000

表4—26显示，各路径系数在估计值0.001水平上均具有显著性，说明各路径的构建是有效的，其标准化的路径如图4—10所示。认知认同对情感认同的影响值为0.615，情感认同对行为认同的影响值为0.532，认知认同对行为认同的直接影响值为0.270，情感认同的中介变量影响值为 $0.615 \times 0.532 = 0.327$，因此认知认同对行为认同的总影响值为0.597，说明认知认同对行为认同既有直接效应，又有间接效应，间接效应较大。

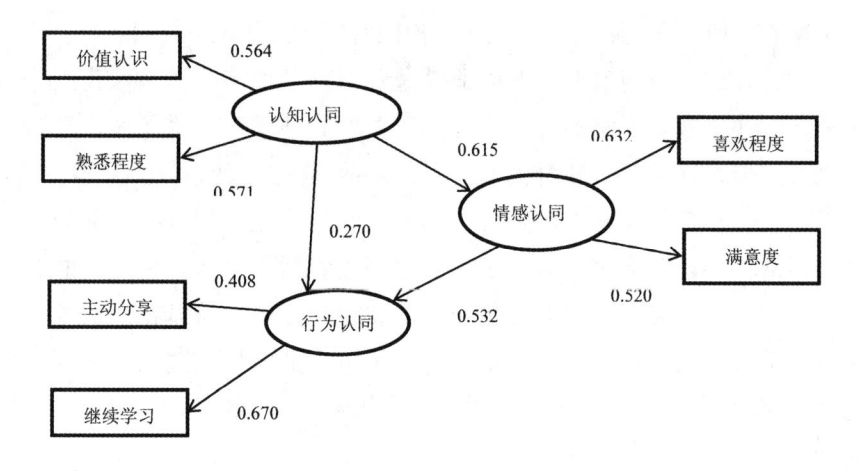

图4—10 认知认同、情感认同与行为认同的结构方程模型

（五）乡土文化教育存在的问题

1. 乡土文化的可持续发展缺少支撑

当地民众对乡土文化的态度也是影响学校乡土文化教育实施效果和学生对乡土文化教育认同的重要因素，环境同样对学生有着潜移默化的浸染作用。如果当地乡土文化氛围浓厚，村民之间经常进行乡土文化的相关活动和比赛，会对学生起着一种无形的示范作用。如果学生经常在这种乡土文氛围浓厚的环境中成长，不仅会激起学生学习乡土文化的兴趣和积极性，更会在潜移默化的影响中增强对自己本地区乡土文化的认同感和归属感。通过实地调查发现，像蔚县三中和晋华实验学校等乡土文化教育开展和实施得比较好的学校，当地的乡土文化氛围都很浓厚，村民经常举行本地乡土文化的相关活动。相反，现代化进程中，乡土文化的断代现象相对突出。不少乡村地区的年轻人向往城市生活，乡土文化短时间内难以满足人们对美好生活的向往。不少年轻人纷纷前往城市务工，乡土文化的传承面临断裂的风险。

访谈中发现，现在蔚县本地的很多年轻人都对蔚县文化不够了解，会剪纸、会唱戏的及了解蔚县历史的都是老年人，文化断代现象严重。尤其在社会大的环境下，即使有文化氛围的支撑，也没有经济的支撑，蔚县本地也没有人愿意研究蔚县文化，也没有相关部门出经费请人专门研究蔚县文化。甚至连学生家长也对当地文化不甚了解，"现在初高中孩子的家长大概在 30 岁到 40 岁之间，他们对家乡文化也不是很了解。比方说，父母知道，他们也不会跟孩子说这些，只是忙于生活。像我刚才说的祈雨，我也只是了解这一个乡土的东西，其他就不是很了解，还有这些婚丧嫁娶，好多都已经简化了。"蔚县剪纸有专门的学校（职教中心）来传承，从小培养了一批专业人才。但是其他文化不同，蔚县剪纸走出中国走向世界，它能够创造一定的价值，去养活一批人，使人们能够对这一文化深入研究。其他的文化的传承缺少这样的经济基础。蔚县人多数为生活而奔波，一些文化活动只有逢年过节的时候才进行。缺少这样的文化氛围，缺少对蔚县文化进行研究的传承人，乡土文化很难在学校传承。

山西闻喜县乡土文化积淀深厚，有许多非物质文化遗产。课题组调查走访发现，有部分学校进行楹联文化和裴氏文化的教育传承，另有一些学校的乡土文化教育则处于缺失状态，仅有教师依据教学内容进行简单的乡土文化介绍，并且这种介绍在学生课堂学习中所占比例很小。无论从学校领导者、学校教师或是学生层面，都体现出对乡土文化认知不清，对乡土文化教育价值缺乏认识等问题。

现在蔚县在开展旅游项目，打树花、小五台山等都是游人们非常喜欢参观和游览的，因此门票价格不菲，一张门票普遍都在 200 元左右，这使得学生参观游览名胜古迹和接触传统文化受阻。如果各景点能够对学生打折或者赠予学校一些门票，这就方便学生近距离接触乡土文化，也便于学校对学生开展乡土文化教育实践活动。"后来咱们蔚县发展旅游业，才又把什么拜灯山又拿出来。你看现在这打树花，多么出名。以前就暖泉镇一个地方打树花，而且普通村民就能打。现在呢，一张门票 160 元，老百姓都看不起。以前剪个'囍'字，老人们随手就能剪，现在咱们基本都不会了。"

2. 对乡土文化重视程度不足

在走访过程中我们发现蔚县学校课堂中乡土文化的融入相对有限，主要有以下几点原因：

第一，一些教师认为对学生进行乡土文化教育的意义不大。学生即使学习了蔚县剪纸或是蔚县秧歌等，这也只能作为其一种爱好，不能产生一定的经济价值，也不可能成为学生谋生的本领，因此，学校开设不开设这样的课程无所谓，学生最主要的任务是考高中、考大学。甚至有教师认为"乡土文化会随着现代化的发展慢慢成为历史，真的，你挡也挡不住的"。

第二，有教师错误地认为学生对家乡文化都非常了解，课堂上没有必要讲这方面内容。因为学生都是蔚县人，教师就认为学生对家乡的文化都清楚。但是走访中我们发现，包括许多教师也提到，现在学生对蔚县文化是一种一知半解的状态，他们知道有这些内容，但是说不清楚，不知其如何产生的，其发展历程是什么，这不能算是对乡土文化有了解。

第三，应试教育思想根深蒂固。许多教师提到农村的教育就是应试教育，以学生的预科考试、中考为目标，无暇顾及学生的素质教育或乡土文化教育。很多教师反映各学校现在都在比，比哪个学校考上预科的人数多，比学生的中考成绩，因此，学校将教学的重点仅放在学生成绩水平的提高上，无暇顾及乡土文化教育。

第四，师资力量不足，教师自身对乡土文化缺乏研究。许多教师提到学校没有开发相应课程的主要原因是缺少相关教师。现在学校的教师基本都是年轻人，很多人对当地文化缺乏了解，没有专门进行过研究和学习，所以相关的课程很难开展，课堂上仅能讲授教材内容，乡土文化扩展不开。农村学校还面临的一方面问题是教师资源不足，很多学校的主任和校长都代课，没有时间、人力、物力去开发乡土文化资源和开设相关课程。

3. 学生的乡土文化学习意愿存在差异

调查显示，有63.3%的学生表示喜欢乡土文化教育；32%的学生对乡土文化教育有兴趣；只有4.7%的学生明确表示不喜欢乡土文化教育，具体见表4—27。访谈中也发现，不少学生渴望学习当地的乡土文化，希望学校开设相关的课程，有不少教师也反映希望能够开设相关课程。天津王姓教师说"赞成（开设相关内容）。是中国人要知道中国历史，是天津人就需要了解天津历史，《天津历史》教材是补充性的，课上来讲时间不够用。王庆坨镇的历史就很少讲了，因为我不知道，不过有名的老曹家——大户太监曹，翰林院曹偶尔也会说一下"。访谈中，不少学生渴望学习，有学生表示乡土文化教育有价值，对自己了解家乡、认识家乡有帮助；无论是专门的乡土文化课还是老师在课上融入乡土文化，课堂氛围都比较轻松，教学方式也比较有趣，能吸引自己。"赞成讲授家乡文化，对家乡文化知识的学习也比较感兴趣，不会加重学习负担。"

表4—27　　　　　　　学生对乡土文化教育的喜欢程度

程度	频率	百分比（%）	有效百分比（%）	累计百分比（%）
喜欢	1306	63.3	63.3	63.3
一般	660	32.0	32.0	95.3
不喜欢	96	4.7	4.7	100.0
合计	2062	100.0	100.0	

但也有相当多的学生不感兴趣、不喜欢，因为"考试不考这些东西，学了没啥用"。教师也反映"根据分数的话，老师会根据这决定今天上课的内容。最简单、最粗暴的方法就是在考试里边添加乡土文化的内容，让学生自觉地去学习，因为好多方法，比如说口述历史这种，效果往往达不到。"但不少学生认为乡土文化教育能够缓解学科教育的枯燥、乏味，并在这些课程中获得一定的成就感，因此比较感兴趣。也有部分学生对于要背联写联、背诵裴氏家训等内容感到厌烦，虽然认为学习这些内容比较有价值，但是实际兴趣不浓。许多教师也反映学生对于传统文化的学习兴趣不高，网络、电子设备等新鲜事物对学生具有较大的吸引力，而一些传统文化很难受到学生的关注。

乡土文化教育的价值是毋庸置疑的。近年来，国家越来越重视传统文化，越来越多提到用优秀传统文化塑造文化自信。乡土文化作为传统文化的重要组成部分，应当给予更多重视。但如何激发学生对乡土文化的兴趣，培植学生学习乡土文化的内在需求仍是当前教育面临的重要课题，尽管这并非仅仅是教育的责任。

4. 学生获得乡土文化内容不够丰富

现有乡土文化教育开设内容是不均衡的。在此次调查的2062名学生中，认为其在学校学习到的有关家乡知识的具体内容的频次差别较大。从频次上看，学生认为在学校学习了有关家乡民族风情知识的共有1285人次；认为在学校学习了有关家乡传说故事知识的共有602人次；认为在学校学习了有关家乡古建遗存知识的共有532人次；认为在学校学习了有关家乡名人逸事知识的共有 468 人次；认为在学校学习了有关家乡村规民约知识的共有 352 人次；认为在学校学习了有关家乡民间技艺知识的共有 513 人次；认为在学校学习了有关家乡历史知识的共有 886 人次；认为在学校学习了有关家乡地理知识的共有 675 人次；认为在学校学习了有关家乡其他知识的共有 70 人次。具体见图 4—11。

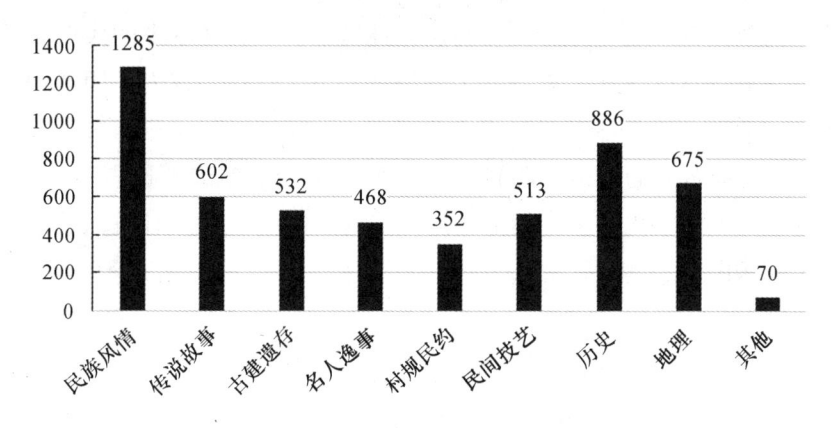

图 4—11　学生获取乡土文化内容频次统计

学生在学校中学习到的主要是关于家乡民族风情及历史、传说故事等方面的知识较多，而关于名人逸事、村规民约及有关家乡的其他知识在学校获得较少；有关乡土文化知识的各方面内容在学校传授方面水平各有较大差异，存在不均衡的情况。从访谈记录来看，传承乡土文化的主要途径还是以教师课堂融入为主，主要是在历史课及语文课上，关于民族风情及历史相关的内容渗透较多，名人逸事、村规民约等知识学生在学校获得较少。访谈发现，除晋华实验中学和礼元中学外，学校组织相关主题活动及邀请民间艺人来校还有待开展，对该方面的知识存在忽视的情况。另外，乡土文化课程开设情况不尽如人意，有的学校虽然开设相关课程，但存在课时较少、内容单一、后期课时得不到保证等现象，难以保证学生获得系统化、丰富性的乡土文化知识。

5. 学生获得乡土文化的渠道有限

学生获得乡土文化内容的渠道是相对有限的。在调查的 2062 人中，通过家乡文化课学习到有关乡土文化知识的人数共 465 人次；通过校内社团活动学习到有关乡土文化知识的人数共 364 人次；通过校外实践活动学习到有关乡土文化知识的人数共 421 人次；通过讲座学习到有关乡土文化知识的人数共 185 人次；通过教师课上介绍学习到有关乡土文化知识的人数共 1145 人次；通过广播学习到有关乡土文化知识的人数共 266 人次；通过墙报学习到有关乡土文化知识的人数共 242 人次；通过网络学习到有关乡土文化知识的人数共 273 人次；通过其他渠道学习到有关乡土文化知识的人数共 76 人次。见图 4—12。因此可以看出，样本中的大多数学生主要是通过学校教育（教师课上介绍、家乡文化课、校内社团活动、校外实践活动）来学习有关乡土文化的知识，获得乡土文化的渠道过于单一，十分有限。而在访谈调查中，老师与学生建议希望通过一些其他渠道来获得乡土文化知识，如讲座、网络等，但由于资源有限，导致这些途径实施困难。具体见图 4—12。

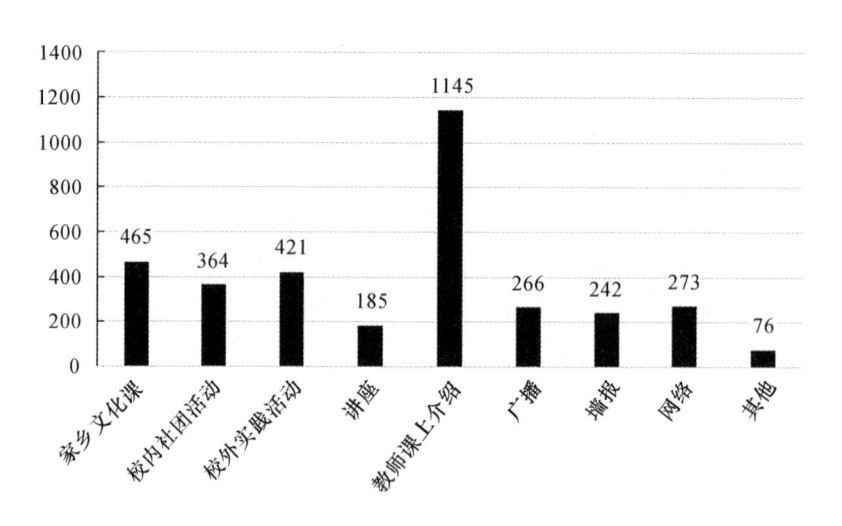

图 4—12 学生获取乡土文化渠道频次统计

学生通过外在群体获知乡土文化内容也存在不均衡现象。多数学生通过教师和家长了解乡土文化内容。在调查的 2062 人中，学生通过班主任学习到有关乡土文化知识的人数共 920 人次；通过任课教师学习到有关乡土文化知识的人数共 1075 人次；通过民间艺人学习到有关乡土文化知识的人数共 228 人次；通过专家学习到有关乡土文化知识的人数共 50 人次;通过同学学习到有关乡土文化知识的人数共 661 人次;通过家人学习到有关乡土文化知识的人数共 1087 人次;通过其他渠道学习到有关乡土文化知识的人数共 137 人次。通过上述数据可以看出大多数学生主要通过学校教师(班主任、任课教师)、家人以及同学来学习有关乡土文化的知识,获得乡土文化知识的渠道仍十分有限。具体见图 4—13。

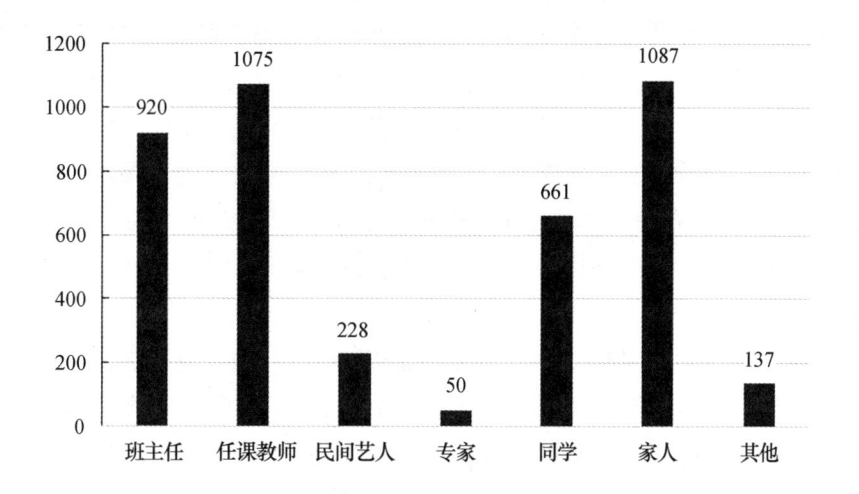

群体	频次
班主任	920
任课教师	1075
民间艺人	228
专家	50
同学	661
家人	1087
其他	137

图 4—13　学生通过外在群体获得乡土文化内容频次统计

教师和家长由于缺少专业训练,对乡土文化的精髓理解得并不深刻,传递给学生的内容相对肤浅。由于学校具有相对的保守性,对外部资源的利用整合多凭学校自身的意志,导致拥有专业知识的民间艺人、乡土文化专家介入学校教育频率不高,介入的渠道也并不畅通。这也影响了学生对乡土文化的认知,进而影响了他们对乡土文化教育的认同度。而在访谈调查中,老师与学生的建议更多是希望邀请一些具有专业知识的民间艺人或者专家来学校授课,这样可以使学生学习到更加原汁原味、丰富多样的乡土文化,从而深刻体验到乡土文化的魅力,加深对乡土文化的认同。

6. 专业的乡土文化教师较少,教师教学手段不够丰富

调查中发现,缺少专业的乡土文化教师是制约学校乡土文化教育的重要因素,影响了乡土文化教育的正常开展和有序发展。白乐中学的刘

教师说"没有开设的原因主要就是缺乏师资力量，没有这方面的老师。我们对这方面没有经过系统的了解，没有专门的培训。之前蔚县剪纸课开过，后来那个老师调走了，这个课就停了。县里面发过蔚县剪纸的教材，但是也就发过一轮"。

另一个制约乡土文化教育的原因是教师缺少专业训练。由于乡土文化的内容丰富而庞杂，现有的师范院校培养体系中对于乡土文化是缺少关注的，更没有相应的课程或师资；此外不少外地教师通过教师招聘进入当地，对当地文化缺少了解，又缺少学习当地文化的兴趣，造成了不少教师无法胜任乡土文化教学，也无法在日常教学过程中对学生进行渗透教育。例如晋华实验学校、礼元中学等具有乡土文化校本课程的学校，也面临着师资匮乏的问题，目前这两所学校的校本课程均由一人担任，其他教师还不具备胜任这门课程的能力，这也阻碍了乡土文化教育发展的规模和深度。

访谈中有教师明确表示，"没有（开展专业培训），都是靠老师自己，靠自己钻研，自己学，我也不是对这个剪纸（当地特色）有多了解。"那些开设乡土文化课程学校的教师，除职教中心的教师是由合作的剪纸厂提供，教师是经过了一定培训的，其他学校的教师均是没有经过相应培训的，这就导致他们自己对本地文化的了解并不多，而进行乡土文化教学的美术教师了解乡土文化知识的途径并不通畅，只有通过自己学习钻研、网上查找资料来备课和进行教学设计，其他学科外来教师甚至根本不了解本地文化。在具体开设这门课的时候，美术教师或者别的教龄较长的其他学科的教师都会在自己的课上对学生进行一定内容的乡土文化渗透，但是形式极其简单，不能深入和系统地讲解，包括接受相应培训的职教中心的教师，目前他们的乡土文化教育也只是停留在课堂融入这一水平。个别学校包括礼元中学和晋华实验中学教师除了在课堂上渗透乡土文化教育之外，还会开设相应的主题活动，组织学生参观、比赛，结合学科内容邀请专家到校讲解。

学生对于乡土文化教育的兴趣很大程度上与教师的教学方式有关，体验式、探究式教学更能够提升学生的学习兴趣。然而所调查的几所学校教师的乡土文化教学都比较单一，主要形式以讲授为主，提问、讨论为辅，缺少乡土文化教师的探究和实践学习。使得学生乡土文化知识的获取表面化、片面化，也影响了学生对于乡土文化学习的主动性和积极性。在实施了乡土文化教育的部分学校具有一定的评价方式，但主要是针对学生的，例如晋华实验学校通过定期举行比赛和期末考试的形式对学生楹联的学习给予评价，这种评价方式比较单一，并且对教师教学的系统性评价体系不够完善，缺乏一定的考核评价标准，一定程度上影响了乡土文化教育的质量。

7. 缺少较为系统的乡土教材

部分学校目前没有乡土教材，有些学校教材正在筹备过程中。例如在访谈中，有教师提到"原来我们学校开设了蔚县剪纸课，是县教研室出的书，不过现在这个课没有了，学校也没有教材。尤其我们学校施工，之前一直放假，开学后赶进度，时间特别紧张"。通过调查发现，除蔚县三中、代王城中学等部分学校有乡土教材外，其他学校目前为止都没有教材。同时，在整理蔚县三中、代王城中学等学校的乡土教材时发现，乡土教材存在较大差异，很多学校的教材都缺乏科学系统的乡土教材。例如在《蔚县剪纸》这一校本教材中以发展沿革和制作工艺为主要内容，从剪纸起源、初创阶段、成熟阶段、创新阶段、鼎盛阶段、美好愿景、剪纸分类、制作程序、艺术特色等方面进行开发，尽量做到图文并茂。教材中剪纸欣赏和操作相结合，版面形式尽量灵活多样，插图配有文字说明具有朴实中蕴含文采的语言风格，使其具备可读性、趣味性和艺术性。尽量满足中小学三年级到七年级学生的文化需求。适应其在剪纸方面的艺术追求，该学校的乡土教材的内容在编写上具有一定的科学性、系统性与趣味性。因此蔚县三中学生认同水平显著高于其他学校。而与之相反的则是《河北历史文化名城——代王城》这一乡土教材，该教材分为六个方面，主要包括自然环境、历史沿革、文物古迹、民俗风情、名人古迹和经济发展概况，分单元、课节两个层面陈述。每课的编排体系以"阅读提示、读一读、听一听、看一看、记一记"为主要形式，呈现代王城历史文化，并通过"讲一讲、填一填、走一走、写一写、考一考、查一查、译一译"等形式加入部分拓展性知识和课内外作业向学生展示千年古镇。本书最大的问题在于全书黑白图片，不能有效激发学生兴趣，很难使学生有身临其境的感觉。此外，全书文字篇幅过长，枯燥乏味，缺少趣味性。《喜庆秧歌》《霸王鞭》《裴氏诗文》《裴氏人物》等乡土教材在编写过程中未充分考虑学生的主体性，未与学生发展的特点相结合。因此这些学校的学生认知水平相对较低，这与乡土教材设计不科学系统有密不可分的关系。

8. 上级部门的引导和支持有待加强

据了解，几年前校本教材《蔚县剪纸》开发出来后，曾经给各中小学发过一次，但并没有颁布文件规定各学校开设相关的课程，后续教材没有再发过，也没有对剪纸课程进行监督和管理。各方面的说法和做法不一，有些学校响应号召开设了剪纸课程，有些学校没有开设。即使开设也是多年前的事情，我们所调查的农村地区的这几个初中现在都没有比较系统的剪纸课程及其他乡土文化课程。"以前有做过乡土的内容，县里边有出过教材，有关蔚县的历史文化啥的，但就是给孩子们发下去，给孩子们随便看一看。上课吧，也不会讲，很影响时间的。"看来对于蔚县文化在学校教育中的传承，当地的教育部门需要进一步引导和监督。有的教师讲学校这方面主要受上级部门引领，规定开这个课，有这方面教材，课程就肯定能开起来。

目前走访的这几所学校都在建新的教学楼，学校普遍反映经费拮据，建楼之前学校的教室都特别紧张，物质资源格外匮乏。美术教师剪纸课需要剪刀、纸等用品，但学校提供的非常有限。举办各种活动或开设相关的课程都需要一定的经费支持，经费不足成为学校开展乡土文化教育的一个难题。

四 讨论与分析

（一）当地文化氛围是乡土教育开展的重要前提

正如前文所说，学生乡土文化教育认同的前提是丰厚的当地文化支撑，缺少当地雄厚文化的承载，乡土文化教育好比"无源之水""无本之木"，更难以激发学生的乡土文化自豪感和自信心。

以山西晋华实验学校为例。晋华实验学校坐落于中国楹联之县，山西闻喜县。"中国楹联看运城，运城楹联看闻喜。"闻喜县是中国最佳楹联文化县。从县城入口的大牌楼到龙海大道，楹联文化处处可见。当地村民们仍然保持着学联律、吟联句、参联赛、打联擂的民俗文化，村村镇镇办活动，家家户户写楹联。楹联这一传统文化被闻喜人民烙上了鲜明的乡土特色,成为了具有闻喜特色的乡土文化。这为晋华实验学校开展楹联教育提供了强有力的后盾。

河北蔚县剪纸是当地有名的特产,蔚县剪纸的制作工艺在全国众多剪纸中独树一帜,以"刻纸"享誉海内外。围绕蔚县剪纸文化,蔚县教育局编制了印刷精美的校本教材《蔚县剪纸》,这些为当地农村中学开展相关活动奠定了文化基础。但是乡土文化教育的开展,仅依靠当地的文化氛围是远远不够的,如果缺少了政府、学校的重视,乡土文化教育难以提上日程,更不用提学生的乡土文化教育认同了。

(二)对乡土文化教育的重视程度是影响学生认同的首要因素

态度支配着行为,政府、学校以及教师对待乡土文化教育的态度影响着乡土文化教育的开展和实施,从而影响着学生对乡土文化教育的认同情况。

统计数据分析显示,山西晋华实验学校的学生对乡土文化教育的认同水平较高,通过对该学校进行调查发现,这一结果的取得离不开当地政府、学校自身以及该校教师对乡土文化教育的高度重视。第一,山西晋华实验学校作为一所民办学校在开设楹联课程方面得到了当地政府的大力支持,如2006年晋华实验学校被中国楹联学会授予"中国楹联教育基地",先后荣获"全国优秀楹联教育基地"和"楹联河东流派实验基地"等荣誉称号;2012年该校获得山西省教育厅颁发的"山西省校本课程一等奖"。这些荣誉称号及奖项的授予与颁发代表了当地政府对乡土文化教育的重视程度,同时也鼓舞和激励着晋华实验学校将乡土文化教育越办越好,在此氛围中的学生对乡土文化教育的认同水平自然会高。第二,晋华实验学校重视对当地特色文化——楹联文化的开发与利用,开设楹联课程、开展一系列教育教学活动,并将楹联教学与语文教学、品德教学、社会实践相结合,不仅形成了学校特色而且对学生进行了乡土文化教育。晋华实验学校在开展楹联文化教育的过程中不断探索,最终形成了"三六九联教模式"。"三"即"三个结合",楹联教育与语文教学相结合、楹联教育与品德教育相结合、楹联教育与社会实践相结合。"六"即"六联",教联、写联、赛联、用联、赠联、挂联。"九"即"九有",有领导机构、有楹联教师、有楹联教材、有课程安排、有活动经费、有交流园地、有联事活动、有标志建筑、有联教成果。这足以见得晋华实验学校对乡土文化教育的重视程度,也是该学校学生对乡土文化教育表现出较高认同水平的首要原因。第三,晋华实验学校的学生对乡土文化教育的高认同水平也离不开教师对乡土文化教育的重视程度。晋华实验学校的楹联教学与语文教学、品德教学以及社会实践等课程相结合,各科教师在教学过程中重视渗透乡土文化知识、对学生进行乡土文化教育。如语文教师在诗歌教学中,把楹联知识和优秀楹联作品欣赏融入其中,引导学生从王安石"春风又绿江南岸"诗句中"绿"字的用法得到启发,写出"清风疏柳,细雨娇花"的佳联。

(三)学生对乡土文化教育的认同离不开学校教学评价机制的影响

学校教学评价机制作为评价教师教学活动的重要机制,规范着教师的教学行为,影响着教学质量。学生对乡土文化教育认同水平的高低离不开学校教学评价机制的影响。如山西晋华实验学校在每学期的期中、期末考试中,学校会将楹联纳入考试范围,约占 30 分,并计入语文成绩,而且会与教师的教学成绩评估和教学奖挂钩。这在一定程度上提高了语文教师对楹联教学的重视程度,激励语文教师不断改进楹联教学、提高楹联教学的教学质量,这也必然会影响该学校学生的乡土文化认同水平。统计数据分析显示,山西晋华实验学校的学生对乡土文化教育的认同水平确实较高。

在调查的 12 所学校中,河北省的南留庄中学和白乐中学的学生对乡土文化教育的认同水平均较低,从对这两所学校的实地调查中发现这两所学校目前均未开设专门的乡土文化课程,而且各科教师在教学过程中对乡土文化知识的融入有限,学校并未对此做出相关要求和规定。缺少了学校教学评价机制的制约,教师自然不重视乡土文化教育,学生对乡土文化教育的认同水平较低也是预料之中。

(四)乡土教材合理设计是教育开展的重要条件

乡土教材是开展乡土文化教育的重要依托和载体。乡土教材编写的质量在一定程度上影响和决定着乡土文化教育开展和实施的效果。通过实地调研发现乡土文化教育开展和实施得比较好的学校,都有一套设计合理的乡土教材,如蔚县三中的《蔚县剪纸工艺流程》《蔚县剪纸初级培训教程》《蔚县剪纸》和礼元中学的《裴氏春秋》。从教材编写上来说,这些编制和设计合理的乡土教材都有一个统一的内在逻辑体系,先是介绍其乡土文化的历史渊源，让学生对其生产一定的学习兴趣和积极性，然后再具体细致地介绍和分析乡土文化。如蔚县三中的三套乡土教材都体现了这个特点，都从让学生认识和了解蔚县剪纸的起源和发展阶段开始，其次给学生讲授剪纸的基本流程，最后使学生实践操作，学以致用。礼元中学的《裴氏春秋》结合当地已有的乡土文化资源，先让学生了解裴氏文化的起源，再呈现关于裴氏的名人，以此警示和激励学生，引起学生学习积极性，最后让学生阅读关于裴氏文化的古诗文。通过分析可得知，这两所学校在设计乡土教材时不仅能结合当地的乡土文化资源，发挥其乡土文化资源应有的优势，还充分考虑到了学生的身心发展规律和特点。

乡土教材的编写和设计应做到以下几点：第一，结合当地的生态文化和生产需要，突出地方特色。如蔚县三中的剪纸乡土教材充分结合了当地已有的剪纸文化，突出了蔚县剪纸已有的地方特色。第二，结合学校的教育资源，实施和开发多样化的乡土教材。乡土教材的编写和设计除了包括当地的特色文化外，还可以囊括当地的风土人情、传说故事、村规民约和礼仪风俗等乡土文化的精髓。第三，乡土教材的编写和设计要充分考虑到学生的身心发展规律和特点。学生是接受乡土文化教育的对象，学生的兴趣和积极性，在一定程度上影响着乡土文化教育的实施效果，所以乡土教材的编写必须充分考虑到学生的身心发展规律和实际需求。

（五）教师的乡土化培育是学生认同的关键

乡土文化教育的开展离不开一支精通当地文化的优秀教师，只有教师具备厚实的乡土文化知识，拥有丰富的乡土文化体验，才能在日常教学活动中有效呈现给学生。这既是晋华实验学校取得成功的重要法宝，也是不少乡村中学难以推进乡土文化教育的症结所在。

培育一支熟识当地文化的教师是乡土文化教育成功的关键，也是学生乡土文化教育高度认同的关键。访谈中发现不少教师来自外地，对当地的文化一知半解或者毫不了解，因此在教学中难以将课本与当地文化相连接，更难以激发学生的乡土情感。即使有不少教师是当地人，但是多年来，城市化进程中乡土文化被漠视，使得当地教师与当地文化疏离、隔膜，对当地文化多停留于模糊的认知，进一步消解了乡土文化教育的有效传递，也无法提升学生对乡土文化教育的认同度。

（六）教学方法多样性是学生认同的必要条件

将乡土文化教育与国家课程相融合、广渗透是提高乡土文化教育认同的重要途径。

1. 贴近学生生活

相对乡土教材而言，贴近学生生活实际的乡土文化教育形式更能吸引学生，激发起学生学习乡土文化的积极性和热情。通过实地调研发现，蔚县三中的乡土文化教学形式贴近学生的生活实际，针对初中三个年级的具体实际情况和身心发展特点，分别在三个年级实施了不同的乡土文化教学形式。如初一年级利用主题班会活动来开展乡土文化教育，初二年级开展关公文化演讲比赛和关公文化板报比赛，初三年级举行关公文化合唱比赛以及发扬关公精神、为班级争光的拔河比赛等。开展和实施乡土文化教育，贴近学生的生活实际，可从以下几个方面入手：第一，乡土文化教育内容的生活化。除了在专门的乡土文化课程上讲授相关知识外，在教学过程中渗透和融入一些学生熟悉和了解的乡土文化知识，更能激起学生的学习兴趣，使他们对自己的乡土文化有一种优越感和自豪感。第二，乡土文化教育形式的生活化。相对开设专门的乡土课程而言，学校组织和举办一些有关乡土文化的主题实践活动，更能吸引学生和受到学生的青睐。第三，乡土文化教育资源的生活化。学校在开发乡土文化教育资源时，应选择一些贴近学生生活实际的题材，如村规民约、风土人情、传说和古建遗存。

2. 与国家课程有效对接

晋华实验学校将楹联教育与语文、品德和社会实践相结合，创造出了"三六九连教模式"，同时配合相应的乡土文化课，取得了不错的成效。

将语文教学和楹联教育结合起来，实现学生综合能力提升的同时，也将楹联教育落到了实处。在诗歌教学中，把楹联知识和优秀楹联作品欣赏融入其中。例如学生从王安石"春风又绿江南岸"诗句中"绿"字的用法得到启发，写出"清风疏柳，细雨娇花"的佳联，通过写联学会了炼字，丰富了语言，提高了写作能力。

将楹联教育与品德教育相结合。在楹联教学中，确立了"以美引德，诗化人生，开掘楹联教学德育功能"的课题，运用优秀楹联中蕴含的思想教育素材，对学生进行爱国主义教育、道德品质教育，并引导学生用联语抒发志向和抱负。

将楹联教育与社会实践相结合。结合国家重要节日和重大事件，学校举办了一系列的主题征联活动。2008年汶川地震发生的第二天学校便组织了以抗震救灾为主题的楹联活动，并发动学生进行捐款。

3. 综合运用多种方式开展教育

晋华实验学校创造了多种方式的楹联教学。学校名誉校长亲自为教师上联课，做联律知识辅导。教导主任党晓明坚持为学生上楹联课。小学低年级以背诵积累为主，学习内容有《三字经》《神童诗》《新楹联歌》等；小学高段和初一学生要求掌握楹联基础知识，并联系写联；初二、初三学生结合对联赏析，加强写联训练，并掌握嵌名联等写作技巧。

积极鼓励学生参加《对联》杂志举办的学生擂台赛。《对联》杂志几乎每月都刊有晋华学生联作。每年校园文化艺术节期间，都要举行一次全校师生楹联打扫，并为获奖学生颁发"校园小联家"荣誉证书。将优秀学生的对联悬挂于学校各个角落，各班教室门口张贴是本班同学新近发表的对联，强化榜样的力量，引导学生加强学习。教师为学生赠嵌名联予以鼓励，学生为老师撰联以示感恩。学生之间互相赠联，激励进步，学校为家长送联，作为联谊，家长为学校送联以表谢忱……

五　研究结论

（一）学生对乡土文化教育的认知认同水平、情感认同水平相对较高，但乡土行为认同一般；学生的认同水平存在显著的区域差异、性别差异和年级差异

初中学生对现有乡土文化教育比较认同，尤其是对乡土文化的认识，对乡土文化课程的喜欢程度较高；但是在践行乡土文化方面意愿不足。不同地区的学生呈现迥异的认同水平，山西和天津学生表现更为突出，但不同地区的学校也表现出较大差异。山西晋华实验学校和河北蔚县三中表现极为突出，这与两所学校对乡土文化教育的重视高度相关。两所学校在乡土教材、教师配备、教学形式多样方面均有不错表现。同时不能忽视的是性别差异，女生相比男生表现出更高的乡土文化教育认同感。

各年级方面,初一学生的乡土文化教育认同感显著较高;初三学生随着心智的不断成熟和几年的文化积淀,对乡土文化教育表现出较高认同;初二学生的学习压力较大,对乡土文化教育的认同度相对较低,这些现象需要在今后的乡土文化教育中加以注意。

(二)教学效果、父母影响、日常教学渗透等因素是影响学生认同的重要因素

学生对乡土文化教育的认同受多种因素交互叠加影响,其中乡土文化教育的教学效果是影响学生认同的最重要的因素;父母对孩子日常的乡土文化影响也是重要因素,影响系数高达0.279;教师在日常教学中渗透乡土文化内容也是不容忽视的重要因素,直接影响学生的认同。尽管不少因素未能进入回归模型,但仍与学生的认同度存在一定相关,比如父母的文化程度、父母的职业均与学生认同存在不同程度正相关。尽管某些外在因素无法改变,但教师在教学中可以充分加以利用,教师可以邀请有相关乡土文化背景的家长参与教学,可以对学生的认同施加正向影响。

(三)学生学习乡土文化的意愿存在差异

大多数学生喜欢乡土文化教育,渴望学校开设相关的内容,帮助他们了解家乡,不少教师也表达了这种意愿。但是也应该看到,仍有部分学生不喜欢乡土文化教育,甚至有不少教师也对乡土文化表现出无视的态度。在进入新时代的社会主义建设时期,塑造文化自信已经成为国家重要的理念,优秀传统文化、优质的乡土文化是引导学生承传文化命脉、体验文化魅力,树立文化自豪感、自信心的重要资源,学校教育应给予高度重视。如何引导教师和学生深化对乡土文化的重视,发掘乡土文化的内在价值,仍然是摆在当前教育工作者面前的重要课题。

(四)现有乡土文化教育内容开设不均衡,学习渠道相对单一,方法不够多元,评价体系未突出对乡土文化教育的重视

乡土文化是一个复杂多样的系统,包括民俗风情、古建遗存、名人逸事、民间技艺、乡土地理、乡土历史、村规民约等一系列内容,体系宏大,内容丰富。不过在现有的乡土文化教育中,多数学校更多关注民俗风情和乡土历史,对民间技艺、古建遗存、名人逸事、村规民约等关注严重不足,这也影响了学生的乡土文化认知。

学生获得乡土文化内容的渠道主要通过文化课和教师的讲解，多样化的校内社团活动、校外实践活动、乡土讲座、学校环境建设等利用不足，网络资源的利用率也不高，这些都严重制约了学生的乡土认知，影响了学生对乡土文化的认同。

此外，具有丰富知识的民间艺人、专家学者介入学校教育的渠道不够通畅。一方面与学校对乡土文化教育的重视程度有关，另外也与时下学校利用外部资源发展学校不足有关。乡土文化考试形式未纳入正规体系，教师及学生均不够重视。在谈到楹联文化课是如何考察时，闻喜县晋华实验中学的教师提到："期末的时候有考试，就这么一页，考联律知识30分，加到语文成绩里去。县里统一考试不会这么搞，县里分数回来后，我们把这个（分数）加到语文里。而且这个也算语文老师的教学成绩。他们（语文老师）再不懂（楹联），最起码也能督促学生。"

（五）教师的乡土文化水平不能满足学生的需求，在日常教学中的乡土文化渗透随意性较大，教学方式相对单一

目前，影响学生乡土文化教育认同的重要因素是教师，特别是教师的乡土文化内蕴不够深厚，不能满足学生对乡土文化的需求。另外，教师在课堂中提及乡土文化的随意性较大，多是依照教师的意愿，兴之所至，随口说出，缺少系统合理的规划性。同时，多数教师没有经过专业训练，当地教师不熟悉当地文化，外来教师不乐于学习当地文化，这些都严重制约了教师的专业水平。

教师在乡土文化教育中还是以讲授为主，对学生的乡土体验关注较少，没有贴近学生的生活。学校应采用多样化的教学手段，有效开展诸如家乡手工艺作品展、乡土知识竞赛、辩论赛、乡土小故事讲演等。一方面丰富了学生的学校文化生活，另一方面也深化了他们对于乡土文化的认知。

乡土文化师资不充裕，教师流动性大，缺乏系统性的培训。在访谈到闻喜县晋华实验中学负责楹联授课教师时，教师提到："现在只有我一个人。之前培养了几个老师，但私立学校老师流动很频繁，干不长。包括其他学校，楹联文化老师基本都是老老师带新老师。"

教师培训未常态化，有教师在访谈中提及："县里的教师培训，有相关楹联文化的内容。我记得就这一次，就是初二的时候，我去县里（培

训),然后回来跟学生讲了一下。"

(六)制度性保障仍是制约乡土文化教育开展的重要因素,也是保证学生认同度的重要条件

解决认同不足的问题需要相应的制度保障,不少教师建议将乡土文化教育纳入学生考核的范围,将乡土内容作为学生综合素质的重要内容,不仅可以激发学生的学习热情,为学生的乡土文化学习注入强劲的外部动力,也能够调动教师的积极性,推动教师不断研习乡土文化。

上级部门对私立学校的乡土文化发展知识给予文件督促,并未提供实质性的资金补给。在访谈中,问到政府、上级教育行政部门对学校楹联文化教育教学有没有经费支持时,有教师提到,晋华实验中学由于是私立学校,因此上级不会拨经费支持。而且,上级部门也不够关心、不够重视楹联文化教育。"咱们这个市楹联协会和市教育局关系挂得很紧,经常在这督促楹联文化教育哩,也发过文件。可市里边只管发文件,他们也并不重视。"对乡土文化缺乏长远的规划。在访谈中问到教师对于乡土文化教学有什么规划时,教师提到,"这个还没有考虑。有些东西还比较掣肘,不是你想怎么干就能怎么干的,能把楹联课继续上下去就是好的。这是咱们私立学校,一些公立学校和乡村小学还干不起来。私立学校还算是有个品牌,就因为这,它(晋华)才大力支持。要是其他学校真还难呢,包括西街小学,我们把它打造成全国第一所楹联希望学校,我就怕把牌一挂,他们就扔下了。"

(七)乡土文化教材的编写依然不够系统,与国家统编教材的融合有待加强

教材是影响学生成长的极为重要的资源,蕴含着国家、社会、民族的价值取向和追求。编撰教材是极为重要的工作,必须有相关学科专家、心理学专家、教育学专家等的共同参与、通力协作。现有的乡土文化教材在编写过程中,一是缺乏教育主管部门的支持,二是缺少教育专家的指导,三是利用的资源相对有限,四是编写的体系不够严谨科学,五是印刷质量粗制滥造,缺少美感。另外乡土教材与国家课程教材的衔接不融洽,同样影响了乡土文化教育的开展。

第五章 乡土文化教育认同的危机表征

乡土文化是传统文化的重要组成部分，它记录着人类文明变迁中沉淀下的薪火相传的烙印。在社会转型期，文化的多元、冲突与融合成为必然。随着城市化进程的加快，乡土文化教育及其文化认同受到了前所未有的挑战和冲击，农村学生正遭遇着一场强烈的文化认同危机。

第一节 乡土文化教育的失落与认同危机

一 乡土文化教育失落下的文化认同危机

（一）乡村文化的"荒漠化"侵蚀了乡土文化教育所依托的土壤，学生构建文化认同的根基趋于断裂

潜伏于城市化和互联网传媒时代的文化洪流在漫及乡村文化场域的同时，亦吞噬着原本就脆弱的乡土文化的土壤。第一，工业化打破乡村天然静谧的生存环境，原本让人心醉神怡的美丽田园不复存在；第二，传承主体的青黄不接使得很多乡土文化濒临灭绝，乡土文化渐渐停留在老一辈人的记忆里。第三，"撤点并校"与"鱼笱效应"加速乡村文化生态的"荒漠化"，乡村社区逐步演化成为老弱妇孺组成的空巢社区。与此同时，消费主义、传媒文化的耳濡目染使许多人开始摒弃安土重迁的传统思维，乡村精英大量涌向城市，出现了阶层分化严重的"鱼笱效应"，乡村的繁荣不再，生机不再。在就"我能够向他人详细介绍家乡的文物风貌"这一问题向学生进行调查时，48.25%的人表示"一般不符，只能讲出皮毛"，10.75%的人表示"非常不符，对家乡文物知之甚少"，

26.75%的学生表示"一般符合，基本知晓大概"，只有14.25%的学生表示"非常符合，能够如数家珍"。在"我认为我接受的乡土文化教育与我家乡的现实状况相吻合"这一问题的调查中，30.25%的学生选择"一般不符，文化景观损毁比较严重"，47.25%的学生选择"非常不符，景观损毁非常严重"，13.5%的学生选择"一般相符，文物保存比较完整"，只有9%的学生选择"非常符合，文物保存非常完整"。

　　缺少了真实文化景观带来的视觉冲击与震撼，乡土文化的教育变得"徒有其表"。学生对自己的生长、培育之地开始淡漠和疏离，优秀乡土文化带给学生的自豪感和共鸣感大大减弱。在这种境况之下，学生开始有意无意地对乡土文化产生不同程度的抵触心理，构建文化认同的根基趋于断裂。一些学生曾说，"我们的乡土文化早都没了，我们都不知道学这些有什么意义，书本上讲的那些文化我们根本就看不到，摸不着，光靠看一个个文字，听大人们说，我们怎么会对它们平白无故产生感情？"在关于"我认为我所在家乡的乡土文化是能够代表自己的一张宝贵名片"的调查中，只有4.75%的学生选择了"非常符合，文化底蕴深厚，源远流长"，15.5%的人选择"一般符合，文化现存形态较为丰富多彩"，49.75%的人选择了"一般不符，文化现存形态较为单薄"，余下还有30%的学生选择了"非常不符，文化流失殆尽"。一些年长的乡村教师也表示由于当下传统文化的保护机制很不健全，许多乡土文化已经濒临灭绝，对很多学生而言，那些披着乡土外衣、讲述自己故土乡情风貌的课程与其他科目一样，都只是一种符号化、标准化的存在，家乡故土与农村学生之间存在的心灵感应和对话正在慢慢消亡。认知来源的缺位和情感归属的虚空使得乡土文化认同失去了有效的支撑点和着力点，最终只会淡出人们的视野。

　　（二）乡村伦理价值体系的解体削弱了乡土文化教育要强化的价值涵养，学生实现文化认同的核心日益动摇

　　中国乡土社会的伦理文化始于家庭却又不止于家庭，其内蕴着一种由家及国、家国相依的精神指引。然而，当社会转型期多元取向的价值选择侵入封闭化的乡村场域，原本以伦理为核心的稳定的乡村价值体系开始解体。以族规家法为代表的宗族制度逐步退出历史舞台，利益逐渐取代信义成为人们行为处事的主要衡量尺度，亲缘关系日益疏远，传统

习俗和仪式迅速衰落，儒家思想提倡的忠义孝悌和礼义廉耻在现代传媒和市场经济的冲击下逐渐碎片化。伴随着乡村价值的整体滑落，学校课堂上教师的教导已然演变成一种"形散神离"的苍白训诫，失去了价值道德理念中附含的权威性和公信力。在调查"我认为乡土文化教育传达的道德价值规范对我有很强的约束力"这一议题时，仅有33.75%的学生选择了"非常符合"和"一般符合"，余下有将近七成的受访学生都认为当前的乡土文化价值对他们已经不再具备强效的指引作用。在"我认为乡土文化中蕴含的传统价值在今天仍有很强的时代意义"的议题的调研中，15.25%的学生认为"非常符合，而且什么时候都不会过时"，23.5%的学生认为"一般符合，有但需要随时代进行革新"，35.75%的学生认为"一般不符，已经不符合当前时代发展"，还有25.5%的同学认为"非常不符，文化中的糟粕不利于个人的长远发展"。

处于转型过渡期的农村学生已然无法感受到乡土文化价值带来的深层滋养，而同时与之形成尖锐对比的是，"跳出农门、改变命运""外面的世界更精彩"等这些来自另一个世界的强势价值预设在乡村教育中被有意无意地渲染和扩大，无疑更催化和加剧了学生对乡土文化认同核心的动摇。乡土不再被视为唯一的生命之源，充满诱惑的城市成为许多乡村青年所认为的能完成自我身份认同的乌托邦。"你是否认同你所在地乡土文化传达的价值理念"这一问题进行的访问中，有将近五成的学生对自己生长之地的文化价值表示了怀疑，他们认为自己看见别人做的和听见别人说的根本就不是老师课堂上教导的那样，自己如果按照那些价值规范做事可能还会成为别人眼中的异类。另有将近六成的受访学生流露出了自己在确立价值选择上是扎根乡村还是投身城市的迷惘。学生们表示，自己对乡村确然有一种天然的情感，然而与大城市的繁华比起来，乡村生活未免显得单调和封闭，他们更想走出去看看外面的世界。在被访问的乡村教师中，亦有将近八成的人表示传统的乡土文化虽有价值和指导意义，但其中有好多已不适应当今社会的发展规律，对孩子们来说走入城市可能会是更好的选择。由此可见，在城市文化的强势渗入和多元价值取向的冲击之下，生于乡村、长于乡村的学生正亟待找到新的文化认同标准，乡土文化价值原有的"精神藩篱"和"思想领袖"的地位几乎近于"名存实亡"。

（三）乡村与乡村教学的剥离背弃了乡土文化教育要实现的传承目标，学生巩固文化认同的保障濒于瓦解

在笔者调研的这些乡村学校中，乡土文化教育大多作为底层性的补充处于整体教学的边缘化，远离乡村生活的城市主流文化往往被作为教学的主要内容，同时分数主义的评价手段和升学主义的目标取向又使许多乡村学校沦为应试教育的附庸。一方面，城市标准化课程设置严重挤占乡土教材的生存空间。调研学校里采用的教材大都为目前城市通用的人教版或北师大版，涉及乡土文化的篇目屈指可数。其内容的筛选、形式的编排及语言的表达方式和习惯立足于工业文明的精细化和符号化，却未能顾及到乡村孩子的生长环境和身心发展特点。另一方面，精通本土特色文化的师资力量匮乏，以及教师的能动性不高，成为阻滞乡土文化在校园中顺利传承的重要因素。根据调研，目前乡村教师里既有长年在农村生活一边教书一边耕作的长者，占此次调研老师总数的35%，也有在城市接受多年教育的年轻人，占此次调研总数的65%。年长教师与当地村民没有太大的隔膜，长年乡村生活的浸润已然让他们与乡土融为一体，而年轻教师则往往表现出难以割舍的城市情结，对偏远的乡村愈加冷漠。随着这部分教师比例的逐年增加和传统乡土文化的日渐衰落，主张实行城市化教育的年轻教师逐步掌握乡村学校的话语权。①

在关于"教师有必要引进本土特色文化进课堂"的调查中，受访教师中仅有12%的人表示"非常符合，关乎家国稳固"，25.5%的教师认为"一般符合，有利于文化传承"，48.5%的教师认为"一般不符，超出大纲要求范围"，14%的教师认为"非常不符，无益升学就业纯属无用功"。在关于"我愿意充分利用乡村独特的教育资源和优势，建设乡村学校文化"的调查问卷中，27%的教师选择"一般符合"，23.5%的教师选择"非常符合"，39.5%的教师选择"一般不符"，10%的教师选择"非常不符"。在就"我愿意向他人热情推荐自己的家乡的特色文化"这一问题向学生进行调查中，41%的学生表示"一般不符"，28%的学生表示"非常不符"，18.5%的学生表示"一般符合"，只有12.5%的学生表示"非常符合"。针对"我愿意贡献心力于乡土文化的传承与发展"这一议题的调

---

① 高小强：《乡村教师的文化困境与出路》，《教育发展研究》2009年第20期。

研，结果显示17%的学生选择"非常不符，不认可与接受乡土文化"，54%的学生选择"一般不符，文化传承与我无关"，21%的学生选择"一般符合，有助于他人认可自己"，只有8%的人选择"非常符合，关乎自己的使命与责任"。基于调查数据，乡村于乡村教学中的"隐匿"彻底切断了学生对本土文化的认知与情感联系，学生再难从春风化雨的学校教育中探悉自己的责任与使命，巩固文化认同的最后一道屏障被摧毁，要实现的文化认同终成一纸空谈。

二 重建失落的乡土文化教育，促进文化认同的复兴与回归

面对乡土文化日益剥离乡村文化场域的危境，重拾乡村生活的意义，重建失落的乡土教育，促进文化认同的复兴与回归，已成为中国迈入现代化、融入城市化、衔接全球化所亟须解决的重大时代课题。[①] 这是一项系统的工程，需要政府、学校与社会多方合作、共同参与，充分认清乡土文化教育失落下的文化认同的危机与困境，从而有针对性地对乡土文化教育展开重建，促进文化认同教育的复兴。

（一）开辟"政府＋民间"和"制度＋产业"的建设模式，重筑乡土文化教育日益凋敝的文化土壤，推动文化认同根基的尽快修复

"荒漠化"的乡村文化生态直接阻断了学生与乡土之间的心灵对视和情感对话，也直接阻断了学生的文化认同。因此，加快拯救濒危的乡村文化实体，重筑乡土文化教育的土壤，重建乡土文化认同的根基刻不容缓。这项工作不可能一蹴而就，需要开辟"政府＋民间"和"制度＋产业"多维主体、多管齐下的文化保护与传承的思路模式。第一，加强对农村的财政倾斜和制度保障，出台相应的政策条例，使传统文化的保护和新型农村建设纳入到法制化轨道上来。政府应颁布文化景观的保护条例，明晰相关责任人的职责和义务，增强人们文化传承的主人翁意识。第二，增强乡土文化在大众传媒中的话语权，加大文化的宣传和重建力度。通过借助电视、广播、互联网等平台，政府和民间以多种形式呼吁全社会对乡土教育的重视、参与和投入，提高学生传承乡土文化的责任

---

① 谢治菊：《转型期我国乡土文化的断裂与乡土教育的复兴》，《福建师范大学学报》（哲学社会科学版）2012年第4期。

感和使命感，为乡土文化教育的广泛实施营造良好的社会氛围。第三，合理适度地打造乡土文化产业，创设文化的品牌效应，促进乡土文化增值。在保护与传承乡土文化时，要将其放在一个与经济、政治、社会和生态具有千丝万缕联系的大系统中，看到彼此之间的交流和融合，用发展的、动态的目光看待未来乡土文化在中国的发展前景，在传统文化与现代文化的更迭中捕捉机遇，寻找新的生长点。通过出台相应政策，挖掘乡土资源的文化、经济、生态等多重价值，打造以创新为驱动力的文化产业链，使乡土文化在得到宣传和弘扬的同时收获经济与社会效益。第四，加深与其他区域文化的交流，构建合作共荣的联动机制。每个区域的本土文化都是自身特色的凝练与体现，同时又是中华文化的组成部分，因此有必要加强区域及邻乡之间的合作，进而形成机制，通过找准彼此之间文化的契合点，形成文化集群，在强强联合的基础上助推自身文化的振兴与强大。

（二）坚持社会主义核心价值体系的引领，重塑乡土文化教育日臻弱化的价值涵养，驱使文化认同核心的稳固确立

乡村伦理社会的解体以及多元价值取向之间的碰撞与摩擦使得原有乡土文化的价值内涵遭遇滑坡，学生对乡土文化的认同受到了质疑和挑战。毋庸置疑，面对多元价值选择带来的精神危机，农村学生迫切需要有一个高度正确的价值形态来引领大局。而社会主义核心价值体系作为社会的主流意识形态，根植于中国深厚的文化传统，体现鲜明的时代特色，是社会主义先进文化的核心，它有利于对当下社会多元价值观无序状态进行有机整合与体系重构，是凝聚和统一社会各个利益群体思想的有力武器。因此，重建乡村文化价值就必须强调和坚持社会主义核心价值体系的引领，将社会主义核心价值体系和乡土文化价值有机融合。第一，以社会主义核心价值观契合、发扬乡土文化的价值精髓。[1] 优秀的乡土文化是社会主义核心价值观的精神滋养和理论来源，同时社会主义核心价值观也渗透着中华优秀传统文化中的精华意蕴，在多元价值选择的冲击之下，学生需要寻找先进文化与乡土文化的契合点，树立社会主义

---

[1] 刘媛媛、张伟群：《城乡一体化视阈下优秀乡土文化传承困境及引导对策》，《安徽广播电视大学学报》2016年第4期。

核心价值观的精神支柱,"取其精华,彰显价值",传承具有普遍性和先进性的规范性文化和价值性文化,积极倡导以"爱国爱家""家国相依""敬业乐群""诚信友善""勤劳致富""遵纪守法"等为基本内容的行为道德规范。第二,肯定乡土文化在当代中国特色社会主义文化体系中应有的意义、地位和价值。① 乡土文化具有和其他文化同等的地位,在乡土文化重建的过程中,乡土文化教育作为精神文明建设中相对薄弱但却至关重要的一环,有着牵一发而动全身的作用。第三,开展贴近民意、体现民情、关注民生的文化活动。通过文明社区的评比、优秀民间文艺作品的展映以及群众性喜闻乐见的文艺会演等,向学生传递更适合乡村社会发展的价值理念与精神追求,从而在重塑价值观的过程中重塑乡土文化的价值,重拾乡村生活的意义,构建心理上的归属,进而树立文化自信和文化自觉。

(三) 开发乡土教材和提升乡土情怀,重拾乡土文化教育日渐褪色的乡土气息,促进文化认同保障的最终构建

乡村与乡村教学的剥离,对乡土文化教育及其文化认同造成了一定的影响。当务之急,就是要浓厚乡土气息,构建文化认同保障。第一,加快乡土教材的编撰,开发出知识性与情感性兼具的乡土课程。乡土教材是乡土情怀的直接表达,也是乡土课程顺利开发的关键性因素。乡村学校要努力改善乡土教材缺失、乡土课程边缘化的尴尬境遇,加大乡土课程在整体课程中所占的比重。学校和老师要充分结合当地乡土文化特点和农村中学生的身心发展规律,着眼于周围的文化生态和环境,将优秀的乡土文化资源如文物风貌、民歌民谣、工艺绝学等编入教材,从而开发出形式多样又富有特色和灵性的乡土文化课程。第二,发扬"走出去"和"引进来"的职业精神,提升农村教师的乡土情怀。乡村教师要在充分认知和把握现代文化与传统文化异同的基础上,认清自己所赋予的不可推卸的传承本土文化的使命与责任。一方面,要"走出去",走进院落村庄,领略田园自然风光下的宁谧静美,在与家长、老一辈人的交谈中聆听一个个兼具历史气韵与传奇色彩的乡土故事;走向乡间地头,见证农人辛劳耕作的勤恳朴实,在友好相邻、守望相助的民风间领悟乡

---

① 李晓明:《重塑乡村生活意义与乡土文化价值》,《长白学刊》2012 年第 4 期。

土文化的精髓与真谛；走入教师团队，在与老师的学习交流中，体会乡土对年长教师的灵魂洗礼。另一方面，要学会"引进来"，将厚重的乡土文化引进课堂，将其他文化形态的长处引进课堂。"走出去"，是为了让教师在真实的文化境遇中熟悉乡土、感知乡土，而"引进来"则是指教师在去粗取精的基础上打造生动的乡土课堂，引导学生了解与热爱自己的乡土文化，从而让学生建构情感的归属。乡村教师敢于"走出去"和"引进来"的过程就是直接与乡土文化对话交流的过程，① 也是乡土情怀不断增进的过程。教师只有将自己与乡土深深地融为一体，才能引导学生与乡土融为一体，使学生在潜移默化的精神滋养与磨合中，加强对乡土文化的依赖性和归属感，产生文化认同，进而不遗余力地进行文化传承。

第二节　乡土教育的文化认同问题

全球化浪潮催生了世界多元文化的融合，在这样的大背景下如何做到拥有全球视野又保持本土的文化自觉，既与时俱进体现时代性与创新性，又能保留乡土民情的特色与精髓成为摆在乡土教育面前的重大机遇与挑战。秉承系统、合作、兼容和扬弃的大文化观为推进乡土教育改革提供了一个理论支撑和行为指向。

一　大文化观与乡土教育的内涵与逻辑

（一）大文化观与乡土教育的内涵

大文化观追求的是把文化看作是存在于人类社会整体之中的，贯穿社会结构的各个层次之中的文明载体，是人类区别于其他动物和自然界的独有特质，这与把文化局限在仅是思想、精神的表征或衍生物的小文化观不同。大文化观以人为本，立足现代文化新高度，把文化放到人类科技、经济、政治、社会等大范围里去考察、认识和研究，② 强调文化与

---

① 高小强、王成军：《多元文化视野下乡村教师的文化生存》，《继续教育研究》2009 年第 12 期。

② 于惠玲：《大文化观浅探》，《天津师大学报》（社会科学版）1997 年第 3 期。

政治、经济、科技、社会等的联系，正视文化的变迁与发展，是一种宏观的、理性的、历史的、系统的从文化层面认识世界和改造世界的总的观念和系统。大文化观讲求的是从文化出发，最终为了促进文化的发展，既注重文化本身，又关注文化整体，强调文化的联系与上位概念。① 简而言之，大文化观主张文化内核的稳固性，文化变迁的实然性以及文化联系的多样性。

乡土教育是对生活在乡土地域的人培养乡土意识、传承乡土文化的教育。乡土意识是对生长、生活之地的认同意识。而乡土文化不仅涵盖特定区域的文物古迹、自然景观、沿革变迁、民风民俗等有形的文化，也衍生包括人们生产价值观念、思维方式、生活方式、行为模式等在内的无形文化，它享有和其他官方文化、精英文化同等的地位，既是峥嵘岁月的见证者，也是开拓创新的引航人。因而，乡土教育不仅承担着让学生了解乡土文化、熟悉乡土文化的使命，更负载着让学生建立文化自信，传承文化精髓的重任。它根植于文化生态，着眼于内在价值，实行于教学场所，通过教师对本土文化的知识性传递，学生充分感受和接收乡土文化带来的共鸣和精神滋养，进而建立情感联系，奉献智慧和心力于乡土文化的传承和发展。

（二）大文化观与乡土教育的内在逻辑

教育是文化的一部分。在大文化观的理论视域中，教育是文化的一部分，与政治、经济、社会具有千丝万缕的联系，教育最终的目的是为了促进文化的传承与发展。任何与教育有关的问题其本质上都可归结为文化问题，并最终都能从文化的视角切入找到应对之策。加拿大学者 P. 谢弗把包含哲学的、艺术的、心理学的、教育学的、历史学的、人类学的、社会学的、生态学的、生物学的概念都归纳到"文化"的领域范围之中，在他的理论框架中，教育是文化的子集，归属于文化这个大系统。② 顾明远先生亦在《中国教育的文化基础》一书中这样写道："从教育与文化两者之间的关系看，教育从属于文化，植根于特定文化并为之

---

① 郭湛：《大文化观念：一种理解和行为的依据》，《世纪论评》1998 年第 1 期。
② 张在兴：《中西"文化"概念研究的反思》，《长安大学学报》（社会科学版）2005 年第 1 期。

服务。一个国家对不同文化样态的选择直接影响到教育的制度和内容，甚至教育的方法和组织形式。"①

大文化观和乡土教育的立足点和归宿不谋而合。无论是大文化观还是乡土教育，两者的出发点和落脚点都归结在文化，从文化出发，最终为促进文化的发展。乡土教育中，源远流长的乡土文化是核心要素，教师通过对乡土文化的讲授和传递，使学生充分感受到本土文化的独特魅力，从而让他们在不断探索乡土、融入乡土的过程中自觉履行文化传承的使命，促进乡土文化的发展。在大文化观的视域中，文化作为一种上位概念而存在，一切意识形态的表征都从属于文化，社会历史发展过程中出现的任何问题最后都可以归结为文化的问题，最终也能从文化的视角予以切入解决。看待问题时一切从文化出发，最终为促进文化的发展。从这一层面上来讲，二者可以说是"异曲同工"。在大文化观的思维框架下，乡土文化教育作为社会主义精神文明建设中相对薄弱但却至关重要的一环，有着牵一发而动全身的作用，需要将其放在一个政治、经济、生态和社会等多样化联系的大系统中，用发展的、动态的，而不是死板的、静止的目光看到交流与融合的意义与乡土文化的价值，求实求新促使传统文化在中华乃至世界舞台上大放异彩。

大文化观对乡土教育具有很强的理论和实践上的指导意义。其一，文化内核的稳固性驱使乡土教育使命的明确与强化。大文化观立足于文化，一切从文化出发，关注文化的传承与发展，很显然文化这个内核是不可变动的。对于乡土教育来说，乡土教育绝对不能脱离乡土文化，如果不关注乡土文化，抛弃乡土文化，让文化的传承发生断裂，乡土教育就会变成无源之水。鉴于此，大文化观鲜明的文化内核与立场对于让乡土文化走进课堂，让学生见识到乡土文化的风采，明晰对乡土文化传承的责任与使命起到了重要的醒示作用。其二，文化联系的多样性催动乡土教育格局的纵深与拓展。大文化观关注的是文化，强调把文化放到人类科技、经济、政治、社会等大范围里去考察，注重文化与政治、经济、科技、社会等的联系。乡土教育在社会大潮的前行中绝不能处于孤立无援的境地，要能够从大文化观的理论视域中得到借鉴与启发，充分探索

---

① 顾明远：《中国教育的文化基础》，山西教育出版社2004年版，第32页。

乡土教育中各个环节与主体的合理、适度、多样与创新的互通与互联，营建乡土教育应有的文化氛围与多样化的发展模式，构筑"互联网式"的"你中有我，我中有你"的乡土教育格局。

二　当前乡土教育的文化认同问题

在社会转型期，开放、多元的城市文化以惊人的速度向着农村地域进行漫溯和渗透。然而，文化的流动与交汇在激荡起新思想水花的同时，亦触发了深埋于农村青年内心深处的逃离意识。乡土空心化，乡土文化日臻单薄，以之为依托的乡土教育逐渐被边缘化，随之而来的是文化认同问题。

（一）乡土教育所传承的文化根脉趋于弱化

乡土教育具有深刻的文化属性，它围绕着文化的传递和弘扬而展开，以重拾乡土价值、传承文明根脉为根本目标，自始至终不可能脱离文化内核而存在。具体对学生而言，对乡土文化能否理解、接受和认同，从根本上决定了乡土文化教育最终能否真正发挥效用，完成文明传承的重任。然而，当强势的城市文明挺进宁谧封闭的乡村之时，传统乡土文化的根脉开始趋于弱化，甚至逐渐断裂。其一，乡土文化景观在工业浪潮的冲刷下被磨去了往日的神采。许多屹立百年，走过光辉岁月的文化实体由于疏于保护和修葺而破损严重，长久以来被奉为文化名片的庄严感和神圣感也几乎荡然无存。其二，民俗风情工艺在工业文明的铁蹄之下逐渐碎片化。乡村社会"被嵌入"工业化、市场化的轨道后，转型期心态的浮躁日益显现，许多传统的风俗仪式因被许多人看作不符合社会发展的"异类"而不再沿袭，而对于那些传统工艺来说，很多人往往愿意从事快节奏、高收益的工作，却不想甘于寂寞，在冷板凳上学习与传授那些收益甚微的"无用之物"。在笔者调研的乡村地区，至今仍保存下来的风情习俗可以说是寥若晨星，绝大部分都湮灭在历史的烟尘中。其三，文化传承主体的大规模逃离，乡土根脉的传承面临后继无人。乡村精英是普及和发展乡村文化的积极分子与中坚力量，拥有发展乡村文化教育事业的话语权。[①] 然而，乡村精英的大量外流催生了严重的鱼筌效应。与

[①] 赵霞：《乡村文化的秩序转型与价值重建》，河北人民出版社2013年版，第28—70页。

此同时,越来越多的农民对繁华的城市生活愈发向往,争相涌入城市,由此带来的是文化传承主体的青黄不接,进一步加速乡土社会的没落。在"你是否愿意对家乡文化根脉的传承贡献自己的智慧和心力"的调查中,只有10.5%的学生选择了愿意,余下将近9成的学生都对本土文化的传承表示了漠视和拒绝。据此可见,文化根脉的传承趋于断裂,乡土教育逐渐失去了重心和依靠。

(二) 乡土教育要营造的文化氛围日益冷淡

乡土文化教育作为传承乡土文化的情意教育,需要社会、家庭与社区的多维参与和有效互动,积极营造活跃的文化氛围。然而在城市化与乡村荒漠化日益严重的今天,乡土教育的文化氛围日益缺失,具体表现为以下三个方面:其一,乡土文化教育在大众传媒中的失语。新兴的互联网传媒时代的到来使得根植于城市文化的大众传媒逐步成为重构现代生活的加速器。开放、异质、多彩的城市文化在文化传播的平台上大放异彩,然而与此形成鲜明对比的是乡土教育在大众传媒中的静默。在中国逐步迈入工业4.0时代的今天,无论是广播电视还是报纸杂志,反映农村生活的题材屈指可数,讲述乡土文化教育的节目更是寥寥无几。除了央视和一些地方卫视三三两两开设的农业频道外,农业、农村、农民逐步退化到被大众传媒遗忘的角落。其二,"离土离巢"背景下家庭教育的缺位,乡土文化传承的纽带作用虚拟化。在中国农村几千年的乡土社会中,人与土地固定的联系形成了特有的蕴含农业生产技艺和伦理生态价值的农耕文化,而这其中家庭教育承担了相当一部分的教学内容。家庭教育对农耕文化顺利地在代际中传承相续起到了不可替代的启蒙和促进作用。然而,这种延续的家庭教育模式却正在城市化和工业化的扩张中面临不断瓦解的局面。失地农民的激增使得他们纷纷离土离乡涌入城市谋求发展,这直接导致农村成为孤寡老人和留守儿童的集聚地,乡土文化的家庭传承出现了世代的断裂。调研数据发现,留守儿童的比例占到了惊人的73%,而在余下将近三成的学生中,真正表示能接受到翔实家庭教育的人只有不到10%。其三,社区在乡土教育的传承中所起的作用逐步弱化。社区作为乡村的公共活动空间,本应在乡土教育中发挥着中流砥柱的作用,然而随着空巢社区的形成以及对乡土教育的重视程度不够,乡土教育在社区教育中几乎变成了隐形人,大大削弱了乡土教育的影响力和传承效果。在"你所在的乡村社区多久进行一次乡土教育"议题的调研中，19.5%的学生选择"一周一次"，20.5%的学生选择"一月一次"，余下将近六成的受访学生选择了"半年一次"，甚至还有3.75%的受访学生选择了"从来没有"。由此可见，社区在乡土教育中的重要作用并未得到充分、及时的发挥，正在逐步弱化。

（三）乡土教育要创设的文化情境濒于陷落

文化情境一般包含文化主体、文化客体及文化中介系统，而聚焦乡土教育，这一教学文化情境则主要由教师、学生以及教材构成，一堂完美的课堂需要三者相辅相成，形成合力才能达到最优化。而凭借系统化的教学，学校应是创设教学文化情境最重要的场所。然而，在笔者调研中发现，真正能创设出较为完善的乡土文化教学情境的学校很少。其一，真正具备乡土情结的师资力量极为匮乏。与城市学校更为完备的条件和更为强大的财政支持相比，乡村学校本就面临先天不足，后天乏力的窘境。由于社会支持度不足和转型期社会浮躁思想的浸染，当今社会知识分子、精英阶层的离农心态愈来愈烈。愿意到乡村执教的教师比较少，精通乡土文化能进行乡土教学的师资力量更是极为匮乏。随着乡村土生土长教师的逐渐老去，入主乡村的年轻教师逐渐蜕变为乡村社会中最熟悉的陌生人，他们既是输送"城市福音"的慷慨激昂的"传教士"，又是远离城市的"悲愤的天使"。[①] 在关于"教师是否有必要引进本土特色文化进课堂"的调查中，受访教师中仅有15%的人表示"非常有必要，关乎家国稳固"，25%的教师认为"有必要，有利于文化传承"，50%的教师认为"没有必要，超出大纲要求范围"，10%的教师认为"完全没有必要，纯属无用"。其二，专注于乡土文化的乡土教材寥寥无几。在笔者调研的学校里，绝大多数学校都不愿意专门投入精力编制专门的乡土教材，而是采用与城市通用的人教版或北师大版。有研究者对学校使用的人教版语文教材七年级上册至九年级下册进行分析后发现，在选文上，能基本反映乡村文化的篇目只有7篇，占4.1%；而直接阐述乡村文化或以乡村文化为主题设计的探究活动几乎没有，在表达与交流中亲近自然的主

[①] 高小强：《乡村教师的文化困境与出路》，《教育发展研究》2009年第20期。

题也只占6%。① 很显然,乡土在课程教材体系中被边缘化。其三,学生对乡土文化的课堂参与度和主动性每况愈下。由于乡土文化环境的整体陷落,农村学生对乡土文化的认可度逐渐降至冰点。课堂上教师关于学生本土文化的无关痛痒的讲述变成了"他们的故事",学生们感受不到也不愿意感受乡土文化带来的精神滋养和洗礼,原本应该存在于学生和乡土之间的心灵对话逐渐消亡。在"你是否希望学校多多开设与乡土文化有关的课程"的议题针对学生进行调研时,35.5%的学生选择"不愿意,浪费时间",43.75%的学生选择"无所谓,与我无关",余下只有20.75%的学生选择了"愿意,有助于深化对本土文化的情感联系"。从教师到教材再到学生,文化情境的崩解大大削弱了教学的效果,乡土教育的文化危机越发深重。

三 乡土教育的文化转型

面对当前乡土教育的文化困境,社会、政府、学校与家庭需要通力合作与共同参与,立足于大文化观的视角,本着弘扬优秀乡土文化,促进乡土文化传承与发展的目标和使命,分型对症地探寻乡土教育的文化转型之道。

(一)创新文化传承模式,守住乡土教育传承千年的文化根脉

面对"离土离巢"和乡土文化消退的现象愈演愈烈,优秀乡土文化对于农村学生而言成了淡漠和疏离的存在,鉴于此,需要政府和民间多方参与,开拓思维,早日修复日渐颓废的乡村文化生态,守住传承千年的文明根脉。其一,构筑文化保护与传承和新农村建设的法律保障。政府应颁布相应的文化保护条例,明晰权责和法规,锻造文化传承主体的责任意识。同时,国家和政府要加大人力、物力、财力等的投入,加快恢复与重建那些破损的文化景观。其二,设立"自主文化保护月",构建风情民俗产业机制。政府可设立本土文化的保护月,鼓励民间个体在保护月之内以多样化的形式讲述和传承风俗仪式,并给予相应的财政优惠和奖励,引导相关主体尝试以乡土文化产业助力本土文化的发展与增值,发掘乡土资源衍生的生态、经济、文化等多重价值,有意识地在文化融

---

① 马长安:《新教材建设中的乡村文化》,《语文建设》2007年第21期。

合和变迁的大潮中捕捉本土文化的发展机遇。如琳琅满目的乡村手工艺品展映、汇聚民风民味儿的农家乐之旅等，拓宽乡土文化的价值意蕴，逐步形成产业机制。其三，加强区域合作，发挥文化集群的声势效应。不同地域的文化都是烙印着流光溢彩的文明支脉，是由博大精深的中华文化所内蕴、发掘和辐射的灿烂晶体。政府和民间传承主体需要看到邻近乡区和区域文化之中蕴含的优势和闪光点，加强彼此之间的交流与合作，构建文化和谐共生的合作机制。通过借鉴不同区域的文化优势，形成文化集群，在增强各自文化影响力的基础上助推实现文化双赢。通过各个主体的不懈努力，守住乡土教育传承千年的文化根脉。

（二）激活社会、家庭、社区三位一体的联动效应，打造乡土教育热情洋溢的文化氛围

面对乡土教育的文化氛围日趋冷淡现状，要发挥社会、家庭、社区三位一体的整体功效，从以下几个方面做起：其一，政府加大乡土文化的宣传和重建力度。通过借助广播、电视、互联网等平台，政府和民间以多种形式呼吁全社会对乡土文化教育的重视和参与，为乡土教育的广泛实施营造良好的社会氛围。其二，凸显家庭教育的纽带功能，增强文化的引导与传递。家长应树立乡土文化传承的责任意识，端正观念，切实将自己在乡土生活实践中学来的和从上一辈人那里知道的乡土文化知识尽可能地传递给下一代，完成自己乡土文化代际传承的本分与职责。家长也要率先垂范，遵守并维护好祖辈世代沿袭的乡土价值规范。在乡土社会的更迭中沿袭下来一套家国相依、忠义孝悌、勤俭节约、重义轻利、仁爱互助等共同的价值标准与规范。家长要以身作则，努力提升自我道德修养，秉持踏实肯干、助人为乐、诚实守信的优秀品质，为孩子做好榜样示范。家长和老师要保持经常性的沟通与联系，在如何有效传承乡土文化这一议题上找出适合孩子身心发展特点的最优方案，从而推进乡土文化教育原汁原味、高效顺利地开展。其三，社区要营造公共文化空间。充分利用社区资源，如图书馆、纪念馆、地方博物馆、电影院等公共场所和设施进行相关乡土文化知识和影像视频的播放，强化村民对乡土文化的认知和了解。借助本地深厚的人文底蕴开展家国情怀教育，激发人们的文化自信和认同。努力挖掘出本土的英雄人物事迹、文物景观的历史风貌以及乡情

民俗的来龙去脉，增强人们对本土文化的自信与自觉，并将在乡土教育中形成的知识、技能、情感等迁移到爱国主义教育中，在建立深刻情感联系的基础上，完成自己的文化传承。

（三）遵循乡土教育自身发展规律，重建乡土教育生机盎然的文化情境

乡土教育需要遵循自身的发展规律，重建利于乡土教育所需的文化情境。其一，突出文化主体的作用。乡土教育自始至终要牢牢抓住以人为本，文化为源的核心，需要根据社会的发展不断更新自身，进行适时的定位，从而抓住文化契机实现文化转型。鼓励乡村教师在走近乡土、融入乡土的过程中播撒美丽的教育梦想。作为乡村知识精英的代表，乡村教师在引领农村学生培养寻根情怀上发挥着不可替代的作用。政府可建立一种长效的以乡村文化作为衡量指标的绩效考核机制，从物质和制度层面双管齐下引领乡村教师深化自己的乡土意识。其二，创新乡土教育的理念。乡土教育的格局需要纵深与拓展，要能充分借助和加强乡土教育发展过程之中与其他各个环节的沟通与联系，挖掘乡土教育的生机与活力，构筑乡土教育的文化情境。采用多种方式调动各方的主动性和参与度，加强其对乡土文化的体验性接触。通过设计教学文化情境，各个环节的协调与完善，重新打造充满乡土特色、生机盎然的乡土文化情境。

第三节　乡村教育与乡土文化的疏离与认同困境

"文字上移"现象是与"文字下乡"现象相对而言的。"文字下乡"是费孝通先生在其著作《乡土中国》中对乡村教育现代化发展趋势的一种概括，这一现象的突出表现形式就是乡村学校数量的急剧增加，历经将近百年的时间基本实现了"村村有小学"的农村教育格局。熊春文提出了与"文字下乡"相对的"文字上移"这一新的概念和命题，试图来概括当时中国乡村教育发展的新趋势。20世纪90年代末以来，以"撤点并校"为核心的农村学校布局调整导致乡村学校数量锐减，"中国农村小学校数量从1997年的51万余所减少到2006年的29万多所"，仅仅10年

左右的时间就打破了"村村有小学"的农村教育格局。① 在 2000—2010 年这 10 年间，农村平均每天消失 63 所小学、30 个教学点、3 所初中，伴随农村学校消失、"文字上移"运动而来的是"上学远""上学贵""上学难"等问题。虽然在这一过程中一定程度上提高了某些地区乡村教育的质量，但是由于过度撤并而导致的负面影响不可忽视。② 2012 年 9 月，国务院办公厅颁布了《关于规范农村义务教育学校布局调整的意见》，指出"严格规范学校撤并程序和行为"，"在完成农村义务教育学校布局专项规划备案之前，暂停农村义务教育学校撤并"，"撤点并校"政策被叫停，随之进入"后撤点并校"时代。③ 本节主要基于对"文字上移"运动的反思，探讨利用"后撤点并校"时代这一新契机扭转乡村教育与乡土文化之间的疏远倾向，以期实现乡村教育的发展与乡土文化教育认同的提高。

一 乡村教育与乡土文化：互哺互动

文化是教育的内容，教育是传承文化最有效的方式之一；同理，乡土文化也应成为乡村教育的重要内容，乡村教育也应在传承乡土文化过程中发挥积极的作用，乡村教育与乡土文化良性互动的理想关系应得到重视与维持。

（一）乡土文化是乡村教育的沃土

乡土文化是经由一定地域的世世代代的人们创造与传承下来的宝贵财富，其中不乏风俗习惯与生活经验，给予当地民众以生活上的指导和精神上的滋养。乡土文化作为乡村教育的沃土对于乡村教育的影响与作用更是不容小觑。首先，乡土文化是乡村教育资源的重要来源。20 世纪二三十年代在我国轰轰烈烈开展的乡村教育运动强调乡村教育与乡村生活的紧密结合，陈鹤琴先生是此次运动的主要倡导者之一，曾提出"大

---

① 熊春文：《"文字上移"：20 世纪 90 年代末以来中国乡村教育的新趋向》，《社会学研究》2009 年第 5 期。

② 娄立志、吴欣娟：《农村小规模学校"撤点并校"的代价与补偿》，《教育研究与实验》2016 年第 2 期。

③ 《国务院办公厅关于规范农村义务教育学校布局调整的意见》，2012 年 9 月 7 日，中央政府门户网站（http://www.gov.cn/zwgk/2012-09/07/content_2218779.htm）。

自然、大社会都是活教材"。教育内容的选择取材于学生熟悉的生活环境，有利于学生对于教育内容的理解与把握。乡村教育较城市教育的特殊性要求乡村教育要立足于乡村社会和乡村学生的实际生活，乡土文化作为承载乡村生活智慧的表现形式自然成为乡村教育资源的重要组成部分。其次，乡土文化为乡村教育提供文化氛围，滋养乡村学生的精神世界。学校的发展离不开所在地域文化的滋养，从而形成的学校文化不仅仅成为该学校自身发展的特色之处，增强其生命活力与竞争力，而且会在潜移默化中影响学生的健全人格与价值观的养成。乡村教育有了乡土文化的保驾护航，会发展得更加顺风顺水，同时引领乡村学生的价值观驶向正确的方向，全面呵护乡村学生的健康健全成长。

（二）乡村教育是乡土文化传承的有效机制

乡土文化并不是一个静态的概念，其动态的发展离不开乡村教育在这一过程中发挥积极的作用，乡村教育对于乡土文化的意义必须得到重视。首先，乡村教育是传承乡土文化最有效的方式之一。学校是文化传播的最佳场域，教育是文化最有活力的生命机制。在教学过程中，通过显性课程的讲授或隐性课程潜移默化的影响等形式实现学生对文化的认知与传承。乡土文化以教育资源的身份进入乡村教育这一机制之中，在丰富乡村教育资源的同时，引导乡村学生对乡土文化的认同，使其得以生生不息地延续下去，有力阻止乡土文化断层的出现。其次，乡村教育是创新乡土文化的有效机制。著名哲学家康德认为："文化的进步，都是人所造成的，尤其是学校的设立，其贡献最大。"学校不仅仅是传播文化的场域，在这一过程中，亦有对文化的发展与创新。为了增强乡土文化的生命活力，乡村教育在继承世代延续下来的乡土文化的同时，也要提高乡土文化对新时代发展的适应能力，使其做到与时俱进。在对乡村学生进行乡土文化教育的过程中，将乡土文化与新时代元素相结合，或丰富其文化内涵，或创新其表现形式。乡土文化的延续与发展历经世代，综合了每一时代的显著特点，其发展到当今时代，也必然会吸收这一时代的精华，通过乡村教育这一有效途径深深打上这一时代的印记。

二 乡村教育与乡土文化的渐行渐远及认同困境

2001 年，国务院颁布的《关于基础教育改革与发展的决定》指出，应"因地制宜调整农村义务教育学校布局",要"按照小学就近入学、初中相对集中、优化教育资源配置的原则,农村小学和教学点要在方便学生就近入学的前提下适当合并"。"撤点并校"就此拉开帷幕,乡村教育的重心开始远离村落,新的乡村教育趋势——"文字上移"开始形成。

(一)乡村教育与乡土文化的空间距离变远,认同失去文化元素

"撤点并校"政策出台,各地政府纷纷响应号召,有些地方甚至片面追求撤并的"数量"和"速度",农村学校布局的调整俨然变成了"政绩工程",加速了"文字上移"的进程。为了解决出现的乡村学生上学路途遥远等问题,寄宿制学校的建造成为这一问题的解决策略。无论是乡村寄宿制学校的应运而生,还是乡村学校向城镇或中心村落的集中,都使得乡村学生进入相对封闭的教育环境,"原来是在时间上隔离,现在在空间上也开始了隔离,他们已近乎完全脱离了那个他们原有的丰富而完整的乡村世界,直接进入了现代式抽象而封闭的现代学校中来接受现代教育的规训"。[1] 乡村教育与乡土文化在空间上距离变远,仿佛把乡土文化隔离在乡村教育之外。之前"村村有学校",学校是村落不可分割的重要组成部分,乡村中的民众积极参与并为乡村学校教育提供支持与帮助,而乡村学校"作为乡村社区的文化高地"[2] 对于当地乡土文化的传承发挥着重要作用,学校与乡村之间如此紧密的联系与互动自然使得乡土文化在乡村学校中占有一席之地。乡村学校在物理空间上的位置移动,将许多规模小、办学条件差的乡村学校从村落中撤出,使乡村教育与乡村社区距离变远,同时也拉远了乡村教育和乡土文化的空间距离,打消了乡村社区对乡村教育的积极性。

(二)乡村教育与乡土文化的情感联系变少,认同缺乏价值导向

在"文字上移"运动过程中,有些经济较发达的农村地区确实通过因地制宜的"撤点并校"取得了良好效果,改善了办学条件,提高了教学水平。就是在"撤点并校"政策初见成效的过程中,乡村教育质量得到了一定程度的改善,但是乡村教育也愈加追求现代化,少了一些"乡

---

[1] 蔡志良、孔令新:《撤点并校运动背景下乡村教育的困境与出路》,《清华大学教育研究》2014年第2期。

[2] 周晔:《村学的社会文化功能及退出影响》,《社会科学战线》2017年第2期。

里土气",这首先体现为乡村教育理念的转变。分数至上的观念,对升学率的片面追求,使乡村教育成为乡村学生逃离乡村进入城市的工具,在"离农"与"为农"两种选择的相互竞争之下,乡村教育更加倾向于"离农"的教育理念。而乡土文化在这一教育理念的转变过程中似乎失去了对乡村教育的吸引力,这就使得乡村教育不再对乡土文化"情有独钟",在空间距离上已经变远的乡村教育与乡土文化之间在情感联系上也逐渐变少。从而也影响了对乡村学生的价值导向,使其盲目向往城市生活、追求城市文化,渐渐失去乡土情怀和对乡土文化的认同。

(三) 乡村教育与乡土文化的纽带力量变弱,认同走向异化

"文字上移"使得乡村教育与乡土文化之间的关系走向渐行渐远,也表现在乡村教育的教育内容方面——"离土"的教育内容。乡土文化以教育内容的身份进入乡村教育,不仅可以丰富乡村教育的知识体系,而且可以担当纽带的重任,加强乡村教育与乡土文化以及乡村生活的联系。然而,随着"文字上移"趋势的发展,乡村教育越来越认识到接受和教授普遍性的知识对于提高升学率更有帮助,也更符合其"离农"的新教育理念。这也与长期以来城市文化在教育领域的强势地位不无关系,从而使乡土文化的地位受到冲击,不断走向边缘化。[①] "文字上移"的趋势与我国的城市化发展趋势保持一致,二者之间相互影响,乡村人们的生活不再受到土地的限制,离开土地,乡村人们依然可以找到谋生的手段,这就加重了乡村教育内容的"离土"化倾向。在乡村学校的校长、教师以及乡村学生的家长的观念里,大多认为乡土文化知识是"落后"的代名词,随着时代的发展和进步,其价值在逐渐消失,自然不会同意学生在乡土文化知识的学习上花费宝贵的时间和精力。乡土文化在乡村教育内容方面的日渐式微,使得乡村教育与乡土文化失去了最佳的合作方式,二者之间的纽带力量逐渐变弱。

三 "渐行渐远"到"互哺互动"的扭转路径

2012年9月,国务院办公厅颁布了《关于规范农村义务教育学校布

---

① 李涛:《"文字"何以"上移"?——中国乡村教育发展的社会学观察》,《人文杂志》2015年第6期。

局调整的意见》，对十年"撤点并校"工作进行反思与纠偏，并被形象地称为"后撤点并校"时代的到来。进入"后撤点并校"时代，不能简单地由过去的"撤并"到现在的"恢复重建"。"文字上移"运动与城市化的发展趋势一致，针对其中出现的负面影响和问题，解决措施不应是回到过去，而应是在新的背景下寻找新的出路。充分利用"后撤点并校"时代"严格规范学校撤并程序和行为"以及"对保留和恢复的村小学和教学点，要采取多种措施改善办学条件，着力提高教学质量"的要求，①抓住这一新的契机，使乡村教育与乡土文化的关系由"渐行渐远"回归"互哺互动"。

（一）开放教育环境，构建乡村教育的文化氛围

"文字上移"运动中，"村村有学校"的农村学校基本布局被打破，把学校从村落中抽离，不仅使得乡村学生面临新的求学困境，如交通费、住宿费等教育成本的增加，甚至出现辍学率升高的现象，而且更值得关注的是乡村学生新的教育环境对其成长和发展产生的影响。乡村学生进入封闭的教育环境，乡村教育与乡土文化之间的距离变远，"学生与乡土空间的接触与乡村生活体验不断缩减"。② 乡村学校撤并之前，乡村学生放学后还可以帮助父母做一些力所能及的农活，听长辈讲述民间流传的故事，潜移默化地感受着乡土文化的熏陶和洗礼。而随着"文字上移"的出现，乡村学生只能将全部精力放在学校和学习上，接受现代化的规训。乡村教育的发展缺少了必要的文化氛围，同时，乡土文化的传承也失去了最佳载体。开放教育环境，不再让学校的围墙将乡村教育与乡土文化隔离。一方面，要"引进来"，开发乡土课程，③ 挖掘乡土文化资源作为教育资源的价值，在教学过程中或学生的日常生活中加以渗透，并且要积极与乡村中熟悉乡土文化的村民合作，吸引其参与到乡村教育的文化建设中来，能够拉近乡村教育与乡村社区的距离。另一方面，要"走出去"，带领学生去参观当地具有地方特色的景观、拜访掌握民间技

---

① 《国务院办公厅关于规范农村义务教育学校布局调整的意见》，2012 年 9 月 7 日，中央政府门户网站（http://www.gov.cn/zwgk/2012-09/07/content_2218779.htm）。
② 高水红：《乡村学校教育变迁与时空意识的变革》，《北京大学教育评论》2012 年第 4 期。
③ 张燕：《后撤点并校时代农村寄宿制学校发展研究》，《教学与管理》2017 年第 18 期。

艺的长辈,让学生亲身去感受乡土文化的魅力。虽然乡村教育与乡土文化在空间距离上变远,但是仍然可以为乡村教育营造乡土文化的氛围。

(二)转变教育理念,重拾乡村教育的乡土情怀

反思"文字上移"运动对乡村教育与乡土文化带来的影响,扭转乡村教育与乡土文化之间渐行渐远的关系,增强二者之间的情感联系,应该转变"离农"的教育理念,重拾乡村教育的乡土情怀。陶行知早就指出:"中国乡村教育走错了路!他教人离开乡下向城市里跑。他教人吃饭不种稻,穿衣不种棉,做房子不造林,他教人羡慕奢华,看不起务农。""文字上移"运动中,乡村教育的这种错误倾向仿佛更加严重。转变"离农"的教育理念,并不是要把乡村学生的未来局限在乡村,而是要提醒乡村教育不能只为培养走出去的精英而努力,还要关注留下来的大多数乡村学生的未来发展,另外,乡村教育还要心系乡村社会的发展,不能忘记为乡村社会建设培养人才的使命与责任。一方面,乡村教育要制定科学合理的教育目标,综合考虑大多数学生的实际水平,既要让学生具备基本素质,又要让其对乡土文化有基本的认知。另一方面,不仅校长及教师的观念要转变,同时还要引导乡村学生及其家长正确看待乡土文化对于学生自身发展的积极作用,以便乡村教育理念顺利转变。

(三)渗透教育内容,丰富乡村教育的知识体系

"文字上移"后拉近乡村教育与乡土文化的关系,在"后撤点并校"时代实现二者的良性互动,需要增强二者之间的纽带力量——使乡土文化知识作为乡村教育内容的重要组成部分。乡村教育向乡村学生教授普遍性知识本没有错,因为面对社会的发展和进步,乡村学生也必须具备基本的能力与素质,但是不得不承认乡村教育对于城市教育的异质性特点,不能完全照搬城市教育那一套,而应立足于乡村社会本身,来挖掘自己的乡土文化资源,丰富乡村教育的知识体系。一方面,学校可以与当地熟悉乡土文化的村民合作,编写具有地方特色的乡土教材,开设专门的乡土文化课程。另一方面,教师可以在教学过程中合理渗透乡土文化知识,在讲授普遍性知识的同时与乡土文化知识适当地进行联系。现实生活中不乏因地制宜、利用乡土文化资源办乡村教育的例子,如成都浦江是有名的茶乡,当地的学校利用这一资源优势,将茶文化引入课堂,撰写了《茶史茶情篇》《茶乡茶技篇》等校本教材,并且还在语文课上教

学生阅读茶文化读物。不仅学习茶文化知识，而且学校还注重知识与实践的结合，与企业合作，为学生提供实践基地，形成了"学校、家庭、企业、社区"四位一体的教育合力。①

---

① 张燕：《后撤点并校时代农村寄宿制学校发展研究》，《教学与管理》2017年第18期。

第六章　乡土文化教育认同的国内案例

在弘扬社会主义核心价值观和优秀传统文化进程中，乡土文化教育逐步得到重视，各地学校纷纷结合本校实际进行乡土文化教育实践的相关探索，现已涌现出很多典型范例并获得了较高的认同度，提供了可资借鉴的参考模式。

第一节　天津杨柳青年画的教育认同案例

杨柳青年画与苏州桃花坞年画是我国最著名的年画，并称"南桃北柳"，它是天津当地最具特色的文化标志之一。杨柳青年画上承元末、下至清季，收有明一代绘画、戏剧、工艺美术之特色，盛于清雍、乾至光绪一朝，衰于清末、民国，重生于新中国①，至今回响不绝，成为津门百姓日常生活必备。杨柳青年画以木版套印和手工绘画为主要特征，版画构图立意鲜明、风格喜气，颇富生活情趣，广受人们喜爱。2006年杨柳青年画入选第一批国家非物质文化遗产名录，2018年入选首批国家传统工艺振兴目录。

杨柳青年画也是天津最具特色民俗文化之一，在中国民间文化和天津文化发展史上占有重要地位。如何将这一文化遗产传承下去，坐落于杨柳青古镇的天津市西青区实验小学做了积极的思考和实践，课题组深入该校做了细致调查。

---

① 霍庆顺：《杨柳青年画的新生之路》，《美术报》2017年1月28日第5版。

一 杨柳青年画传承的路径

（一）开发年画课程资源

开发年画类校本课程是西青实验小学的重要特色，杨柳青年画的传承离不开课程资源的开发与整合。近年来，西青实验小学充分发挥当地年画资源丰富的优势，聘请了杨柳青年画霍派第六代传人霍庆有等专家，长期指导课程开发、编制工作，同时不定期邀请教育专家到校指导工作。在多位专家的共同指导下，全校教师深入调研学生的年画学习需求，并根据学生的年龄特点，先后编制了《杨柳青年画拓展活动校本教材》和《杨柳青年画知识读本》等系列校本教材。同时学校尝试将年画与音乐、舞蹈、美术、剪纸等不同艺术形式进行整合，开发出了以《欢天喜地杨柳娃》为代表的年画舞蹈课程，以年画题材为样式的系列年画剪纸课程，以年画为内容的十字绣课程活动，还有将年画与英语课程整合，开发出《杨柳青年画英语解说词》等教材。这一方面丰富了校本课程资源，另一方面也为年画艺术的传承创造了条件。

（二）重视年画教师培养

校长介绍，尽管学校一些教师粗知杨柳青年画，但毕竟不能做到专业化、精细化，因此学校不定期邀请年画艺术家来校教学时，也会请专家对相关教师进行专业培训，尤其是对美术教师、学生社团指导教师进行专业化培训，这样在较短时间内就培养出一批热爱年画、又了解年画制作的教师群体。同时学校也会不定期组织师生到杨柳青年画创作基地观摩学习，既开拓了师生的眼界，也从另一个侧面提升了教师的年画水平。此外学校还会举办师生年画作品大赛，将优秀的师生年画作品放在专门展厅展览，这对年画教师的培养起到了很好的激励作用。

（三）有效实施年画教学

校长介绍，学校将年画教学纳入正常的课程实施，尤其是将年画与美术课程整合后作为日常开设课程，保证每个班级隔周一次年画美术课，每位学生全程参与年画教学。除了美术教师正常上课之外，不定期邀请年画艺术家到校授课，让学生真切认识杨柳青年画的悠久历史、传承谱系、正宗制作流程和精美成品。同时为了保证教学的有效性，充分考虑不同年级学生的发展特点，低年级学生年画教学以简单描红、蜡笔涂红为主；中年级年画教学则要求简单彩绘；至于高年级年画教学则鼓励自主创新。如此一来，充分调动了不同学段学生的积极性，有效保证了教学的质量。此外在年画教学过程中重视开展德育活动，鼓励教师以年画中尊老爱亲、尊师重教、爱党爱国、传承文明、奉献社会等题材开展教学，潜移默化地在学生的心里播下文明的种子。

（四）开展多彩年画课外活动

课外活动是传承杨柳青年画的重要渠道。学校重视年画类社团建设，先后成立了"年画社""年画十字绣社团""年画剪纸社团"等，为"年画社"等配备专门活动场所和指导教师，利用课外活动时间定期组织年画类社团开展活动。近年来，"年画社"师生先后创作出"杨柳娃与环保""我为祖国画丹青"等系列作品；"年画剪纸社团"也搜集创作出了数十种年画剪纸作品，受到来访师生团体的一致好评。学校鼓励师生到杨柳青年画创作基地参观学习，鼓励师生利用所学知识到旅游景点帮助服务，特别是利用所学的《杨柳青年画英语解说词》为外国友人介绍年画，这进一步提升了学生对年画的认知，增强了他们的文化自豪感和自信心。

（五）利用节日庆典等传承年画

学校重视利用重要节假日、学校庆典等开展杨柳青年画活动。先后组织"年画节"，参与西青区年画艺术活动，并收获不俗成绩。对于各类学访团体的访学、观摩活动，学校也予以充分重视，并以此作为学校杨柳青年画育人活动的重要组成部分，鼓励师生积极参与接待工作，客观上也促进了年画教育的开展，利于年画的传承发展，增强师生的年画文化自豪感和自信心。

（六）营造年画育人环境

西青实验学校在营造年画育人环境方面也卓有成效。学校在操场边设置年画长廊，上面绘制了多彩的运动类年画娃娃形象，有运动福娃、跑步"喜羊羊"等，将小学生喜爱的动漫形象与年画相结合，配合运动元素加以创造性转化，使得年画焕发出别样的时代风采，深受广大师生好评。教学楼的布置也充分利用年画元素，主教学楼内设置了浮雕年画《年年有余》，配合以学校的校风校训，呈现出年画的独特魅力。楼内专辟年画艺术走廊，装饰有历代年画佳作，配以文字说明，在潜移默化中对所有学生施加影响。走廊尽头的师生年画作品展厅更是激发全校师生参与年画创作的热情，有效地实现了年画环境育人。

二 杨柳青年画成果展示与认同

西青实验小学通过丰富多彩的校内外生活向师生不断传递杨柳青年画的特有魅力。以杨柳青年画为载体，结合传统民乐和现代音乐元素，打造独具特色的年画舞蹈《欢天喜地杨柳娃》，受到搜狐网、教育部等的关注。[①] 学校编写的校本教材《杨柳青年画英语解说词》，不但丰富了学生的英语学习生活，而且为当地的旅游提供了便利，向海外友人弘扬传播了杨柳青年画的独特魅力，同时也激发了学生的自豪感和文化自信。

学生在系列年画教育中学会技能、收获快乐。在 2013 年举办的第一届年画节上，学生们现场创稿、分版、刻版、套印、上色、装帧，节奏紧凑、配合默契、有板有眼，不少班级创作出各具班级特色的标志性年画、班徽、连环画等，充分展现了学生们多彩的想象力和昂扬向上的青春气息。[②]

学校先后与西青区对外交流中心和旅游局合作，接待美、日等国参访团，全校师生认真参与"寻根之旅"华裔代表团、台湾学访团及其他兄弟省市访学研修，不但扩大了师生的视野，同时也向外界传播了杨柳青年画的神韵，进一步增强师生的杨柳情、年画意，使得年画的教育意蕴不断叠加放大。

提到杨柳青年画教育的认同情况，六年级陶怡然同学的话代表了广大学生的心声。她说"虽然我马上就要升入初中，步入紧张的学习阶段了，但是年画的魅力依然还吸引着我，我希望初中后还继续学习年画，因为杨柳青年画真的有一种独特的魅力，希望它那淳朴的精神一直影响

---

① 《民俗生生不息，年画连绵不绝——天津市西青区实验小学体育艺术教育弘扬中华优秀传统文化成果展示》，2018 年 1 月 8 日，搜狐网（http://www.sohu.com/a/215355440_727113）。

② 《魅力名镇杨柳青 年画传承千载情》，2017 年 6 月 9 日，教育部（http://www.moe.gov.cn/s78/A17/A17_ztzl/ztzl_yscc/yscc_ccxx/201706/t20170619_307290.html）。

着我"。①

三 杨柳青年画教育的启示

杨柳青年画作为天津最具特色的民俗艺术之一,也是国家级非物质文化遗产,通过教育的方式对这一国粹进行传承与发展具有非常重要的现实意义。西青区实验小学依托杨柳青年画文化进行的乡土文化教育独具特色,可视为天津地区乡土文化教育认同开展的典范。

西青实验学校杨柳青年画教育的成功得益于以下几点:

(一) 利用资源整合实现全方位育人

系统整合年画资源,综合考虑,实现年画教育的体系化,使学生能全面浸入年画教育体系,做到课程、教师、教学、课外活动、环境等全方位育人,有效增强学生对年画的认知与理解。

(二) 利用自编教材因材施教

充分依托文化传承人等专家学者编制校本教材,编制过程中充分发掘学校现有优势资源,优化整合多种资源优势,起到多学科、多资源共同育人的良效。同时在教学过程中充分考虑学生的年龄特点,因材施教,寓教于乐,进一步增强学生的乡土文化认同。

(三) 打造精通年画教师队伍

重视师资队伍的建设,特别是培养了一支优秀的年画课程教师,为系列年画教育的顺利开展打好了人才基础。

(四) 广泛开展多样年画活动

以行动促学习,利用当地年画制作和旅游的独特优势以及多彩的课内外活动,鼓励师生积极参与年画实践活动,有效升华了师生的年画情,增强了学生的年画学习自豪感和自信心。同时鼓励学生进行创造,促使杨柳青年画的传承和发展相同步,进一步弘扬了杨柳青年画艺术。

(五) 充分重视校园环境建设

充分利用杨柳青年画进行校园文化建设,采用学生喜闻乐见的形式

---

① 《民俗生生不息,年画连绵不绝——天津市西青区实验小学体育艺术教育弘扬中华优秀传统文化成果展示》,2018 年 1 月 8 日,搜狐网(http://www.sohu.com/a/215355440_727113)。

将杨柳青年画进行了创造性转化和创新性发展，将杨柳青年画与当代生活进行了有机衔接，充分焕发了杨柳青年画的活力，也赢得了学生的高度认可，实现了年画教育认同。

第二节　河北滦州皮影和蔚县剪纸的教育认同案例

近年来，河北省滦县实施的滦州皮影校本课程和蔚县组织的剪纸文化开发取得了可喜的成绩，受到了外界的广泛关注和好评。通过课题组的实地调研，发现皮影已在本地学校落地生根，成为学校教育体系的重要组成部分，并广泛受到教师、学生与家长的欢迎。

一　河北省滦州皮影的教育开发

皮影戏是集说、唱、演为一体的优秀的民间传统艺术表演形式，具有深厚的艺术内涵和文化价值。各方水土不同造就了各方皮影戏的特色。滦州皮影戏，作为北方皮影戏的代表之一，唱法独特，均用当地方言"掐"嗓唱，使影人地方个性鲜明。为了使民间艺术更好地蹿事增华，唐山滦县九年一贯制的龙山初级学校将传承滦州皮影作为己任。自从该学校开发滦州皮影为校本课程两年多以来，先后获得唐山市"校本课程实验校"等荣誉称号，并成为"滦州皮影艺术教育基地"。

（一）河北省滦州皮影的教育开发

1. 龙山初级学校皮影校本课程实施的背景

龙山初级学校的皮影校本课程最初是由该校的音乐教师李志新老师自发组织的。随着皮影在课堂的教学欣赏和教唱的深入，越来越受到学校师生的喜爱，渐渐的皮影课程受到了上至学校领导下至学生的重视和青睐，龙山初级学校由此拉开了皮影校本课程的帷幕。①

2. 龙山初级学校皮影校本课程的内容设定

滦州皮影戏校本课程是贯穿于一年级到七年级的音乐、美术课中进

---

① 李会娟：《平山地区音乐文化在高中音乐教学中的传承与实践》，硕士学位论文，河北师范大学，2015年，第16页。

行的。《沉香救母》《三打白骨精》《小羊过桥》等历史剧和儿童皮影剧目是音乐课的主要教学内容。在逐渐深入的教学过程中，教师一旦发现优秀人才或有这方面潜力的学生，就会将其集中于每周的音乐活动课，并根据开发的校本教材对这些学生进行专门的教学和培训。由于龙山初级学校的皮影校本课程内容是融入音乐、美术等课程进行的，因此其校本教材与音乐、美术课的常规教材同时使用。《滦州皮影》是学校修订的皮影校本教材。它比较全面地记载和讲述了滦州皮影的缘起、发展进程、传说故事、人物角色、唱腔、剧本、乐器、美工雕刻、技法、传承等内容，为我们进一步了解滦州皮影提供了不可多得的素材。

3. 龙山初级学校的皮影校本课程的实施

龙山初级学校的皮影校本课程的授课计划不同于学校常规课程计划，它不是以课时量来进行教学计划的，而是依据剧目难易程度来统筹课时安排。在皮影戏授课之初，学校的音乐教师也不是很熟悉皮影艺术表演。于是在工作之余，他们向滦州皮影戏表演艺术家们学习唱腔等技巧，学成后在课堂上将念白和唱词一字一句地教给学生，待学生们熟悉念白和唱词、字正腔圆后，再教相应的动作。"刚开始学生们全靠兴趣。现在的孩子，没有接触过传统的梆子戏这种地方戏，所以每次上课时会让他们先听一点儿，通过这种灌耳音先入为主的方式让孩子们慢慢学习认识皮影戏。"音乐教师李老师说道。一般情况，教师每学年教授学生两个剧目，教学剧目通常从传统剧目和现代儿童剧目中选取，如《老马识途》《小羊过桥》等。教师所教授的内容也不同。在音乐课上，音乐教师主要教授唱腔、操作等技巧；在美术课上，美术教师主要教授雕刻等技能，其他皮影知识则在课外活动中再由教师分别深入教授。[①]为了鼓励更多的师生参与到皮影活动中来，学校实施了教学成果的奖励机制。学校除了举行每年一度的滦州皮影戏票友大赛和排演剧目的演出之外，不但对表现优秀者加个人量化学分，还为其班级加分。[②]这些鼓励机制有效地促进

[①] 李会娟：《平山地区音乐文化在高中音乐教学中的传承与实践》，硕士学位论文，河北师范大学，2015 年。

[②] 胡彦敏：《乡土音乐与乡土音乐教育研究——以河北省怀安县为例》，硕士学位论文，河北师范大学，2015 年。

了皮影校本课程的开发，维护了皮影戏教学的开展，提高了学生学习皮影戏的积极性，增进了师生之间的感情。

（二）河北省滦州皮影的教育认同

龙山初级学校皮影课程最初由学校音乐教师自发组织，最终成为学校的一门校本课程并取得了良好的教育效果，充分体现教师结合本土特色艺术文化进行课程开发的自主性。由师生共同表演的《小羊过桥》《狐狸和乌鸦》等节目，多次出现在当地一些活动中，并被唐山电视台作为专题节目播放，受到社会各界赞誉。学校举行的2014届皮影戏票友大赛决赛，我国皮影戏非物质文化遗产保护专家魏力群教授、滦州皮影戏表演艺术家李海滨等老师、作家，市、县教育局领导等各界人士对赛中师生的表演予以赞扬及充分的肯定。

皮影课程实施注重与不同科目相结合，编订了相应教材，开展了教师培训，并设置了丰富的课外活动，增强了学生的学习效果，不但提升了学生的艺术素养也促进了民间艺术的传承和发展。"我觉得民间艺人非常厉害，对这些制作皮影的老艺人怀有一种敬意。现在传统工艺好多都失传了，所以我们应该去多了解，把这些非常美好的东西继承下去。"这是七年级张同学在主题班会中的发言，得到了同学们的共鸣。学校注重校本教材的开发，使学生和教师可利用的课程资源更加丰富。滦州皮影作为一种艺术形式同时也是一种文化的表现方式，有其教育价值。滦州皮影结合多学科教学，与学生的多项培养目标相联系，进行相应的校园文化建设，学校从多角度发挥滦州皮影的育人作用，促进学生的全面发展。

（三）河北省滦州皮影的教育认同启示

1. 注重学生兴趣，促进乡土文化教育认同良性发展

乡土文化是中华传统文化中璀璨的文化瑰宝。河北滦县龙山初级学校的"滦州皮影戏"将当地乡土文化引进校本课程，编订乡土教材，是民间艺术在中小学乡土文化教育中开发实施的典型。"滦州皮影戏"校本课程的教学模式，对优秀学生进行因材施教、集中培养，学校每年举行皮影戏票友大赛，大大提高了学生的积极性，促进了皮影戏教学，保障了乡土文化教学的良性发展。各种皮影雕刻的观赏，使学生感受美、鉴赏美、表现美，培养了创造美的能力。龙山初级学校充分利用当地条件

合理选择教学资源和环境提高了乡土文化教育认同。

2. 丰富校园皮影活动，巩固与强化学生的乡土文化教育认同

与艺人互动、举办讲座等活动使学生在乡土文化教育中逐渐受到乡土文化的熏染，对皮影戏产生浓厚的兴趣；皮影剧目排练、排演，帮助学生了解了更多的民间艺术形式及其文化内涵，激发了学生对本地民间艺术的兴趣，有效地传承了当地的乡土文化，增强了学生的民族自豪感和地方文化的自信。丰富的校园乡土活动等文化建设为校园创设一种特定的乡土文化氛围，在乡土文化教育中潜移默化地渗透与教化学生，陶冶情操，完善人格，培育学生对乡土文化的深层次认知，培养其自我管理能力，巩固与强化他们的乡土文化教育认同。

3. 强调生活联系实践，强化与提升学生的乡土文化教育认同

龙山初级学校实施有效可行的乡土文化教育，秉承时代的要求与特色，与时俱进地对优秀传统文化理念进行诠释、对民族精神进行价值的传播；将乡土文化教育切入学生生活，赋予学生敏锐的文化感应力，开阔拓展文化视野，在实践中促进乡土文化认同教育的合理内化，成功地实施价值观塑造与文化观教育。皮影校本课程开发与实施的成功说明，只有保持积极、自信与努力的态度弘扬与传承乡土文化，探索如何重塑地方历史记忆，加强乡土文化认同教育，创新乡土文化符号才能更好地强化与提升乡土文化教育认同。

二 河北省蔚县剪纸的教育开发

世界剪纸看中国，中国剪纸看蔚县。蔚县因剪纸被授予"中国民间艺术之乡""中国剪纸艺术之乡"等荣誉称号，并入选《人类非物质文化遗产代表名录》。2013 年，蔚县剪纸展分别在法国和德国亮相，在欧洲掀起一股中国春节文化热潮。① 根据国家基础教育课程改革中充分开发利用乡土教材和社区课程资源这一要求，蔚县教育局组织全县教师、当地民间艺人以及相关专家学者共同编写了校本教材《蔚县剪纸》，并在全县中小学使用。编写该教材的目的在于发掘蔚县丰富的乡土文化资源，让一

---

① 《"欢乐春节·蔚县剪纸展"亮相法德两国》，2013 年 3 月 1 日，燕赵都市报（http://roll.sohu.com/20130301/n367451764.shtml）。

代又一代的学生继承、弘扬并发展蔚县剪纸艺术。学习剪纸这门艺术既可以传承蔚县人民创造的文化艺术成果,又能够提高学生的人文素养,培养热爱家乡的情感,同时还能够增强学生建设家乡、振兴蔚县的责任感和使命感。

(一)"蔚县剪纸"教材的编写

蔚县教育部门在编写校本教材《蔚县剪纸》时确立了既紧扣蔚县剪纸文化,又突出特色教学的方针。蔚县教育局教研室贾文贵、邢培庆老师提出,该教材的内容编写坚持知识性、艺术性和科学性的编写原则。① 课题组于2017年10月在蔚县中小学调研时深入了解该教材的具体情况,受访的学校领导以及教师都对该教材予以很高的评价,有几位见证这本教材诞生的教师非常激动地表示,这本教材饱含了太多人的心血与努力,它的成功是所有蔚县人的骄傲。几位参编教师表示该教材在编写过程中坚持内容翔实丰富、形式灵活多样的原则。②

1. 内容:文化介绍与工艺流程有机结合

教材《蔚县剪纸》的编写目的在于宣传蔚县剪纸艺术,因此该教材的知识结构不仅仅围绕蔚县剪纸这一活动展开,还包括了蔚县剪纸的文化概述以及发展历史。基于此,该教材在搜集了大量素材的基础上,经过筛选鉴别归类后按照以下几方面编排:第一部分,包括第一课,是蔚县剪纸概述,这部分简单描述蔚县剪纸是什么以及它的重要性;第二部分,从第二课到第八课,是蔚县剪纸的历史沿革,这部分重点强调了剪纸的起源、初创阶段、成熟阶段、创新阶段、鼎盛阶段以及美好愿景。该部分不仅仅介绍了剪纸的历史,书中还介绍了剪纸与生活的联系,如贴窗花的来历以及蔚县的相关历史;第三部分,从第九课到第十四课,是蔚县剪纸的制作工艺,该部分以实用技巧为主,重点介绍了剪纸的类别、制作流程、艺术特色。通过这三部分的学习,学生既能够理解蔚县剪纸是什么,还能从整体上理解蔚县剪纸的由来与发展,并学到如何剪纸的工艺。该教材共分14课。每课标题文字表述均简单易懂,学生可以

---

① 贾文贵、邢培庆:《传承蔚县剪纸艺术 开发县级校本教材》,《教育实践与研究》2011年第5期。

② 2017年10月在蔚县桃花中学、暖泉中学、吉家庄中学等学校的访谈记录。

根据不同需求方便地选择其中的某一或某几课时来学习。每课的编排都包括教学目标、图文并茂的正文、相关知识的拓展以及想一想、做一做等课后练习这四个板块。

2. 形式：图片与文字有机结合

剪纸本身就是一门艺术，艺术的表达既需要文字，也需要生动形象的图片。从教材的内容选取来看，大量的图片以及详细的制作方法足以吸引学生们的兴趣。该教材的适用范围从小学一直跨度到中学，为了让不同年级的学生都能读懂并喜欢读，教材的语言风格既通俗易懂，也形象地描绘出该门艺术的特色，不同级别的学生在学习中侧重点不同，各有所取。教师们普遍认为小学生更喜欢模仿图片来学习技艺，而中学生对剪纸文化更感兴趣一些。[1] 为了提高学生们的阅读兴趣，教材中还穿插了相关人物介绍、历史故事、民间传说、典型事件、调查结论等有关资料。好的剪纸作品是知识与视觉的享受，选用优秀剪纸作品作为教材内容，可以增添该教材的视觉美感。该教材的版面设计做到了图文并茂、色彩鲜明。

（1）封面、封底设计体现了蔚县特色

关于封面与封底的图片设计，蔚县教育界教研室贾文贵、邢培庆老师给出了详细说明：该教材封面的背景选用皮影戏表演，寓含着蔚县剪纸深厚的文化底蕴，封面图案选用一幅戏剧人物脸谱和南安寺塔，直接突出文化的地域特色，在封面右侧条幅中镶嵌着"蔚县剪纸"，标示教材名称。整体来看，整个封皮是深黄色和浅黄色相间的底色，彰显着黄土地的厚重与大气。图片的设计使教材封面充满着人文性和艺术性。该教材的封底以蔚县著名文物古迹玉皇阁为背景，选用牧童骑牛放牧归来为主要图案，寓含着蔚县少年儿童悠悠自然的生活景象及美好憧憬。[2]《蔚县剪纸》在视觉美的冲击下，令学生们赞叹不绝、爱不释手。

（2）内容丰富形式多样

该教材以蔚县剪纸这一主题展开，但又不拘泥于剪纸艺术这一技艺

---

[1] 2017年10月在蔚县暖泉中学、暖泉中心校的访谈记录。

[2] 贾文贵、邢培庆：《传承蔚县剪纸艺术　开发县级校本教材》，《教育实践与研究》2011年第5期。

本身，在教材的前八课，编者详细介绍了蔚县剪纸及其历史发展，还对一些如"阳刻""阴刻""阴阳结合刻"等主要概念进行解释并配图说明，方便学生理解。在历史沿革部分，对蔚县的一些生活习俗、蔚县的地理地貌等情况进行介绍，让学生们在了解剪纸的同时，也更为直观地感受蔚县的历史与发展。

该教材的剪纸作品主要包括以下 4 个方面的内容：戏曲脸谱剪纸。脸谱主要取材于晋剧中的角色，并通过色彩的象征意义反映了人物的性格，如黑色代表刚猛不阿、紫色代表忠贞等。神话传说剪纸。这部分内容选用当地人们耳熟能详的神话故事，如《八仙过海》《西游记》《牛郎织女》《刘海戏金蟾》等表达了历年来当地人民的美好愿望。民风民俗剪纸。该部分内容通过有浓厚寓意的图案体现了当地居民丰富多彩的民俗生活，如"口袋戏""五大色"等，每幅作品都反映了不同的蔚县民间传说。新式剪纸。随着剪纸艺术的发展，蔚县剪纸的内容不再拘泥于当地特色，取材开始走出蔚县，走向国际，如各种人物、古典名胜、甚至还有西方的圣诞老人等。

（3）图片风格鲜艳亮丽

该教材使用彩色印刷，翻开书，不难发现该教材喜气洋溢，例如，内容上包括了大量表现庆典、民俗节日的剪纸；图案编排上力求饱满充实；图案造型生动活泼，在写实的基础上，根据人们欣赏习惯和审美情趣以及装饰需要对一些图案夸张变形，使之更加生动形象。

（二）校本课程《蔚县剪纸》开发与教师培训

1. 校本课程《蔚县剪纸》的开发

校本教材《蔚县剪纸》于 2010 年 11 月在河北美术出版社正式出版发行，随后蔚县教育局将当地特色文化——剪纸列入三至八年级县域校本课程，于此，剪纸这一极具地方特色的文化遗产正式在蔚县的中小学中得以传承与发扬，成为中小学生的必修课程之一。《蔚县剪纸》这一县域校本教材的开发与实施构成了国家、地方、校本三级课程体系，实现了教材、课时、教师的"三落实"。在具体实施过程中，通过课堂教学、成品观摩、课外实践，将剪纸欣赏与技艺操作相结合，培养学生审美能力、创造能力以及动手能力。目前，全县已率先挂牌成立了一批"剪纸特色学校"。《蔚县剪纸》这一校本教材经过这么多年的实践目前已获得了良好的社会反响。①

2. "蔚县剪纸"校本课程的教师培训

除开发《蔚县剪纸》校本教材外,蔚县教育局对这一教材的推广使用也下了很大的功夫。在调研中,学校领导以及部分美术教师反映,在该教材刚刚出版后,蔚县教育局组织各镇中小学美术教师进行集中培训,既有理论课的学习,也有实践操作。有一位美术教师说,"虽说我是土生土长的本地人,从小就知道蔚县剪纸,但真让我说点什么,还真说不上来,通过这次的系统学习,我才真正了解蔚县剪纸,我现在以自己是蔚县人为骄傲。"② 有一位特岗教师说,"我是山西人,以前只是听说过蔚县剪纸,没觉得有什么特殊的地方,通过阅读这本教材,并参加县里的培训,我自己都喜欢上了蔚县剪纸,没事的时候静下心来雕刻一会,还挺享受的呢。"③

参加培训的教师们对培训的内容与方式相当满意,具体的教师培训包括以下几方面:如邀请编写者为教师们介绍该教材的编写缘由、内容布局、选材依据等;邀请县里的老艺人给教师们做示范,手把手教教师们如何起稿、熏样、订纸闷压等流程;组织教师们参观蔚县剪纸博物馆、剪纸厂等地方。教师们都表示通过学习,他们对蔚县剪纸的历史、文化、技巧、特点等有了全面的了解,而且回到学校后不光学生喜欢,其他教师也纷纷向他们请教学习,在师生中还曾掀起过一段剪纸热。成功的教师培训为剪纸课程在各中小学的顺利实施提供了坚实的基础和保障。

(三)"蔚县剪纸"的教育开发启示

蔚县依托剪纸这一乡土文化特色开发出了校本教材《蔚县剪纸》,为本土民间艺术传承和地区教育的特色发展开辟了新的道路。这一案例在校本教材开发方面给了我们许多可借鉴的经验。

---

① 贾文贵、邢培庆:《传承蔚县剪纸艺术 开发县级校本教材》,《教育实践与研究》2011年第5期。
② 2017年10月在蔚县桃花中学的访谈记录。
③ 2017年10月在蔚县吉家庄中学、暖泉中学的访谈记录。

1. 在教材编写、教师培训中发挥民间艺人的力量

教材《蔚县剪纸》在编写过程中充分发挥了剪纸艺人的经验作用，在确立教材知识体系、选取教材知识内容、按课时分类编排等方面严格把关，从而保证了该教材内容的准确性。在教师培训中，这些民间艺人再次为教师们讲解蔚县剪纸的相关知识和制作工艺，将切身经验传授给当地的教师们。所以，各学校在乡土文化教材的开发、设计、取材、推广等方面可以邀请民间具有丰富经验的人士参与编写，这样既丰富了教材的内容，还可以确保教材内容的真实可靠性。

2. 教材内容适合不同学生的学习需求

从《蔚县剪纸》这一教材的内容选择来看，在编写过程中充分注意了教材内容中文字、图片的编排，让不同级别的学生都看得懂、乐意学，同时根据学生的不同年龄特点，有意识地提高教材的艺术性、教育性，真正做到以学生的需要为根本，以促进学生发展为宗旨。该教材虽以剪纸为主题，但内容并不拘泥于剪纸这门手艺。教材中包含了大量的知识，比如认识各种脸谱、颜色代表的意义，其他地区剪纸的风格以及与蔚县剪纸的区别等，这些内容在丰富教材内容的同时也拓宽了学生的视野，让学生在学习剪纸的过程中了解丰富多彩的中华传统文化。调研中有学生也表示，看似小小的一本书却包含了大量有趣的知识，图文结合的形式非常吸引他们，没事的时候翻一翻，为他们繁重的学习任务增添了不少乐趣。[1]

3. 组织相关教师进行多元化的培训学习

在校本教材开发后，蔚县教育界开展了全县范围的美术教师培训，有效提升了美术教师的剪纸知识与技能，这一举措既得到了教师们的一致认可，也为全县校本课程的均衡发展提供了支持。在调研中教师们普遍反映，"蔚县剪纸"的相关培训并非走形式、走过场的单调乏味的听课模式，而是真正通过理论学习、艺人讲解、自己动手操作、参观工厂等形式学到一些实实在在的东西，学习的过程很充实，确实受益匪浅。[2]

蔚县剪纸校本教材的开发充分体现该县政府部门对于传承乡土特色

---

[1] 2017年10月在蔚县桃花中学、吉家庄中学、暖泉中学等学校的学生访谈记录。

[2] 2017年10月在蔚县桃花中学、吉家庄中学、暖泉中学等学校的访谈记录。

文化，弘扬传统优秀文化的自觉性。以县级教育主管部门牵头进行校本教材的编写、培训，保证了全县范围内校本课程的顺利开展，美术教师们既学到了剪纸的相关知识，也能够回到自己学校根据本校情况实施教学。这种做法给地方学校校本课程方案的制定提供方向同时也留有一定的实施余地，这方面的经验值得各地方教育主管部门借鉴。

第三节 山西太古形意拳和运城楹联文化的教育认同案例

山西省一些地区的中小学经过当地教育局、文化局、民间团体和个人的共同努力，以本地的非物质文化遗产等乡土文化为主要课程资源，进行了卓有成效的乡土文化教育。

一 山西太谷县形意拳的推广教育

车式形意拳是山西太古县最为著名的传统乡土文化，在当地一直为人们所重视。据资料显示，2007年伴随着太古县中小学课程改革的推进，形意拳课程成为学校课程结构的有机组成部分。在太谷县中小学校中，胡家庄学校最先把形意拳纳入校本课程体系中。作为全县校本课程开发的试点学校，胡家庄的形意拳校本课程开发取得了显著成效，积累了丰富、宝贵的优秀经验，在此基础上该校本课程逐渐向周边学校辐射。目前，太谷县多所中小学均开发了形意拳体育校本课程，还有部分学校建设了形意拳校本课程网站。

（一）形意拳校本课程的开发

1. 文化传承与人格陶冶并重的课程目标

形意拳不仅是一种武术形式，还是地方文化的重要组成部分，内蕴着人民的思想观念与道德品格。胡家庄形意拳校本课程的目标主要分为两部分，一是通过形意拳校本课程开发旨在充分利用乡土文化资源，唤醒人们对乡土文化的重视，推动乡土文化的传承与发展；二是通过开发乡土文化，充分利用乡土文化的教育因素，即充分开发利用形意拳的体育价值与德育价值，在提高学生乡土文化涵养、增进学生对形意拳内在价值认识的基础上，一方面促进学生身体发展，形成健康的体魄；另一方面助力学生养成自强不息、坚韧不拔、吃苦耐劳的品质，陶冶完善学生人格。

2. 尊重学生身心发展规律的课程内容

由于形意拳的地方文化特性，因此胡家庄学校邀请了车式形意拳第三代传人杨老师作为课程的主要负责人，由他组织开发校本课程，杨老师及其弟子担任形意拳校本课程的教师。形意拳课程内容丰富多彩，包括形意拳的历史源流，拳名的创立、师承与传播，形意拳的拳理与拳法，形意拳基本拳式、套路及拳技法，如无形拳、十二形等。① 同时校本课程内容的选择与组织非常重视学生身心发展规律。杨老师根据儿童的生理与心理特征，把形意拳基本功练习作为课程的主要内容，同时他充分考虑了学生间的差异，不同身体条件、技术水平及不同年龄、性别的学生具有不同的发展目标。例如不同年龄的学生学习不同的课程内容，6至9岁的学生以协调训练为主，注重锻炼学生的肌肉协调能力；10至13岁的学生则侧重于速度训练，强调学生对基本技术的学习，同时注重发展学生的柔韧性、灵活性。

3. 彰显趣味性的校本课程实施

胡家庄学校的形意拳校本课程实施主要利用体育课的课时，每个班级每周有两节是教授形意拳的体育课，两节是完成国家规定教学任务的体育课。在课程实施过程中，杨老师充分尊重、照顾了小学生的生理特征，他结合小学生好动、喜表扬的特点，将课程以趣味性较强的游戏呈现，同时丰富训练项目与形式，在教学过程中也以表扬与鼓励为主。在胡家庄学校，形意拳已经成为了学生们最喜欢的一门体育课程。

4. 形意拳校本课程开发带来的成效

在实际调研中，有的学生告诉我们"形意拳是非常有趣的武术，形意拳学习激发了我学习武术的兴趣"；有的学生指出"老师在教学中让我们模仿很多动物的形态，使我提高了观察能力"；有的学生说"老师告诉我们形意拳的学习不是一朝一夕的，要学会持之以恒、不断进取的习惯"。总体上看，一方面，形意拳校本课程的开发与实施推动了优秀乡土

---

① 何素艳、张和平：《太谷县中小学形意拳开展现状调查与分析》，《搏击·武术科学》2011年第6期。

文化进课堂，不仅提升了校园文化水平，也提高了学校校本课程开发能力，提升了学校教育教学水平。另一方面，学生对形意拳产生了浓厚的兴趣，形成了较高的认同度。形意拳的学习不仅充实了学生的学习生活，丰富了学生的精神内涵，培养了学生坚强的意志，更使学生形成了对家乡传统乡土文化的认知和认同，产生热爱家乡、奉献家乡的深厚感情。①

（二）山西太谷县形意拳校本课程开发的认同启示

太谷县形意拳校本课程的开发及其推广有许多值得其他学校借鉴的经验。

1. 重视民间艺人，强化榜样示范

形意拳校本课程的试点开发到全县的推广都充分重视了民间艺人的重要作用，最先试点的胡家庄学校由形意拳第三代传人杨老师及其弟子担任教练，其他形意拳校本课程建设取得良好成效的学校也会定期外聘形意拳武师进行动作指导和形意拳文化交流。这一方面保障了形意拳课程得以有效开展，另一方面充分利用了形意拳艺人广泛的社会影响力、精湛的技艺与高尚的武术品格，强化了民间艺人的榜样示范作用，提升了学生对形意拳及其教育的认同度。

2. 建立课程网站，拓宽宣传与学习路径

一些学校根据自身形意拳校本课程开发的经验与心得，建立了形意拳校本课程网站。这些网站内容丰富、设计美观，图文并茂且具有较强的感染力与吸引力，它们不仅强有力地推动了太谷县形意拳校本课程的传播与推广，传播了特色乡土文化，更拓宽了学生形意拳的学习路径，使一些学生能够根据自己的兴趣与需要进一步开展个性化学习。调研中就有学生表示，他特别喜欢形意拳课程网站，时常跟着网站的视频进行巩固性学习。

3. 形成开发机制，提升课程吸引力

据相关资料显示，太谷县形意拳校本课程虽然在当地得到了大规模的实施，但课程实施效果参差不齐，有些学校对于形意拳课程的建设与实施没有给予足够重视。针对这种情况，当地教育主管部门有针对性地

---

① 温润芳：《社会变迁中山西乡土教材的编纂与应用研究》，博士学位论文，中央民族大学，2011年。

加强对形意拳校本课程建设的指导、监督与检查工作,并提供一定的经费支持,提高了学校开发形意拳校本课程的积极性;在学校层面,努力提高校长对形意拳课程的重视程度,同时制定相应的课程开发制度,建立教师和学生评价机制,以保障形意拳校本课程的落实;在教师层面,加强了形意拳业务培训,通过向形意拳武师学习的途径,不断提高教师的业务水平。形意拳校本课程开发机制的形成与成熟,提高了校本课程的品质,进一步提升了形意拳校本课程的吸引力。

二 山西运城楹联文化教育认同

楹联是汉语语言独特的艺术形式,汉字对仗工整,语音平仄协调。不仅是长期孕育于中国历史土壤中而形成的具有高度民族性的艺术瑰宝,更是中华优秀传统文化的重要组成部分。2005 年国务院公布了首批国家级非物质文化遗产名录,楹联习俗位列其中。作为我国优秀的传统文化,现今楹联文化更是以其经久不衰的旺盛生命力逐渐得到现代教育的关注。

山西省运城市积极创建"中国最佳楹联文化城市"的发展目标,大力创建"中国楹联教育基地"。其目的在于引发师生学习楹联文化相关知识、积极开展楹联文化创作的潮流,进而激发师生对楹联文化的热爱,为提高师生文化素养、更好地建设校园文化而服务。现今,运城 35 所中小学已发展为"山西省楹联教育基地",为楹联文化进校园提供了广阔的发展平台。下面以山西省闻喜县晋华实验中学为例,简要介绍山西楹联文化的传承经验。

(一)山西运城楹联校本课程开发

晋华实验中学位于山西省运城市闻喜县桐城镇桃园村口,2004 年由城镇中学教师梁武卿创办,是一所九年一贯制的民办学校。学校以闻喜县乡土特色文化——楹联文化为依托,开设楹联课程,开展了一系列教育教学活动,将楹联教学与语文教学、品德教学、社会实践相结合,打造特色学校。2006 年晋华实验学校被中国楹联学会授予"中国楹联教育基地"的称号,并先后荣获"全国优秀楹联教育基地"和"楹联河东流派实验基地"等荣誉,2012 年学校获得山西省教育厅颁发的"山西省校本课程一等奖"。

1. 文化素养与实践能力并重的楹联课程目标

山西运城楹联是当地文化的主要组成部分，其蕴含着当地的文化习俗和思想观念。楹联课程的目标主要分为以下三部分，一是通过楹联课程的开发，充分挖掘祖国语言文字丰富的文化内涵和审美价值，提升学生的文化品位，深化学生热爱祖国语言文字的感情。二是通过校本课程的开发对学生进行优秀人文传统的教育和熏陶，激发起他们对民族文化遗产的热爱之情，培养他们继承中华民族人文传统的使命感和责任感。[①] 三是通过开发乡土文化，充分利用楹联中语法方面的内容，有效填补当前语文课堂中语法教学的缺位。有利于增加学生汉语知识的了解与掌握，增强学生的语文实践能力，提升其语文知识和传统文化素养。

2. 结合楹联特性及要素编排的校本课程内容

楹联课程是教师通过教授有关楹联特点、声律、格式等相关内容，引导学生理解掌握楹联的艺术创作技巧和要领，提升学生的人文修养和实践能力的校本课程。其课程内容是依据楹联的特性及其六大基本要素为主线进行编排。楹联的特性主要体现在楹联的通俗性和高雅性，即楹联虽然朴实并且规则简单，但是其题材广泛，每幅佳联都需要精心揣摩，因此楹联俗而能雅。此外，楹联的特性还体现在其具有实用性和艺术性，即楹联词句对应、词语押韵，在民间广泛流传并且体现我国文字的博大精深。楹联的基本要素包括：字句对等、词性对品、结构对应、节律对拍、平仄对立、形对意联。这六条基本要素包含了汉语中语法、声律、修辞等相关知识。楹联课程内容充分考虑其独特性并且结合其基本要素进行精心设计，为文化传承与全面提高学生语文素养提供了宝贵素材。

3. 注重阶段性探索的楹联课程实施

楹联课程实施主要按照以下四个阶段推进：第一阶段：学校于2004年进行了楹联校本课程的开发，学校语文教师在闻喜县楹联学会的大力支持下进行了楹联知识培训。第二阶段：初一至初三年级先后于2005年至2007年开设楹联课程，编制印发了《楹联实验教材》。第三阶段：学校进行了楹联文化课程多元化的探索，于2007年至2010年组织实施了一系列楹联文化实践活动、创办《晋华楹联》板报和每月开展由《对联》

---

① 孙立：《开发楹联校本课程　推进民族精神教育》，《教育探索》2006年第8期。

杂志主办的"学生擂台赛"。第四阶段：2010年至今，学校充分利用其他学科课程资源优势，将各类楹联文化教学渗透入语文等学科教学之中。

4. 提供楹联课程开发的保障措施

宏观层面上，为了促进中华传统楹联文化的发展繁荣，提升学生的人文修养，相关组织和部门出台了政策文件，为楹联课程开发给予保障。在调研过程中了解到，早在1999年，为了推动楹联文化进校园，楹联学会出台《关于广泛开展对联文化的决定》。随即在2004年，依据教育部语文课标要求，晋华实验中学开展了将楹联与语文教学相结合的研究课题，拉开了楹联文化进课程的序幕。

中观层面上，晋华实验中学制定了一系列的制度，保障楹联课程实施，总结为以下三个方面：一是制定独具特色的楹联课程标准。学校按照初中各年级学生的认知发展特点与实际学习需求，依据将楹联教育与语文教学、社会实践、德育教学相结合的基本理念，制定了独具本校特色的楹联课程标准——《晋华实验楹联课程标准（初中）》。二是成立楹联校本课程领导组和课题研究组，课程领导组由教导主任兼闻喜县诗联协会副会长党晓明领导工作，并且走进课堂指导学生参加楹联活动，进行楹联创作。课题研究组成员即为学校初一至初三全体语文教师。三是学校每年投入经费数千元作为楹联活动开展的经费及奖励支持。

微观层面上，学校将楹联作为独立课程纳入期中期末考试体系，将语文教师的教学成绩评定、教学奖励与该科学生成绩直接挂钩。领导坚持进课堂认真听课，详细记录各班平时开展的楹联教学活动。并有专门领导具体负责楹联教育工作的策划与开展。

（二）开创多元教育路径①

1. 楹联文化与思想道德教育相结合

晋华实验学校在楹联文化教学中，将"以美引德，联化人生，开掘楹联教学德育功能"作为课堂建设的目标导向，努力挖掘蕴含于优秀楹联中的德育素材。对学生实施爱国主义熏陶及思想品德的培养，并鼓励引导学生以楹联为手段表达自己的理想。

---

① 何欢：《中小学楹联文化传承现状及教育对策研究——以山西省运城市闻喜县晋华实验学校为例》，硕士学位论文，中央民族大学，2015年。

2. 楹联文化与语文教学相结合

在地方努力下，学校探索出了将语文教学与楹联教育相结合的教学模式。二者整合实施不仅有利于提升学生的综合能力素养，更将推动中小学楹联文化的有效传承。

3. 楹联文化与社会实践相结合

学校不局限于传统的课堂教学，将楹联文化的传承与教育通过多样的社会实践活动有效开展。这种体验式教学不仅有利于学生对楹联文化的深入了解，更有利于提升学生对楹联的兴趣与热爱。第一，使用楹联。校内实验廊悬挂着出自晋华优秀毕业学子的励志楹联，另外，在学生日常的校园学习与生活中，时常看到楹联标识，有形无形之中帮助学生养成良好的生活习惯。第二，赠送楹联。学校自建校便形成互赠楹联的优秀传统，如教师为德才兼备的学生赠予嵌名联，学生为老师创作谢师联，家长为老师赠送致谢联。第三，组织楹联比赛。学校学生长期以来积极参加由《对联》杂志举办的楹联创作擂台赛。第四，广泛征集楹联。学校一年一度都会举办校园文化艺术节，向在校师生征集创作出色的楹联作品。

4. 楹联文化与环境育人相结合

晋华实验学校十分重视创设校园楹联文化氛围。一方面，将学校教学实验楼以全方位悬挂楹联的方式布置，并将其作为本校楹联文化教育的特色建筑标志。另一方面，为师生搭建楹联文化交流园地，创建楹联学习平台，双管齐下，渗透楹联文化。此外，将硬笔字训练与楹联教育相融合。学生们可以在校园墙书写楹联粉笔字，将教学楼外壁变为学生创作的楹联墙。在校长和楹联教师的努力下，还印发了《师生楹联硬笔字帖》，倡导全体师生学联习字，传承国粹。

（三）文化教育认同

首先，晋华实验中学的楹联文化教育工作赢得一片美誉，在学校官网一栏展示着有关楹联文化教育的丰硕成果。早在 2004 年，学校就被闻喜县委教育局、诗联学会和宣传部评为"楹联教育示范基地"；2005 年 8 月运城市人民政府又授予学校"运城市弘扬楹联文化先进集体"的光荣称号；2006 年 6 月，学校更是被中国楹联学会评为"中国楹联教育基地"；随后在接下来的几年中获得了"运城市联律普及年活动先进集体"

"全国联教交流年先进集体"和"山西省楹联教育基地"。① 2015年运城市楹联学会特命闻喜晋华实验中学为"中国楹联'河东流派'传承基地"。这些楹联荣誉不仅是楹联协会、教育部对学校近些年来在楹联教育做出努力的认同,更是褒奖其在促进学生发展、传承楹联文化方面所做出的成功示范。②

其次,在楹联活动中所创作的楹联成绩斐然。第一,在学校赠送楹联活动中,学生创作楹联感恩回馈教师,家长赠送楹联以表大力支持;第二,在学校楹联创作擂台赛中,学生创作热情高涨,成果丰硕。在一年一度的校园文化艺术节,学生都以获得"校园小联家"的证书为荣;第三,在校园文化艺术节楹联的征集活动中,师生投稿的楹联作品每次多达三千余副。

最后,多年来一直致力于楹联文化的教育研究。晋华实验学校的教师多年来一直致力于研究楹联文化传承的教育途径,如通过赠嵌名联激励学生奋进,以编写并出版《校园联话》的形式为楹联进校园提供可借鉴的思路。③ 成立楹联校本课程领导组,召集全体语文教师共同编制了学校楹联教育校本课程的教材《楹联实验教材(试用)》。该教材是步随各初中语文教材依据语文课教学进度编写而成,内容丰富,共有楹联相关知识20余讲。形式多元,插图与文字巧妙结合。由《闻喜诗联》杂志副主编宋志峻与学校教导主任党晓明教师共同编写修订的楹联教材不仅针对学校学生实际情况,满足了各年级学生学习需要,而且在闻喜县当地也产生了良好的效果反馈。

(四)启示

运城晋华县实验学校楹联课程是乡土文化教育中非常典型的案例之一。借助对联进行德行礼仪的教化,传承善和美的思想,原本是晋商文化传承的一大特色,将这种优秀传统文化与教育相结合,很好地继承和发扬了我国这一珍贵的非物质文化遗产,也使学生通过楹联课程的学习,

---

① 2018年6月20日,闻喜县晋华实验学校官方网站(http://wxxjhsyxx.30edu.com)。
② 邢伟川:《一个爱联人的自述》,《对联·民间对联故事》(上半月)2015年第6期。
③ 何欢:《中小学楹联文化传承现状及教育对策研究——以山西省运城市闻喜县晋华实验学校为例》,硕士学位论文,中央民族大学,2015年。

综合素质得到提升。运城晋华实验学校的楹联文化教育有许多值得借鉴之处。

1. 建立明确的制度保障

将楹联课纳入日常课表中,领导和专家长期深入班级听课,对楹联课程的实施情况进行监督、检查。专门成立楹联校本课程领导组,开展楹联教学和组织楹联活动,每年拿出一定数量的金额作为活动经费和奖励。在评价方面,晋华实验学校将楹联课程纳入期中、期末考试范围内,以此保障楹联课程的教学效果。还针对初中各年级学生特点和需求,制定了不同的楹联课程标准,提高了课程对于学生的适应性。由此观之,晋华实验学校的楹联课程从开发到实施再到评价建立严密的管理制度,从而保障了课程的有效开展。

2. 多方位挖掘楹联文化的育人功能

在课程实践方面,晋华实验学校不但单独设置了楹联课程,还将其与语文课程、课外实践、环境育人相结合,促进了学生知识、能力、品格等全面发展。这启示我们乡土文化教育价值的发挥,不拘泥于某一种形式,而是要全方位、多角度地加以利用,使其教育作用能够充分发挥。

3. 成立相关机构与教育基地

特别值得关注的是,晋华实验学校所在地区山西省运城市对于楹联文化的教育传承非常重视,成立了楹联学会,创建了一批"楹联教育基地"。楹联学会出台了开展楹联教育的相关政策,并对楹联教育提供积极的指导和帮助,校内校外的互相配合,是使得楹联课程取得可喜成绩的关键。农村地区的乡土文化教育的顺利开展特别需要政府部门、教育主管部门、社会团体的指导和帮助,各部门明确责任和义务,各司其职,才能保障农村乡土文化教育的有效落实。

第四节 广西、贵州侗族大歌的教育认同案例

侗族,主要分布在贵州省、湖南省和广西壮族自治区三省交汇处,是一个爱美、善于创造美和富有诗情的民族,千百年来创造了无数美丽的珍宝,其中大歌、鼓楼、风雨桥被誉为侗族"三宝"。侗族聚居地历来被称为"诗的家乡,歌的海洋""民歌之乡",一曲"侗族大歌"唱出了

侗族人民诗情画意、欢乐祥和的生活，成为了侗族最具特色的民族文化。如今侗族大歌主要分布在广西三江县和贵州省榕江县、从江县和黎平县。

一　侗族特色之民族音乐——侗族大歌

（一）侗族大歌简介

侗族大歌在侗语里被叫作"嘎玛"，"嘎"就是歌曲的意思，"玛"是宏大和古老的意思，"嘎玛"连起来就是古老的歌曲的意思。也就是说侗族历来是没有自己民族的文字，许多优秀的民间习俗、文化传统、生活知识等都是靠着歌声一代一代往下传的，歌曲就是文化传承的方式。侗族大歌距今已有2500多年的历史，发源于春秋战国时期，由此可见，侗族人将自己的大歌叫作古老的歌曲是一点都不为过的。

侗族大歌是一种无伴奏、无指挥、多声部、自然和声的民间合唱音乐。根据不同的表演场合、内容以及形式可分为：鼓楼大歌是由不同村寨的歌队在鼓楼对歌所唱的；以音乐曲调为主，多模仿鸟叫虫鸣，歌词简短明了，拉腔优美的声音大歌；歌词以唱故事的"嘎君"和唱道理的"嘎乡"为主；在各种礼仪场合演唱的礼俗大歌；儿童游戏娱乐时演唱的歌词短小，曲调欢快的儿童大歌；民间侗戏班演出侗戏时演唱的戏曲等大歌种类。[①] 侗族大歌之所以称为大歌，是因为它具备着节奏不固定，声部多、内容严肃，篇幅长，容量大，演唱庄重严肃、无指挥，无伴奏、演唱人数多，场面宏大等特点。大歌的演唱至少需要三个人，多则十几或几十人，甚至上百、上千人同时演唱，场面十分恢宏。

（二）侗族大歌的意义

1. 侗族大歌是侗族文化的直接体现

"饭养身子，歌养心"，在侗族人心里"歌"的地位和"饭"同等重要。它是侗族人精神的粮食，可以用它来陶冶心灵和情操。侗族人民视歌为宝，将歌视为知识、文化，若谁掌握的歌多，谁就是有知识有文化的人。在侗族地区，被社会所公认的最有知识、最懂道理的人是歌师，因而很受侗族人的敬重。于是他们世代都爱歌、学歌、唱歌，以歌为乐，以"会唱歌、会歌多"为荣，用歌来表达自己的情感，用歌来倾诉自己

---

① 龙初凡：《侗族大歌及其保护》，《黔南民族师范高等专科学校学报》2005年第5期。

的喜怒哀乐。歌与侗家人的社会生活戚戚相关,不可分割,侗族的各种民歌,特别是侗族大歌,便成了他们久唱不衰的一首古歌。侗歌中最精华的部分是侗族大歌,其表现形式、演唱内容都与侗族人的性格、习俗以及生活环境密切相关,是对侗族历史的真实描述以及对侗族文化的直接体现。

2. 侗族大歌是中华民族的宝贵财富

侗族大歌是侗族人民创造的世界级音乐文化。它填补了西方音乐界认为东方民族没有无伴奏、无指挥多声部支声复调音乐的空白。在1986年法国巴黎金秋艺术节上,贵州黄平侗族大歌一亮相,就技惊四座,被赞叹是"清泉般闪光的音乐,掠过古梦边缘的旋律"。2006年,侗族大歌被列入首批国家非物质文化遗产。2009年,侗族大歌以项目排名第六的身份入选"人类非物质文化遗产代表作名录"。[①] 侗族大歌是我国民族艺术之园的一朵奇葩,它不光是中华民族的宝贵财富,也成为人类非物质文化遗产的一颗明珠,是全人类共有的精神财富。

二 侗族大歌传统传承方式

通常认为,师徒传授、家庭传授和群体传授是侗族大歌的主要传承方式。[②] 随着学校教育的发展,学校传承方式也成为一种重要的侗族大歌传承方式。这四种方式相互交织、相互配合都成了一个和谐共生的系统,侗族人民就是在这个系统中接受的侗族大歌教育,延续着文化的香火。

(一)师徒传授方式

千百年来,师徒传授一直都是侗族大歌最主要的传承方式。由歌师作为师父教授歌班成员,因此,侗族孩子每到六七岁便会被父母送到专门的学歌场所——歌班中去。歌班以孩子的年龄和性别进行划分,有少年歌班、青年歌班、中年歌班,不同的年龄段又有男歌班和女歌班。歌师就根据不同孩子不同年龄传授不同种类的大歌,所以侗族孩子从小到大基本都能唱出不同的大歌。

[①] 杨筑慧:《中国侗族》,宁夏人民出版社2012年版,第217—218页。
[②] 谢琛、孙凡:《侗族大歌的传承方式及其生存现状——以贵州黔东南州侗族调查为例》,《黄钟》(武汉音乐学院学报)2015年第1期。

（二）家庭传承方式

家庭传承是侗族大歌传承方式之一，父母在这个过程中起着重要作用。当女孩六七岁时，侗族母亲就开始教导她们学唱大歌，指导她们如何记词、转调，女孩在鼓楼对歌时，母亲在女孩身后为其提示或者帮唱，一般延续到女孩出嫁之时这种指导才会结束。而男孩开始学歌的时间与女孩相比较晚一些，父亲对男孩的影响十分深刻，男孩经常在父亲的带领下去同一个歌班旁听，因此，这些男孩也非常容易组成同一个歌班。这种家庭传承方式是侗族父母的基本责任，是侗族传统文化传承的重要保障，同时也是侗族大歌延续的基本途径。

（三）群体传承方式

群体传承也是侗族大歌传承的重要方式之一，侗族大歌的群体传承方式与侗族的风俗节日息息相关。侗歌传唱的主要场所来源于侗族的风俗节日，而侗歌的传唱也点缀了侗族的各种风俗节日。在风俗节日中，侗族人民尽情歌唱，彼此间相互交流、探讨与学习，为各种侗族民歌提供了天然的学习和实战空间。侗族有着各种风俗节日，包括尝新节、活路节、三月三、花炮节和斗牛节等，这些风俗节日是群体传承方式的主要场所。

（四）学校传承方式

"学校是一个汇聚、传递文化的高级文化体，教育的主要形式是以不同的文化为主体的学校对人产生不同的整合作用。"[①] 学校教育具有选择性和程序性与规范性，在传统文化传承与发展方面起着举足轻重的作用，因此学校教育肩负了民族文化传承的重任。如侗族地区学校当前已经展开"侗族大歌进课堂"等活动。学校根据侗族文化特点已经编写侗族大歌校本教材，如《侗族民间艺术进校园读本》。因此，学校传承方式是民族文化传承的主要方式之一。

三 侗族大歌现代传承方式的探索

侗族大歌传统的传承方式逐渐消亡，使得侗族大歌的传承面临着后继无人、濒临灭绝的尴尬境地。探索如何更好地传承侗族大歌便成为迫

---

① 冯增俊：《教育人类学教程》，人民教育出版社2005年版，第4页。

在眉睫的事。学校教育本身所具有的目的性、系统性等特点使其成为现代传承民族文化的最佳方式,探讨如何将侗族大歌引入学校教育的课堂教学中,使侗族大歌寻找到一个稳定的、系统的传承模式成为了研究者普遍关注的问题。

近年来,侗族大歌流行地贵州省榕江、从江、黎平三县和广西三江侗族自治县的中小学都积极开展了侗族大歌进课堂的探索,主动肩负起侗族大歌的传承任务,经过长期坚持不懈的探索与实践,都取得了丰硕的成果。

(一)各地开展侗族大歌进课堂活动的探索简介

1. 广西三江侗族自治县梅林乡中学和县民族实验中学

(1)梅林乡中学[①]

广西三江侗族自治县梅林乡民间文化丰富多彩,其中又以侗族大歌最为出名,因此也被认为是侗族大歌的发源地之一。2002年,梅林乡被自治区文化厅命名为"广西民间艺术之乡(侗族大歌)",2008—2011年被国家文化部命名为"中国民间艺术之乡(侗族大歌)"。

梅林乡中学就坐落在侗族文化氛围浓厚的梅林乡,它在建校初期就开始尝试把侗族大歌引进校园,历经十多年的探索,于2003年3月制定了《创办民族特色学校具体方案》,具体把侗族大歌进校园纳入了学校的德育整体计划和校务工作安排中,成立了领导小组和侗族文艺队。正式将侗族大歌引进日常课堂教学,把侗族歌舞、器乐引入课后兴趣班,并开始对外演出。

该校成立了侗族大歌进校园领导小组,其中有一位石老师是主力,不仅负责到民间搜集侗族歌曲传授到课堂,还履行传承人的职责带徒传艺。另外两名老师吴仁中、夏莉莉专门负责侗族文化的传授。副校长吴秀聪负责对小组进行监督和指导工作。领导小组不定期召开小组会议,制定课程方案,总结教学经验,反思教学中出现的问题,并做出及时的调整计划。

副校长每学期会安排小组成员到县或市里的教学培训机会,并经常

[①] 莫彬彬:《三江侗族自治县"民族文化进校园"现状研究》,硕士学位论文,广西民族大学,2015年。

开展与兄弟学校的经验交流会，不断提高小组成员的教学水平和教学素养。

2014年元月，在领导小组多年搜集和整理侗族歌曲的基础上正式出版了校本教材《侗族音乐》。该教材采用侗、汉两种文字对译和用汉字的谐音字进行对译，不仅涵盖了侗族大歌、侗族敬酒歌、侗族芦笙等侗族音乐类型和器乐吹奏技巧，还穿插了许多侗族文化小知识。校本教材《侗族音乐》的问世促进了学校侗族音乐课的开展。

在课程设置方面，全校各班每周有一节侗族音乐课，主要传授侗族大歌、侗族敬酒歌、侗族拦路歌等侗族音乐。课后建立兴趣班，利用每天的第七节课针对那些有这方面特长或兴趣爱好的学生开放。兴趣班上课内容除了侗族大歌外还包括侗族舞蹈和侗族器乐，学生可以根据自己的兴趣爱好来选择学习。老师会挑选出表现出色的学生组成侗族大歌队，利用周末和节假日时间无偿对其进行指导和训练以备外出表演和比赛。如今全校408名学生，每人都至少会唱一首侗歌，而这408名学生当中，有150名又是校侗族大歌队的成员。另外，学校还聘请国家级侗族大歌传承人吴光祖、三江侗族自治县第五届"民间艺人"吴雪梅作为兼职教师，每月一次到学校进行授课和指导。

（2）县民族实验中学①

县民族实验中学是三江侗族自治县的窗口学校，也是该县唯一一所九年一贯制学校，设有小学部和初中部。全校1988名学生，有70%以上是侗族学生。2007年，该校正式开展"民族文化进校园"活动，第二年学校成立了"民族文化进校园"课题研究小组，重点对侗族大歌、侗族农民画、芦笙、侗笛、侗琵琶、多耶舞、踩堂舞等侗族文化进行研究。

在课程的建设方面，学校不定期地组织教师进入村寨了解侗族文化，收集相关信息，向歌师、技师等民间艺人请教。经过两年的摸索，编写了一本校本教材《侗族民间艺术进校园读本》，该教材的使用对象为中学部和小学部的全体学生。

在课程设置上，学校开设了侗族大歌兴趣班，这是学生学习侗族大

---

① 莫彬彬：《三江侗族自治县"民族文化进校园"现状研究》，硕士学位论文，广西民族大学，2015年。

歌的主要阵地。课程的时间主要安排在单周周一下午的第七节课。

在课程评价方面，学校有自己独特的检验方式。每学期中、小学两部师生会各自利用半天时间举行一次校园文艺比赛活动，展示民族音乐的教学成果。

2. 贵州榕江县车民小学和车江中学

（1）车民小学①

贵州省榕江县车民小学于20世纪80年代就开始了探索将侗族大歌引入课堂以保护和传承侗族大歌的实践。在1984年，研究员张勇把自己曾经搜集与整理的十几首侗族少儿歌曲汇编成名为《长大要当好歌手》的小册子，将它献给了车民小学，并组织音乐专家到榕江县车民小学进行侗族大歌的试教，受到学生们的热烈欢迎。侗族大歌进课堂实验的序幕在车民小学拉开。1985年11月，榕江县文化馆和车民小学为更好地传承民间民族文化，创立了"金蝉"，可以说"金蝉"的成立标志着榕江县民族音乐进课堂，从此，为侗歌进课堂提供了教学实验基地。

自2002年贵州省政府倡导"民族文化进校园"活动以来，车民小学在总结之前经验的基础上，进一步从课程设置、教学资源开发、科研工作、教学管理等方面做出了具体的规划。

在课程设置上，侗族大歌的教学主要以分科教学的方式进行，侗族大歌被学校纳入到学校音乐课程体系之中，不仅能促进学生学习基础的乐理知识，也能使学生学习到侗族大歌等民族音乐。全校根据不同年级开设了不同课时的侗歌学习课，如学前每周大约2节课，其他高年级每周大约1节课，除此之外，还专门安排星期一、星期三与星期五下午第四节课作为"金蝉"歌队的练习时间。

在课堂教学中主要使用的教材还是张勇编写的《长大要当好歌手》，但学校也通过自己的努力开发了两本校本教材《车江琵琶歌》和《三宝车寨侗歌》作为侗族大歌音乐课程的学习材料。因为车民小学没有侗歌的专业教师，所以教师除教授侗歌课以外还要兼任外语、数学、语文等多门课程。因此，学校聘请了擅长侗歌方面的校外专家作为学校的侗歌

---

① 梁晋芳：《民族文化进校园的课堂志研究——以车民小学为例》，硕士学位论文，西南大学，2010年。

课程教师。

在科研工作中，学校教师也在积极探索如何将本校的经验加以理论化和系统化。比如学校教师热情参加全区举行的"优秀教案"与"优秀论文"大赛活动，并取得优异成绩，县教育局于2003年6月将该校认定为科研课题实验小学。

在教学管理上，学校成立了由校长、副校长、教务处主任及歌队辅导教师等人员组成的领导工作小组，通过课间辅导培训、课外活动培训与组织管理三种方式结合的管理形式来对侗族大歌的教育工作进行安排和监督，促进了教育工作的有序进行。

(2) 车江中学①

贵州省榕江县车江中学是一所农村初级中学，它依"天下第一侗寨"——三宝侗寨而立。这里侗族文化资源十分丰富，学校依托侗族大歌、侗语、侗族民族体育开展了"民族文化进校园"的活动，形成了主要以音体美三个学科为核心民族文化教育体系，其目标是力图实现全校"人人会唱民族歌曲，个个会做民族工艺"的发展规划。

车江中学每个年级有6个班，每班人数都在50人左右。侗族大歌课堂教学的方式是由教师先将歌词抄在黑板上，然后领着学生识谱。直到学生经过练习可以基本顺畅地唱出时再将侗语歌词添加进去，然后反复练习直到学生能独立唱出为止。课堂中使用的教学内容主要是由教师自己收集的较为适合学生的侗族歌曲，在学习新的侗歌前由教师复印并发放给学生。学校其实有订制的音乐教材，七、八年级使用人民教育出版社的音乐教材，九年级使用西南师范大学出版社的教材。人民教育出版社的音乐教材设有多彩贵州系列板块，内容涉及水族、彝族、布依族等贵州侗族的民歌学唱、民歌歌曲欣赏和民族艺术相关介绍。而西南大学出版社音乐教材则重点介绍川剧集锦、瑶族长鼓歌舞、客家山歌、庄锅舞等。但音乐老师们认为这些音乐教材对学生学习侗族大歌并无太大的影响，因此并未在课堂上使用。

学校于2007年首次开展了"春蝉之声"校园艺术节的大型活动，这

---

① 王培：《贵州省榕江县"民族文化进校园"实施现状调查研究》，硕士学位论文，西南大学，2010年。

也是整个榕江县有史以来组织的第一届校园艺术节。学生们在艺术节上可以尽情地展示自己的才能,并且学校每年都会参加由榕江县政府组织的萨玛节活动,这让学生展示的舞台变得更大了。活动中有同学展示了芦笙表演,有同学进行侗族大歌演唱,有同学展现了民族武术。这些活动的开展,一方面是对学校"民族文化进校园"活动的开展效果和学生学习成果的检验,另一方面丰富了学生的校园生活,增强了学生学习民族文化的信心和对本民族文化的认同感。

3. 贵州省黎平县肇兴乡中心小学①

肇兴乡中心小学是一所乡级中心小学,早在1992年就已开始探索在学校教育中引入侗族大歌。在当时学校组织了一个文艺宣传队,其中成员既有老师也有学生。真正将大歌引入课堂是在2002年贵州省"民族文化进校园"活动的推动下开始实施的。

学校为"民族文化进校园"活动制定了三步走的教学目标。2002年为过渡阶段。这个阶段要求学生学习侗族发展史,了解侗族发展概况,了解当地侗族建筑文化内涵和民族民风特点,要求每位师生会唱3首以上侗族大歌,3首拦路歌。2003至2006年为常规教学阶段,要求学生会讲述4个侗族历史发展故事,介绍当地侗族建筑文化和民俗民风特点,会唱5首以上侗族大歌和5首以上侗族敬酒歌、拦路歌,会跳侗族舞蹈,初步学习侗族民间乐器的演奏技巧等知识。2007年至2010年为巩固提高阶段,要求学生会吹奏芦笙曲,学会拉二胡,弹奏琵琶和制作侗族民间工艺。

在课程安排上,学校每个班级每周都有一节民族文化课和一节侗歌课。其中一至三年级每周上一节侗族简史、民族文化基础知识普及课,一节侗歌课。四至六年级每周上一节侗文课,一节侗歌课。侗歌课主要以侗族大歌的教学为主,同时也教唱一些敬酒歌和拦路歌等。在课外活动方面,学校组织的有兴趣班,主要是挑选侗族大歌唱得较好的同学进行培训,这既丰富了学生的校园文化生活,也可以承接接待外宾和外界交流的任务。

---

① 尹庐慧:《侗族大歌的文化传承与学习:贵州省黎平县九龙寨的个案研究》,硕士学位论文,华东师范大学,2011年。

在师资的培养上，学校并没有专业的音乐教师，侗歌课是由相关特长的教师兼任。学校也组织过 2 名教师外出去其他兄弟学校参观学习。另外，学校也聘请了一些当地知名民间艺人到学校上课。

(二) 侗族大歌进课堂的认同效果

上述各学校都在积极探索侗族大歌进课堂的实践，经过长期坚持不懈的努力，都取得了相当喜人的成果，会唱侗族大歌的学生越来越多，知道侗族大歌的人也越来越多。学校的办学特色得到了凸显，教师的专业能力得到了提高。总之，侗族大歌进课堂的实践活动，充分证明了依托教育手段来传承和保护侗族大歌是一条行之有效的良策。

梅林乡中学自开展侗族大歌进课堂的实践以来，全校 408 名学生，每人至少会唱一首侗歌，而这 408 名学生当中，有 150 名又是校侗族大歌队的成员。学校作为当地侗族大歌的核心力量，还常常代表政府参加各种表演和比赛。如代表广西到北京参加"第十三届 CCTV 青年歌手电视大赛"总决赛，参加了法国航空公司主办的电视专题片《中国旅游专线民族风情》的演出拍摄。[①] 这不仅使学生们得到了展示的机会，增强民族认同感，而且也使侗族大歌的影响得到了大大的提升。

车民小学的"金蝉"少儿歌队成立至今，在不断探索尝试中取得了优异的成绩。"金蝉"歌队在 1987 年 6 月参加黔东南州第二届"家乡之声"音乐会，获声乐一、二等奖；1989 年 8 月赴贵阳参加首届民族民间艺术节并获表演奖。1993 年 10 月金蝉小歌手杨丁祝赴北京参加纪念中国少年先锋队 50 周年活动，受到了党和国家领导人的接见。2004 年春节前"金蝉"歌队弹唱的歌曲《侗家娃娃爱琵琶》代表贵州省参加了教育部和中央电视台联合举办的"校园之春"春节文艺联欢晚会，获得了一等奖。同时，从"金蝉"歌队也走出了一大批的优秀人才，有的升入高中、师范成为学校的文艺骨干；有的考取艺术学院，成为专业艺术的接班人，有的步入社会，成为农村或行业中的生力军。[②] 这些活动的累累硕果都很

---

① 莫彬彬:《三江侗族自治县"民族文化进校园"现状研究》，硕士学位论文，广西民族大学，2015 年。

② 梁晋芳:《民族文化进校园的课堂志研究——以车民小学为例》，硕士学位论文，西南大学，2010 年。

明显地表示出了侗族大歌在学校教学中的生命力是顽强的，它吸引着越来越多的家长和学生的热情。

四　侗族大歌进课堂的认同启示

（一）充分发挥民间艺人作用，强化榜样示范

广西、贵州地区侗族大歌的学校教育充分重视了民间艺人的作用，例如车民小学就聘请了对侗族大歌较为擅长的民间艺人作为该校侗族大歌课程的教师，其他取得良好成效的学校也会定期外聘侗族大歌民间艺人进校指导和交流。同时，学校还会定期地组织该校教师进入乡村深入了解侗族文化，并收集侗族大歌的相关信息，还向侗族大歌的歌师请教。这一方面保障了侗族大歌课程得以有效开展，另一方面充分利用了其广泛的社会影响力、精湛的技艺，强化了民间艺人的榜样示范作用，提升了学生对侗族大歌及其教育的认同感。

（二）重视乡土文化系统化、课程化，夯实学生乡土知识

乡土文化是多样的，不仅包括物质形态的建筑遗迹、自然风景等，还包括精神形态的语言、风俗、习惯等。侗族大歌是一种艺术形态的乡土文化，其主要以精神形态存在。这种存在是内在于侗族人民的日常生活中的，是生活性的、杂乱的、不系统的，因此并不利于学校侗族大歌的教育。在广西与贵州的学校把侗族大歌引进课堂的过程中，均十分注重将侗族大歌进行系统化与课程化，建立内容规整、逻辑清晰、形式多样的课程体系。例如梅林中学于 2003 年 3 月制定了《创办民族特色学校具体方案》，把侗族大歌进校园纳入了学校的德育整体计划和校务工作安排中，并成立了领导小组和侗族文艺队，同时将侗族大歌引进日常课堂教学，把侗族歌舞、器乐引入课后兴趣班，并开发了丰富多彩的演出形式的学校课程。可见，侗族大歌的学校教育拥有极为丰富的课程形态，不仅开发了侗族大歌教材，如《侗族音乐》等，还有丰富多彩的活动课程。系统化、课程化的侗族大歌使学生接受了较为完整、系统的侗族大歌教育，掌握了较为扎实的侗族大歌知识，丰富的课程形态强化了侗族大歌教育的多样性、吸引力与感染力，有力地提升了学生对侗族大歌及其教育的认同程度。

(三) 强调教学与生活相联系，增进学生乡土热爱

广西与贵州地区的侗族大歌学校教育进行了较为细致深入的实地调查，充分根据本地乡土文化特点，紧紧抓住侗族大歌源于生活、成长于生活、服务于生活的生活特性，在实际教学活动中充分重视学生兴趣与需求，与学生生活实际紧密结合，注重教学方式、教学活动的多样性、趣味性与吸引力。因此在教学活动中学生的学习兴趣得到了较大的提升，学生侗族大歌学习的积极性与主动性也得到了高水平的激发。在调查中，很多学生表示学校侗族大歌教学特别吸引人，以前对侗族大歌不理解、不喜欢，现在已经形成较为浓厚的兴趣。

第七章　乡土文化教育认同的国外借鉴

世界各国在积极融入全球化的同时，都积极主动地发展自己的民族特色和乡土精华，不同的国家在对于乡土文化教育认同方面有不同的经验与教训。在开展乡土文化教育时，不仅及时总结自身长久以来的经验，还要放眼世界，考察国外关于乡土文化教育的发展历程，辩证借鉴其成功做法，不断完善我国优秀乡土文化教育的传承路向，提升对其认同度。

第一节　美国印第安人乡土文化教育及认同启示

印第安人是美洲土著居民，是美国这片土地上最早的主人。在长期的历史发展过程中，他们形成了自己独特的手工艺、艺术、舞蹈、语言、文字、风俗习惯和文化传统。印第安人的手工艺主要有印染、纺织、金属工艺、刺绣和陶器，其中易洛魁人擅长于制陶技艺，那发和族人有着很高的编织技艺，帕布罗人的陶器和编织品都堪称是很高的手工艺品；艺术以岩石艺术、雕刻艺术和人体艺术及装饰艺术著名，其中图腾柱是印第安雕刻艺术的代表之一；风土习俗主要有药袋、沙画、夸富节和捕梦器；宗教仪式主要有太阳舞、帕瓦仪式、烟斗仪式和"汗桑"仪式。

印第安人要使自己在美国土地上继续生存和发展下去，必须通过教育这种方式使自己本土的语言、文字、风俗习惯及文化传统得以传承和发展。在不断与美国白人文化斗争过程中，美国印第安人的乡土文化教育在艰难曲折中不断前进和发展，逐渐形成了自己的优势和特色。

一 美国印第安人乡土文化教育的发展历程

美国著名的印第安学者 Eber Hampton 把印第安人的教育分为五种不同的类型：传统教育、自治教育、同化教育、由印第安人进行的教育和独特的印第安人教育。① 这五种教育分别代表了印第安人教育的五个不同时代，每一种教育都是其特定历史时期的产物，是其时代的反映和缩影。纵观美国印第安人乡土文化教育的演变和发展历程，主要经历了以下四个阶段：

（一）自在发展阶段（1776 年以前）

1776 年，美国独立。此时期之前，印第安民族在美洲大陆上自由地繁衍生息，没有人对他们实施强制性的教育，印第安人教育自在地发展。最初的印第安人乡土文化教育处于一种自在状态，完全寓于生活世界之中，与日常生产劳动和生活实践紧密地结合在一起。在这时期，印第安人没有严格意义上的学校、教材，也缺乏专门的教师和教学方法，教育是一种社会教育行为，要求部落中的年长者参与到个体家庭的教育活动中来。②

最初的印第安人教育为了生存和生活服务，教育内容和教育形式孕育于生产和生活之中。在生存条件极为艰苦的社会环境下，印第安人要想生存和延续下去，就必须学习生产劳动和生活实践所必需的知识、技能和技巧。此外，在长期的生产和生活实践中，他们形成了自己本土的风俗习惯和文化传统，除了学习其生存所必备的知识和技能外，还需要学习和传承部落传统所形成的特色文化传统和风俗习惯，使自己的种族得以延续下去。此时期乡土文化教育的内容主要包括三个方面：生存技能、道德文化和宗教信仰。第一，生存技能。传统社会印第安人生存条件非常恶劣，人们要适应生存环境，就必须学会一些生存技能。③ 第二，

---

① Hampton E., "Toward a Redefinition of American Indian", *Alaska Native Education Anadian Journal of Native Education*, Vol. 20, No. 1, 1993, pp. 261–310.

② 丁见民：《美国印第安人教育发展的新趋势》，《河南师范大学学报》（哲学社会科学版）2009 年第 2 期。

③ 陈·巴特尔、孙伦轩：《论北美印第安人的传统教育》，《民族教育研究》2013 年第 1 期。

道德文化。传统社会的印第安人非常注重道德文化的教育，尤其注重培养孩子的道德观念。第三，宗教信仰。在生存状况极为恶劣的传统社会，印第安人为了寻找心灵寄托和慰藉形成了自己的宗教信仰。宗教信仰在他们日常生活中占据十分重要的地位，他们从小就使自己的孩子接受种类繁多的宗教仪式，向他们灌输宗教观念，培养他们的宗教意识，使孩子逐渐参与到宗教活动和宗教仪式中来。宗教仪式主要有太阳舞、烟斗仪式和帕瓦仪式。此时期，印第安人没有形成专门的学校、教材和教师，他们只能通过生产和生活实践学习一些生存技能，并通过长辈讲授传说故事、举行宗教仪式来了解和传承部落的传统文化。

(二) 自主发展阶段（1776 年—19 世纪 80 年代）

之所以将此阶段划分为自主发展阶段，因为独立之后的美国，为了巩固自身的统治，对印第安人教育采取支持和鼓励政策，鼓励他们创建和发展自己的学校。美国联邦政府按照印第安人的思想观念建立了他们的专属学校，这些学校鲜明地体现出了印第安民族的传统文化和语言风俗习惯。联邦政府采取政策、法律法规和相关协议推动和促进了印第安人学校教育事业的发展。

这个阶段，印第安人学校教育主要以寄宿学校为主，学校课程设置种类齐全，类型多样，如开设了英语、历史、地理、手工艺和艺术等正规课程，这些课程的设置突出了印第安人的传统文化和历史，还设置了农业和工业技术职业培训等非正规课程，通过非正规课程的学习，使学生能学习到适应未来社会生存和发展的各种知识与技能。[①] 随着印第安人学校教育的发展，其改变了传统社会教育形式的非正规性和零散性，有了真正意义上的教学形式，如课堂教学、实践教学和学徒制教学。白人殖民者要使印第安儿童脱离部落社会和远离自己的生活环境，接受白人教育和白人生活方式，形成白人价值观，融入白人社会，学校是实现这一目的的主要场所，课堂教学在其中扮演着极其重要的角色。但印第安学生抵制接受白人教育，经常逃课，辍学率较高，在不断与白人教育的斗争过程中保留和传承自己的部落传统文化。此外，白人殖民者还采取

---

① 谭庆莉:《美国印第安人教育与文化认同的发展演变及反思》,《民族教育研究》2016 年第 6 期。

浸入式的实践教学方式,使印第安儿童寄养在白人家庭,在日常生活中潜移默化地感受并学习白人的生活方式及语言。除了课堂教学和实践教学这两种教学形式外,此时期还存在一些学徒制教学,如白人殖民者让印第安青年跟随白人学习和生活,以培养他们的生产和生活技能,① 但此时学徒制教学不是主要的教学形式,只是作为课堂教学和实践教学的一种补充。这三种教学形式相互作用,共同促进印第安人学校教育的发展。不同类型的学校会根据自身的特点选择合适的教学形式。如卡莱尔印第安人工业学校由于其以培养学生掌握实际的技能和技巧为主,所以在采取课堂教学之外,还采取实践教学和学徒制教学。

自主发展阶段的印第安人学校教育在美国联邦政府的支持和鼓励下得到了一定的发展,但是对于自己民族和传统的东西,他们学习和传承甚少,开始意识到白人统治者企图向他们传递白人社会的生活方式和主流文化、灌输白人社会的价值观。

(三)抑制发展阶段(19世纪80年代—20世纪60年代)

将此阶段划分为抑制发展阶段,因为此时期美国联邦政府对印第安教育发展采取抑制和同化政策。联邦政府极力用白人文化和教育来抑制印第安人教育的发展,用白人价值观和生活方式来同化印第安人,并向印第安人传播其主流社会所信仰的基督教。② 联邦政府同化印第安人主要是通过教育来进行的,制定了《印第安人教育体系》,即对印第安人实施同化教育的政策,该政策涉及的内容主要包括以下几个方面:第一,为整个印第安学校的儿童提供充足的供养;第二,为印第安学生提高强制性的教育;第三,印第安人教育工作应该完全体系化;第四,注重印第安人的英语学习;第五,为印第安人进入高等教育提供拨款和支持。③

印第安人为了维护土著民族的文化与传统,将土著文化传统纳入到印第安教育中,建立了印第安人自己的学校——希洛克学校。希洛克学校在这个时期对维护印第安人的传统文化、语言、风俗习惯起着重要的作用。以希洛克学校为例,来分析此时期印第安人的学校教育,由此可

---

① 代影:《美国印第安人教育发展历程》,硕士学位论文,中央民族大学,2009年。
② 王红艳:《加拿大印第安人教育述论》,《世界民族》2002年第5期。
③ 曹彤彤:《美国印第安人同化教育研究》,硕士学位论文,上海师范大学,2016年。

从中分析出印第安人的民族文化与传统语言、文字、手工艺和艺术怎样得以传承下来。在过去受美国白人的长期统治过程中,印第安人意识到了自身文化、语言和文字的重要性,且不断在实践中努力维护自身的文化与传统,希洛克学校是印第安人自身文化意识觉醒的典型体现,希洛克学校与以往印第安人教育不同的是开始将土著民族的文化与传统纳入到学校课程设置中来,不再仅仅是接受美国白人的文化、价值观和主流文化,这是印第安人教育的重要胜利。学校课程设置上注重印第安人文化遗产,将土著文化、手工艺和艺术纳入到学校课程中来,如土著歌曲、舞蹈、文学,还开设"印第安人历史和传说"课程。[1] 课程设置上开始注重民族文化和传统,设置手工艺和艺术课程,使课程形式多样化,不仅可以引起印第安学生的学习兴趣,还可以增强其民族认同感和文化认同感,更好地传承和弘扬自己本土的优秀文化和传统。希洛克学校在教学形式上最重要的特点就是推行双语教学和以课堂教学为主,以往的印第安人学校教育推行唯英语教育和教学,学生在学校中必须用英语来进行学习和交流,使其接触不到本土的语言和文字,以这种方式来达到同化印第安人的目的,这种极端和强制性的政策最终宣告失败。印第安人通过不懈努力,最终在自己建立的希洛克学校里推行双语教学。希洛克学校是印第安人学校教育新的曙光和胜利,他们在不断与白人文化和白人教育的斗争过程中,坚守和传承本民族的传统文化和语言文字,使自己的文化和民族传统延绵不断而得以流传下去,这是印第安人几百年来不懈努力的结果。

　　印第安人经过自己的努力,使其传统文化和语言文字得到传承和发展,美国政府逐渐认识到印第安人新政和学校教育对传承和发展印第安民族传统文化有着重要的作用。于是,美国联邦政府开始不断抨击印第安人新政,企图再一次同化印第安人,使其逐渐接受美国社会的生活方式和价值观念,使其融入美国主流社会中。[2] 继而使印第安人刚刚恢复和发展起来的传统文化、风俗习惯、语言文字和生活方式又再一次遭到美

---

[1] W. Carson Ryan, "Indian Education at the Annual Conference of the Progressive Education Association", in Office of Indian Affair, ed. Indians at work, 1935.

[2] 代影:《美国印第安人教育发展历程》,硕士学位论文,中央民族大学,2009年。

国白人的抵制和同化。此时期，印第安人的乡土文化教育近乎处于停滞状态，印第安人又回归同化教育时期，为了再次同化印第安人，美国政府在教育上相应采取了一些措施。如寄宿学校重新受到重视，职业培训加速发展，高等教育不断崛起。

寄宿学校远离保留地之外，学生远离父母和部落社会的影响，学生在学校只能用英语进行学习和交流，不允许其使用自己的民族语言和符号，不让其接触自己的部落传统文化和风俗习惯，以此来消除部落文化对其所产生的影响，进而来达到对其进行同化的目的。同时，二战的结束使印第安人的生存和生活陷入困境，居无定所的生活使得印第安人不得不将其子女送入寄宿学校，寄宿学校成为了他们的最佳去处，他们在客观上需要和主观上也甘愿接受这样的同化政策，使得寄宿学校逐渐取代了全日制学校。为了使印第安人能在城市中生存下去，熟悉美国城市的生活方式，美国联邦政府主张对其进行专门的职业培训，使其获得在城市生活所需要的知识和技能，快速地适应和融入城市生活。随着苏联人造卫星的成功发射，美国教育受到严重的冲击，技术革命和社会经济的快速发展，对劳动者自身的素质提出了更高的要求和严峻的挑战，印第安人也必须快速适应这种时代发展的新要求，于是，鼓励和资助印第安学生进入大学接受高等教育成了此时期美国社会发展的一种趋势，通过使印第安学生接受高等教育来间接使其认可美国社会的价值观和主流文化，进而在潜移默化中达到同化印第安人的目的。①

（四）自觉发展阶段（20世纪60年代以后）

将此阶段划分为自觉发展阶段，因为经过美国社会不断同化印第安人，抑制其教育发展及伴随着战后美国民权运动的空前高涨和多元文化观念的深入发展，印第安人逐渐觉醒和行动起来捍卫自己的权利，要求教育自觉发展的意识和热情不断高涨。此时期，印第安人的教育自觉发展主要体现在以下两个方面。

1. 传承和发展印第安人语言文字和传统文化

第一，推行双语教育。之前美国联邦政府对印第安人的语言教育政

---

① 赵风利、翟巧相：《美国联邦印第安人教育政策研究——1940s—1960s同化教育政策》，《科学大众》（科学教育）2011年第10期。

策是奉行唯英语教育方针,规定学生在学校必须用英语来进行交流和学习,印第安学生被迫放弃自己的母语——土著语言。1967 年,《双语教育法》的通过,使得美国政府对印第安人的语言政策发生了巨大变化,为土著语言文字的传承和发展提供了重要的制度保障。① 1990 年 10 月 30 日,布什总统签署了《土著美国人语言法》,这项法律表示联邦政府支持印第安人语言文字的传承和发展。② 在学校教育方面,鼓励印第安教育家和课程专家挖掘土著语言文字特色,进而去设计和开发双语教材,规定教师在学校中推行双语教学,学校在传承和发展印第安人语言文字和传统文化方面肩负着重要的责任和使命,这是几百年来印第安人土著语言文字得以正式传承和发展的第一次伟大胜利,是印第安人不懈努力和坚持的结果。

第二,传承和发展印第安文化。印第安文化是支撑印第安民族生存和发展的精神支柱,是实现其教育自决的前提条件和基础。随着印第安人要求教育自主权和控制权的热情不断高涨,印第安事务局开始注重学生对自己本民族文化和传统的学习和继承,开始与美国印第安人艺术中心合作,力图发展印第安人音乐、舞蹈、戏剧、文学和艺术。③ 在学校中,开设印第安人历史、语言文字以及传统文化的相关课程,培养学生对印第安传统文化的了解和热爱,以便于更好地保存和传承印第安部落传统文化。此时期,传承和发展印第安文化不仅从学校层面将其渗透到课程和教学中去,更是得到了联邦政府和印第安事务局的支持和鼓励,使印第安文化传承和发展减少了很多外部的阻力。

2. 建立印第安人学校——纳瓦霍部落学校

随着印第安人追求教育自决运动的不断兴起和发展,1968 年印第安人建立了纳瓦霍部落学校,这是印第安人第一所自己掌控且以传承和发展部落传统文化为主要目的的学校,这在印第安人教育的发展历史上具

---

① 马倩倩:《美国政府印第安人教育政策研究(20 世纪 40 年代—60 年代)》,硕士学位论文,山东师范大学,2016 年。
② 翟巧相:《二十世纪六十年代后美国联邦政府对印第安人的教育政策》,纪念《教育史研究》创刊二十周年论文集(17),北京,2009 年 9 月,第 6 页。
③ 马倩倩:《美国政府印第安人教育政策研究(20 世纪 40 年代—60 年代)》,硕士学位论文,山东师范大学,2016 年。

有划时代的意义,对传承和发展印第安民族本土文化起着重要的作用。①纳瓦霍部落学校主要有以下几个特点:第一,以传承和发展部落文化为使命,促进部落学生更好地发展。② 第二,在课程设置上重视印第安文化,以继承和发展部落文化为出发点和落脚点,开设印第安人手工艺和艺术课程、部落历史和文化课程、部落传统信仰和习俗课程、部落语言课程等。第三,在师资方面,采取严格的选拔制度,重点选拔具有印第安传统文化底蕴的教师队伍。为了更好地传承和发展部落传统文化,部落历史学家和年长者更受部落学院的青睐。部落学校的成立不仅在一定程度上使印第安民族的传统文化、语言文字和风俗习惯得以传承和发展,更增强了印第安民族的教育自决意识,使其逐步掌握了部落教育的自主权和控制权。

美国印第安人教育的发展经历了漫长的历史时期,在不断与白人文化和白人教育的斗争过程中始终坚守和传承本民族的传统文化、语言文字、风俗习惯和宗教信仰,使其教育逐渐从一种自在、自为的状态发展为一种自觉的状态。在印第安民族的坚持和不懈努力下,其最终取得了教育的自主权和控制权,摆脱了被美国主流文化和白人教育同化的命运。

二 美国印第安人乡土文化教育的发展特点

印第安民族作为美洲原居民,美国土地上最早的主人,在长期的生存和发展过程中形成了自己独具特色的语言、文字、风俗习惯、宗教信仰和文化传统,为了使自己的部落传统文化和语言文字得以传承和发展下去,在实践中形成了独具特色的教育,使其教育深深地打上了自己民族传统和本土文化的烙印。印第安人乡土文化教育经过传统社会、自治时期、同化时期和自决时期的发展和演变,不断凸显出自身所具有的发展特点。

(一) 生活性与教育性并存

所有教育的最终目的都是为了人的生存和发展服务,教育源于生活,

---

① 安萍:《困境与出路:部落学院与印第安文化传承》,《民族高等教育研究》2016年第5期。

② Honena V., "American Indian tribal colleges: Mission Statements, Degrees and Certificates and American Indian Courses", Dissertations & Theses-Gradworks, 2011.

又高于生活。美国印第安人乡土文化教育的一个重要特点就是生活性和教育性并存。美国印第安人乡土文化教育最初孕育生活之中，他们在生产和生活实践过程中，不断形成了自己独特的文化、语言文字、风俗习惯和宗教信仰。传统社会时期印第安人的乡土文化教育孕育生活中，与生活同在，学校教育还没有形成，没有专门的课本和教材，没有专职教师，没有专门的上课场所。此时，乡土文化教育的主要内容是部落历史、传统文化、语言文字、风俗习惯、宗教知识和公共礼仪，还学习一些生存和生活必备的知识和技能，如捕鱼、狩猎和采集，还要教印第安男孩射箭、使用矛剑等作战技术，培养他们坚忍、果敢和吃苦耐劳的良好品格，对印第安女孩则侧重采集种植、操持家务和培养孩子等方面的教育和训练。这些教育内容都与印第安民族的生活密切相关，其传承方式也是与印第安人的日常生活紧密相连，部落长老充当教师的角色，他们通过口授历史、讲故事、定期举办集会和活动等方式来传承其民族的历史、传统文化、语言文字和风俗习惯、宣传和弘扬土著手工艺和艺术，这些零散、不系统的教育内容和传承方式都不乏教育意义。

后来，美国白人统治者为了维系社会的稳定、巩固自身的统治和促进社会的发展，试图用白人的主流文化、价值观和生活方式来对印第安民族不断进行同化，使印第安民族在艰难中生存和发展。印第安民族要使自己在美国社会生存下去，就必须使自己的部落传统文化、语言文字、风俗习惯、生活方式和宗教信仰得以传承和流传下去。此外，还要不断学习美国的生活方式、先进文化和价值观，只有这样才能保持自己的民族特性和避免不断遭遇美国白人统治同化和毁灭的命运。印第安民族的乡土文化教育在其实践发展和演变过程中，充分凸显出了生活性和教育性并存的特点。

（二）乡土性与现代性并行

"乡土"通常指一个人长期居住和生活，并与之有密切联系的地方。乡土文化是在一定地域内形成的人与人、人与自然、人与社会之间精神文化的契合，是乡土生存方式和生活方式共同孕育出来的产物。① 印第安

---

① 宋玉艳：《乡村教育中乡土文化缺失的现象与原因分析——以广西三江程阳八寨学校为例》，《开封教育学院学报》2017年第3期。

民族在长期的生活过程中，形成了自己的传统文化、语言文字、精神信仰和风俗习惯，要使这种乡土文化得以传承下去，必须与现代性相结合，为其乡土性注入新鲜的血液。随着美国白人主流文化和价值观的入侵和同化，印第安民族的文化要继续传承和发展下去，不仅要保持自身的乡土性，还要不断吸收美国社会的现代元素，充分利用其先进的教育理念和价值观来改掉印第安人乡土文化中的落后成分，做到乡土性与现代性并行，以致更好地传承和发展印第安人的乡土文化。

印第安人的乡土文化教育在遭到美国白人主流文化和教育不断同化的过程中，学校依然坚持开设有关印第安人的历史课程、文化课程、土著手工艺和艺术课程、坚持用印第安人的传统美德和品质来培育印第安人的后代。印第安民族要使自己生存下去，使自己的本土文化和传统得以流传，仅局限于自身文化的传承和学习是远远不够的，为了适应美国现代社会的发展，还必须学习新的知识和技能，在印第安人学校教育中，增加了一些生存技能的培训课程，如农业、木工、烹饪和园艺等。他们开始不断接受美国的生活方式、价值观和文化，但始终以传承部落传统文化和语言文字为使命，不忘民族的根、不忘民族的本，做到乡土性与现代性并行。

（三）传承性与发展性并重

传承与发展是教育的题中应有之义，更是印第安人乡土文化教育的一大重要特征。乡土文化教育仅靠传承是不够的，还要在实践过程中不断丰富和发展，这样才具有长久的生命力。印第安民族的乡土文化教育在长期的发展和演变过程中，做到了传承性与发展性并重。在印第安民族的教育史上，虽然曾几度遭到白人主流文化和白人教育的同化和排斥，如 19 世纪 80 年代—20 世纪 20 年代这段时期，美国联邦政府对其采取了强制同化政策，不允许印第安学生学习本民族的文化与传统，禁止使用民族语言，只能用英语进行学习和交流，但在这种艰难的境况中仍然坚持传承和发展本民族的部落传统文化和语言文字。

经过几十年的压迫和同化，印第安民族的教育自决意识不断增强，要求教育的自主权和控制权，为此还建立了印第安人自己的学校——希洛克学校和纳瓦霍部落学校，以传承和发展部落传统文化为使命，将印第安人文化纳入学校课程中，开设部落历史和文化课程、土著手工艺和艺术课程、土著舞蹈和音乐课程,这些都是印第安民族传承本民族文化的重要表现。此外,除了传承本民族文化而开设的一些特色课程,为了使印第安民族适应美国社会的发展,还在学校教育中学习美国的先进文化和语言及相关的实用技能和技巧,进一步丰富和传承了印第安民族的本土文化。

三 对中国乡土文化教育认同的启示

美国印第安人乡土文化教育的发展经历了漫长的历史时期,虽然曾不断遭到美国联邦政府的同化、排斥和打压,不但没有使其消弭,反而使其具有持久的生命力,得以继续传承和发展下去。美国乡土文化教育的发展和传承对增强我国乡土文化教育认同主要有以下几点启示。

(一) 加强政策法规建设,为乡土文化教育提供制度保障

印第安人乡土文化教育经过前期被美国主流文化的同化后,其传承和发展缓慢,随着美国民权运动的兴起和多元文化观念的深入发展,其要求教育自决的意识不断增强,1972年《印第安人教育法》、1974年《双语教育法》和1975年《印第安人自决和教育促进法》等,这些法律的制定为印第安人传承和发展本土文化和语言文字提供了制度保障。

制度是事物发展的强有力保障,对事物的发展起着外在的规范和约束作用。要使乡土文化教育得以更好地开展就必须制定落实乡土文化的相关法律法规,确保乡土文化教育落到实处,增强乡土文化教育认同。当前乡村教育中存在大量的乡土文化缺失现象,且这种现象不断恶性循环,主要归结为两点原因:第一,缺乏落实乡土文化教育的行政法规、地方性法规、地方性规章制度和学校的相关规范性文件,未能从制度上为乡土文化教育的实施提供相应的制度保障,使得乡土文化在乡村教育中流于形式。第二,缺乏相应的监督和评价机制。在现行应试教育体制的影响下,乡村学校为了追求高升学率和凸显学校地位,更多地传授知识,以适应应试的需要,关于乡土文化的知识,学生既不考试,教师的考核和评价标准中也缺乏乡土文化知识的具体内容和要求,致使教师乡土文化教学积极性不高,学校领导对乡土文化教育的重视程度不够。为了抑制乡村教育中乡土文化缺失现象和更好地开展乡土文化教育,必须做到以下两点:第一,制定相应的法律法规、地方性规章制度和学校规

范性文件，从制度层面确保乡土文化教育的落实。第二，对乡村教师的考核和评价制度，应增加乡土文化知识的相关内容和要求，以此来提高教师乡土文化教学的积极性和开展乡土文化教育活动的热情，引起学校领导对乡土文化教育的重视，进而来增强学生的乡土文化教育认同。

（二）培养具有乡土情怀的教师，为乡土文化教育提供师资力量

印第安民族的乡土文化教育最初大多由部落长老和历史学家来充当，由这类人来充当教育者，能起到较好的实施效果。原因有两点：第一，他们对自己本土的文化传统、语言文字和风俗习惯比较熟知和了解。第二，他们对自己土生土长的部落社会有一种油然而生的情感，致使他们从内心愿意且也很乐意去传承部落乡土文化，对本民族的乡土文化有一种高度的认同感。

乡土文化教育的实施效果在很大程度上取决于教师，教师对乡土文化的传承和发展起着重要的桥梁和纽带作用。针对当前我国乡村教师普遍存在的乡土情怀不足和缺失等现象，要培养一支具有乡土情怀的教师队伍，为乡土文化教育的更好开展和实施提供师资力量。乡土情怀是指教师长期居住于乡村而生产的对乡村教育事业的热爱之情和对乡土文化传承的责任感和使命感，这种情怀是教师基于对乡村社会和乡村文化了解的基础上形成的。培养教师的乡土情怀应从以下几个方面入手：第一，邀请一些乡土文化的民间传承人对教师进行有关乡土文化知识方面的培训。第二，定期安排教师参观具有地方特色的乡村博物馆、文化遗址和名人故居，以激发教师传承乡土文化和对学生进行乡土文化教育的自觉意识。第三，作为教师，要自觉地广泛阅读关于乡村教育历史和文化的相关书籍，以丰富自身的乡土文化知识和提高自身的乡土文化底蕴。

教师是开展和实施乡土文化教育的主体，对乡土文化的传承和发展起着桥梁和纽带作用，只有在教育教学实践中不断提高乡村教师传承乡土文化的意识和培养教师的乡土情怀，才能在一定程度上更好地促进和增强学生对乡土文化教育的认同。

（三）开发乡土教材，为乡土文化教育提供载体

印第安民族在传承和发展自己的部落传统文化、语言文字和风俗习惯的过程中，不仅开设印第安人历史文化的课程，而且还以自己的土著历史和部落神话故事为题材来编写教材，如 *Indian Life in Pre-Columbian*

Ncrth America Coloring Book，这是一部关于印第安人本土文化生活的双语教材。

乡土教材是传承乡土文化知识的重要载体，有益于学生学习系统的乡土文化知识，进而培养学生对自己所生活的乡土地域的深切热爱之情。开发乡土教材，为教师进行乡土文化教育提供了重要的载体。乡土教材的开发应以乡土文化资源为依托，其开发应做到以下两个方面：第一，以生活性为原则，以乡土性为导向。乡土教材的开发要贴近乡村学生的生活实际，激发和培养学生的乡土情感，增强他们传承乡土文化的责任感和使命感。第二，以乡土历史、地域文化、民俗传统、人文景观、故事传说和名人事迹为素材，做到乡土性和教育性的统一，既能传承乡土文化知识，又能起到对学生进行德育教育的感化作用，使学生对乡土文化内化于心，外化于行。

开展乡土文化教育，仅依靠教师的口授、乡土文化的主题实践活动和校园隐性文化环境是远不够的，除此之外，还必须设置专门的乡土课程、开发专门的乡土教材，为乡土文化教育的更好开展和实施提供重要的物质载体。开发成功的乡土教材，在一定程度上会增强学生对乡土文化教育的认同。

（四）课程设置与学科渗透相结合

不仅要通过学科渗透来开展和实施乡土文化教育，更要通过专门的课程设置来进行乡土文化教育，课程设置与学科渗透相结合是实施乡土文化教育的重要途径。印第安民族本土文化教育不仅在学科教学中融入印第安文化和历史，还开设了专门的印第安人历史和传说课程、土著手工艺和艺术课程、土著舞蹈和音乐课程，以促进印第安学生对部落传统和文化的了解，增强他们对本民族文化的认同感。

要使我国乡土文化教育取得更好的实施效果，就必须做到学科渗透和课程设置相结合。根据不同学科的性质和特点，对语文、英语、历史、政治和地理等人文学科进行乡土文化的渗透教育，此外，还要设置专门的乡土文化课程，从课时和师资上给予乡土文化教育以保证。开设乡土文化课程可以从以下几个方面入手：第一，由长期居住并生活在乡村中的教师来担任乡土文化教育课程的教学；第二，在讲授乡土文化知识的相关内容时，教师可以根据当地现有的乡土文化教育资源，组织学生去参观具有地方特色的人文景观，如湘西地区的乡村教师可以组织学生去参观当地的吊脚楼，给学生讲授吊脚楼的历史渊源，激发其学习乡土文化的兴趣和积极性；第三，在讲授乡土文化中的名人事迹时，可以邀请当地一些比较有威望的老人和民间传统艺人来对学生进行乡土文化知识的相关教育，使学生深切地感受到乡土文化就存在于他们的日常生活中；第四，定期举办有关乡土文化知识的课堂教学活动比赛，以此来激发学生学习乡土文化知识的兴趣和热情，从而增强学生对乡土文化教育的认同。

第二节 加拿大因纽特人乡土文化教育及认同启示

加拿大是一个多民族国家，大约由100多个民族组成，每个民族都有自己的语言、文化传统、世界观和道德准则。其中，土著人（Aboriginal people）占其总人口的3%左右。加拿大的土著民族包括印第安人、因纽特人（Inuit）和梅蒂人（Metis）。[1] 因纽特人也称为爱斯基摩人，是地球上最北端的古老民族，"爱斯基摩"为他称，意思是"吃生肉的人"，他们称自己为"因纽特人"，并拒绝"爱斯基摩人"的名字。[2] 根据加拿大政府2006年的人口调查，显示有50480人认为自己是加拿大人中的因纽特人，其中有24635人居住在加拿大的努纳武特地区，另外25845人基本居住在3个因纽特人居住区：最北端的伊努维亚鲁伊特（Inuvia Ruit）、努纳维克（Nunavik）以及努纳特西亚武特（Nunate Siwart）。[3] 在长期发展中，因纽特人形成了自己独特的乡土文化。

一 因纽特人的乡土文化

（一）因纽特人的语言

因纽特语被称为"Inuktitut"，意为"按照因纽特人的样子"。因纽特

---

[1] 王红艳：《加拿大印第安人保留地见闻》，《英语知识》2009年第6期。
[2] 林琳：《因纽特人的历史与文化》，《世界民族》1997年第2期。
[3] 于宏博、时春荣：《加拿大政府的政策与因纽特人对环境变化的适应》，《楚雄师范学院学报》2016年第1期。

语在北方的分布范围非常广,但主要的使用区域是在东部北极区。

1. 传统语言

因纽特人之前没有文字,各种技能和知识全靠口传。因纽特人的语言原是一种没有文字的语言,直至外来的传教士于十八九世纪进入加拿大北部地区,为因纽特人创设文字语言体系。除了单纯的口头表达以外,因纽特人还保存并使用着一种不用说话的语言:用身体的动作来表达自己的意思,并且加上其他的一些暗示来表达自己的感受和感情。可以这样说,因纽特人起先是通过识别并模仿动物行为来表达和理解人的行为。因纽特语言无论是在过去还是现在,有一个共同点就是反映并加强了因纽特人的文化和价值体系。① 因纽特人与外界相对隔绝与独立的状态,有利于维护保存其文化和语言。②

2. 书面语言

早期的传教士对因纽特人语言的创造做出了巨大的贡献。最大的一个贡献就是为因纽特人创立了书面语言。事实上传教士为因纽特民族创造了两种语言书写形式。在 18 世纪后期,由莫拉维亚教派的牧师为拉布拉多因纽特人创立了第一种书写形式,这种书写形式是以罗马字母为基础的。第二种书面语言表达形式在一个世纪之后出现,这是由卫理公会的牧师为克里印第安人发明的书写形式,其中包括反映因纽特人语音的各种音节符号。③ 今天,上述两种因纽特语的书写形式都在使用着。④

因纽特语的创造是发展因纽特人的历史和文化的一个里程碑。这对维持因纽特人的语言和文化生命有不可估量的意义。因纽特人通过书面语言正确地记录因纽特人的社会活动,因纽特人讲的史诗和传说,因纽特人的诗歌和文学等。与此同时,因纽特人逐渐有了自己的书和出版物。从 20 世纪 50 年代开始,联邦政府开始尝试统一和标准化因纽特语。⑤

---

① 吴金光:《加拿大的因纽特人(上)古代的因纽特人》,《民族译丛》1993 年第 2 期。
② [加拿大]汤姆·西顿、罗贤佑:《加拿大的印第安人和因纽特人》,《民族译丛》1994 年第 6 期。
③ 吴金光:《加拿大的因纽特人(上)古代的因纽特人》,《民族译丛》1993 年第 2 期。
④ [加拿大]伊夫·泰利奥:《爱斯基摩人》,郑永慧译,漓江出版社 1986 年版,第 2 页。
⑤ 江溪泽:《加拿大因纽特语言保护个案分析》,硕士学位论文,内蒙古大学,2012 年。

3. 语言政策

加拿大在 1969 年颁布了《官方语言法》，在此之前，加拿大采用同化政策，原有居民语言、文化和民族认同受到不公平对待。1969 年以后，加拿大鼓励土著居民的文化发展；居民最初的语言和文化受到保护和鼓励。在此期间，各种因纽特人组织成立，因纽特人的语言教育被标准化发展在一些可用的领域。政府和组织也成立了一些支持保护因纽特语的项目。

1999 年，加拿大努纳武特省成立了加拿大第一个因纽特人自治区，因纽特人负责管理该区因纽特人的语言教育。2009 年由努纳武特地区政府颁布的《因纽特语言保护法案》也以法律的形式对因纽特语的语言权利、语言教育和语言使用等方面做了详细的规定。[1]

2008 年，努纳武特通过《因纽特语言保护法案》，旨在通过以因纽特语言提供公共和私人商业服务来保护因纽特语言，这大大有助于任何和所有教育努力保留因纽特语言。[2]

2009 年 2 月，土著民族教育峰会将"推动土著民族语言和文化的发展"作为会议的主题之一，并且指出"语言是第一民族、梅蒂人和因纽特人文化的基石，是民族认同不可或缺的部分"。[3] 峰会提出了保护并推广土著民族语言和文化的课程设置、课程资源、文化内容、多元视角、教学方法、资助项目和服务在内的基本框架。[4]

（二）因纽特人的艺术

1. 喉音、鼓舞

喉音、鼓舞是因纽特人代代口传相授的艺术。

有一种唱歌形式被称为喉音唱法，喉音唱法在加拿大北部社区中很

---

[1] 曹迪：《多元文化主义视角下加拿大土著民族语言教育研究》，《教育评论》2014 年第 10 期。

[2] M. Lynn Aylward, "The Role of Inuit Languages in Nunavut Schooling: Nunavut Teachers Talk about Bilingual Education", *Canadian Journal of Education / Revuecanadienne de l'éducation*, Vol. 33, No. 2, Language, Identity, and Educational Policies/ Langue, identité, et politiques éducatives (2010), pp. 295 – 328.

[3] CMEC Summit on Aboriginal Education, http://www.cmec.ca/Publications/Lists/Publications/Attachments/221/aboriginal_ summit-report. pdf, 2014 – 03 – 02.

[4] 曹迪：《加拿大多元文化主义语言教育政策研究》，《教育学术月刊》2015 年第 3 期。

受欢迎，特别是在加拿大东部和中部的极地地区，妇女们特别喜欢这种唱法。唱歌的时候，两名妇女互相站在对方面前相望，两人富有感情地发出充满活力的颤音，她们通过声乐技巧可以模仿各种生活中听到的声音，比如出现极光时的各种声响、海边的各种声音和风声。① 妇女们有技巧的唱法会激发起人们的各种想象，使人如身临其境。

鼓舞将音乐、歌曲、舞蹈和故事结合起来。鼓舞可以由一个人单独表演，也可以几个人同时表演。在加拿大的东部极地地区，大鼓是用动物的皮制成的，鼓的直径可达 1 米。表演鼓舞的时候，表演者一手拿着鼓，前后移动用手腕转动鼓，另一只手用木棍有律动地击打鼓边。鼓舞者根据歌曲的内容和击鼓的节奏，在歌声中灵活地做出各种舞蹈动作。鼓舞不是凭空而来，它通常会把人在平时生活中经历的故事表达出来。②

在因纽特人的传统文化中，歌舞是生活中不可缺少的一部分。人们常常在巨大手鼓的伴奏之下唱着传统的歌曲，跳着传统的舞蹈，因纽特人音乐舞蹈艺术一如其民风淳厚、古朴。在传统节日中，如海猎开始和返回陆地的日子，因纽特人都坚持唱古老的民歌，尽管有一些是用现代的鼓乐伴奏的。在某种程度上，那种古老的魔幻气氛已经消失了。但毕竟，这些节目是出自传统的，在这种情况下，技艺高超的舞者往往能够献上快速轻松的表演，将观众带入古老的氛围中。③

2. 石雕

除了音乐和舞蹈外，因纽特人最为著名的艺术品就是石雕了。像因纽特雕塑这样的商业艺术总能拥有来自于其他方面的受众，这在很多方面与传统的"功能性艺术"类似。④ 皂石、象牙和鲸鱼骨等都是非常优秀的工艺材料。石雕、骨雕和象牙雕刻是因纽特人雕刻的主要形式。一般来说，因纽特人喜欢雕刻与自己日常生活息息相关的主题，比如北极熊、海豹、鲸鱼、驯鹿、因纽特人等。⑤

---

① 吴金光：《加拿大的因纽特人（上）古代的因纽特人》，《民族译丛》1993 年第 2 期。
② 同上。
③ 安家瑗：《因纽特人的艺术品》，《文物世界》2006 年第 2 期。
④ Nelson Graburn, *Ethnic and Tourist Arts: Cultural Expression from the Fourth World*, Berkeley: University of California Press, 1976, pp. 5–9.
⑤ 许鑫：《北极·因纽特人——加拿大努那武特地区纪行》，《中国民族》2009 年第 8 期。

考古发掘资料显示，因纽特人使用这些材料制作的工具和雕刻品可以追溯到大约公元前 3000 年左右。根据不同时期的风格和特点，因纽特人的雕刻艺术通常分为四个时期：前多赛特时期（公元前 3000—公元前 800 年）、多赛特时期（公元前 800—公元 900 年）、极北地区时期（900—1700 年）和现代时期。历史上，因纽特人的雕刻作品主要是功能性的工具和武器。用于宗教目的的护身符和面具，以及展示人们日常生活的动物和人体雕塑等。由于北极地区的动物与因纽特人的生活密切相关，因而因纽特人创作的主要内容是对动物的表达和喜爱，手法原始稚拙，高度简练，蕴含了因纽特人对生命和自然的崇拜。① 大量因纽特艺术家的雕刻艺术品被陈列在伊魁特（努纳武特首府）的手工艺品商店里和博物馆内。在国际艺术舞台上，因纽特人的艺术也受到了尊重并获得了一定的国际地位。在国际交流中，加拿大政府也往往选择具有民族特色的因纽特人的雕刻品作为馈赠礼物来展示本国独特的民族文化。②

二 因纽特人乡土文化教育历程

（一）原生教育

原生教育是指外来文化入侵以前因纽特人自己传统的教育。在 19 世纪中叶之前，在没有与欧洲有接触的情况下，因纽特人的文化一直是独立发展的。在因纽特被北美殖民化以前，因纽特人通常是通过口授将本民族的语言、历史和风俗，还有民族信仰和准则，在日常生活、生产劳动中反映出来并影响和传授给下一代，以保证本民族传统文化的生存和发展。③ 在恶劣严酷的自然环境中，他们凭借自己坚忍不拔的毅力与环境做斗争，创造了独特的因纽特历史和文化。④

（二）共生教育

共生教育是指随着外来文化的入侵，因纽特人的教育不再只是单纯的传统的原生教育，因纽特人的乡土文化中掺杂了外来文化，甚至被外

---

① 隋立新：《加拿大因纽特人雕刻艺术》，《收藏家》2005 年第 5 期。
② 同上。
③ 陈·巴特尔：《试论加拿大原住民寄宿制学校制度的生与亡》，《民族教育研究》2011 年第 1 期。
④ Inuit History and Heritage, p1, http://www.itk.ca/system/files/5000YearHeritage.pdf.

来文化所破坏。

1. 外来文化主导的共生教育

19世纪，随着捕鲸船的到来，因纽特人同欧洲人的联系开始增加。因纽特人长期接触捕鲸者之后，跟着捕鲸者学到了很多非本土的生活生产方式。因纽特妇女从捕鲸船长的妻子那里，学会了编织和烘烤面包。① 但是，在与欧洲殖民者接触后，殖民政府强行占领了因纽特人的资源和土地。② 因为西方人的到来，影响和改变了因纽特人自然发展的历史，从而促进了因纽特人的文化变迁。

当皮货贸易在北部地区兴起时，基督教宗教团体也开始在那里发展起来。因纽特人的生活在新宗教的入侵和影响下发生了巨大的变化，他们放弃了诸如换婚、童婚和萨满教等许多建立在自己文化之上的风俗习惯，这种变化对于因纽特人的发展还是有益的。最重要的一点是传教士创建了因纽特的书面语。传教士们建立了学校，用因纽特语授课。③

2. 本土文化主导的共生教育

1867年，加拿大联邦政府在宪法中规定，"印第安人"一词，应该包括爱斯基摩人，即现在所称的因纽特人，因这项规定，因纽特人才被正式列入到加拿大联邦政府所管辖范围内。④

20世纪40年代，因纽特儿童被送到政府学校中，在因纽特人历史上，这是孩子们第一次与本民族的人隔离。基于工业化的城市生活方式的需要进行课程设置。学校教育不再教给孩子们如何在传统狩猎社会中生存。此外，学校中的教师都不是因纽特人，因纽特民族的孩子们被外来的教师用英语进行教学。⑤ 因纽特人的乡土文化教育已经被外来文化的侵入影响并弱化了。

---

① 吴金光：《加拿大的因纽特人（上）古代的因纽特人》，《民族译丛》1993年第2期。
② Jack Hicks and Graham White, Nunavut: Inuit Self-determination Through a Land Claim and Public Government, p.19, http://www.anu.edu.au/caepr/system/files/Seminars/…/HicksJ_WhiteG 2000.pdf.
③ ［加拿大］伊夫·泰利奥：《爱斯基摩人》，郑永慧译，漓江出版社1986年版，第2页。
④ 潘敏、夏文佳：《北极原住民自治研究——以加拿大因纽特人为例》，《中国海洋大学学报》（社会科学版）2010年第6期。
⑤ 翟冰：《加拿大的因纽特人（下）》，《民族译丛》1993年第3期。

(三) 回归原生教育

20 世纪 70 年代以来，加拿大因纽特人开始为争取本民族的自治而战，为因纽特人回归到传统的本土教育而努力。

自治运动开始的标志是于 1971 年成立的因纽特兄弟会（the Inuit Brotherhood）。1973 年，兄弟会改组为"加拿大因纽特联盟"（Inuit Tapirisat of Canada，简称 ITC），该组织的宗旨是为促进因纽特民族的利益、保护因纽特人的文化和遗产（1998 年后成为全国性组织）。[①] 1990 年 4 月，努纳武特东加维克联盟（Tungavik Federation of Nunavut，简称 TFN）成立，取代 ITC，成为与联邦政府谈判的因纽特人民间组织。[②]

经过近 30 年的不懈努力，努纳武特于 1999 年 4 月 1 日成立，是加拿大第一个因纽特人自治区。[③] "自治"就意味着，土著人民"以自己的方式来控制自己的事务"，土著人民有权利管理自己，并有权决定自己的政治、经济、社会和文化事务。[④]

努纳武特位于加拿大东部极地区，其中 85% 是属于因纽特人血统。共有 41 所学校和 27 个社区。据 2006 年统计，约有 541 名注册持证教师，其中 26% 是因纽特人，他们大部分是属于初级教师。[⑤] 努纳武特行政区域的成立，意味着因纽特人将在本民族的区域管辖范围内更为合理、有效地行使各种行政权力。作为单一民族的因纽特人正在为维护和发展他们的文化做出努力。

三 因纽特人乡土文化教育路径

（一）设立相关部门

为保护因纽特人的传统文化和价值信念，努纳武特政府特别设立了

---

① 潘敏、夏文佳：《北极原住民自治研究——以加拿大因纽特人为例》，《中国海洋大学学报》（社会科学版）2010 年第 6 期。

② The Road to Nunavut: A Chronological History, http://www.gov.nu.ca/english/about/road.shtml.

③ 许鑫：《北极·因纽特人——加拿大努那武特地区纪行》，《中国民族》2009 年第 8 期。

④ Cassidy and Frank, "Aboriginal Governments in Canada: An Emerging Field Study", Canadian Journal of Political Science, Vol. 23, No. 1, 1990, pp. 73-99.

⑤ Aylward, M. L., *The Role of Inuit Language and Culture in Nunavut Schooling: Discourses of the Inuit Qaujimajatuqangit Conversation*, Ph.D. dissertation, MIT, 2006.

"文化、语言、长者、青年"部。努纳武特政府也明确规定将因纽特语作为官方语言。此外,努纳武特教育部还设计了 11 项文化传承项目计划引导下一代学习和传承乡土文化。并且招募有智慧的部落长老参与到学校教育中去,参与建设各项乡土文化教育活动,这些有智慧的部落长老要汇集并传承所在地区的乡土文化和传统民间故事,包括当地各个地名的由来、历史与传统技艺的起源等。①

(二) 建设民族院校

努纳武特因纽特人协会出资设立了位于渥太华的"努纳武特,我们的未来"学院,课程围绕因纽特人的历史、文化、《努纳武特土地权协定》以及其他与因纽特人生活密切相关的事物设置。②

虽然今天努纳武特的公立学校仍然存在强烈的加拿大南部欧洲中心的意识,③ 但是,加拿大联邦政府在 1999 年批准授权了努纳武特地区成立的举措,努纳武特地区的大多数教育者对本民族教育都表示支持,这些举措和支持都将成为恢复因纽特语言和文化在努纳武特教育中的重要地位的巨大推动力。④

(三) 设置乡土课程

在 20 世纪 60 年代,因纽特人课程的制定开始考虑到因纽特人的语言、文化和价值观。⑤ 因纽特兄弟会认为课程应当具有浓厚的北方特色,他们特别创立了因纽特文化学会来保护和传承因纽特语言和文化。今天因纽特语仍然是一门极具活力的语言,因纽特课堂教学中采取的是双语教育。⑥ 在学校课堂中引入因纽特语言和文化的学习,成为与数学和科学

---

① 潘敏、夏文佳:《北极原住民自治研究——以加拿大因纽特人为例》,《中国海洋大学学报》(社会科学版) 2010 年第 6 期。

② 许鑫:《北极·因纽特人——加拿大努那武特地区纪行》,《中国民族》2009 年第 8 期。

③ Aylward, M. L., "Discourse of Cultural Relevance in Nunavut Schooling", *Journal of Research in Rural Education*, July 2007, p. 22.

④ Berger, T. R., "Conciliator's Final Report: The Nunavut Project", Ottawa Canada: Department of Indian and Northern Affairs, 2006, p. 24.

⑤ Duffy, R. Q., *The Road to Nunavut*, Kingston and Montreal, Mc Gill-Queen's University Press, 1988, p. 67.

⑥ Sarkadi, L., "Nunavut: Carving Out a New Territory in the North", *Calgary Herald*, January 1992, p. 5.

等具有同等地位的正式课程，教给所有的学生。努纳武特教育部成立了一个因纽卡地吉尼克课程研发小组。研究小组招募因纽特民族的长老加入，同时参与到课程设置、教学内容和教学指导、日常管理等中去；培养教师正确的乡土文化教育观，让土著教师完成更多的乡土文化和语言教育的任务，让土著学生以他们自己的文化和语言为自豪；培训非土著教师更多地了解、学习因纽特人自己的语言和文化，运用综合全面的思路解决问题。①

（四）出版书籍和影片

因纽特人文化发展还体现在出版由因纽特人撰写的书籍和用因纽特语摄制的影片。在因纽特文化学院的资助下，建立了因纽特的语言委员会来修订因纽特语的正字法，并使之规范化。因纽特语有两种文字，一种为以罗马字母为基础的文字，另一种为音节文字。并且已编纂出了几种因纽特语词典，包括特定地区的方言，如西部极地地区的方言或东部极地地区的方言。编纂这些词典的目的之一就是为了保存这一门古老的语言。因此，尽管有一些词汇在现代社会中已经逐渐过时以至于废弃不用，但是它们在因纽特人迁居到现在的居住地之前都是常用的词汇，这些词也被收入到了词典里。② 在北部，还建立了出版社，出版了因纽特语的快报和报纸。因纽特人还创办了杂志（月刊）。这种杂志同时用英文和因纽特文出版。③

（五）社区互动参与

社区在乡土文化教育中发挥着非常重要的作用。社区中的男人女人都是乡土文化的引导者和传承者。社区中的女人教导孩子们学习缝制物品的技术，而男人则教导孩子们如何搭建房屋，如何使用传统的物件、装备进行狩猎和捕捞。社区中的成人在乡土文化活动的教育实践中有意或无意扮演了影响者、指导者和促进者的角色。因纽特人的乡土文化和传统价值理念和日常生活有着十分密切的联系，它们不是脱节的，它们

---

① 魏莉：《加拿大努纳武特教育课程对因纽特语言与文化的保护》，《楚雄师范学院学报》2012 年第 5 期。
② 翟冰：《加拿大的因纽特人（下）》，《民族译丛》1993 年第 3 期。
③ 阮西湖：《加拿大因纽特人》，《云南社会科学》1985 年第 2 期。

是有意义地相互连接在一起的。社区中的每一个人都充分参与到了对下一代的乡土文化教育工作中去。①

四 对我国乡土文化教育认同的启示

因纽特人对乡土文化的教育与传承对我国这样的多民族国家具有非常重要的启示借鉴意义。纵观因纽特人争取乡土文化教育独立的历程，对本乡土的热爱和强烈的乡土精神是其乡土文化教育得以开展和成功的基础。分析因纽特人争取乡土文化教育独立的历程和成功之处，我们可以从中发现一些对我国乡土文化教育有益的启示。

（一）加强乡土文化教育制度保障

目前，我国针对各地区乡土文化教育的法律法规并不完善。要在坚持三级课程管理的基础上，各级政府和教育部门加强对各地乡土文化教育的重视。建议国家教育部门根据当地实际情况，制定相关的地方文化教育政策法规，尽快建立区域性的乡土文化管理体系，提供行政立法保障，倾向于使地方文化得到发展。

在国家总体规划和指导下，地方教育部门要加大对乡土文化研究的力度，要充分考虑实际情况，针对当地文化在开发和实施过程中存在的各种问题，通过展示具体调查数据，在发展中不断调整和完善乡土教育实施方案，确保当地文化教育的科学性和有效性。同时，要合理调整学校布局，合理配置学校教师资源，针对当地乡土文化发展中存在的实际问题优化教育资源配置等。适当加强学校建设，如增加资金投入，缩小学校间教育水平差距，实现均等化、规范化，为乡土文化教育提供全面的硬件基础。

（二）重视乡土文化教育理念

因纽特人的乡土文化教育之所以取得成功，受到多方面因素的影响，其中最重要的因素是因纽特人对乡土文化教育的重视。因纽特人的政府会设置专门的乡土文化教育研究部门，致力于研究和传承乡土文化。对传统乡土文化的传承、对自然的满怀深情和对后代的培养教育，都体现

---

① 潘敏、夏文佳：《北极原住民自治研究——以加拿大因纽特人为例》，《中国海洋大学学报》（社会科学版）2010 年第 6 期。

了因纽特人对乡土文化与精神的热爱。因纽特人世世代代在这种传统的教育理念和教育方式下成长,他们已经在这种环境中与乡土文化融合,以至于他们的思维方式与乡土文化深深契合,他们在乡土文化中学习,也在乡土文化中传承。在现代乡土文化的教育教学中,每个有真正优秀传统乡土文化的地区都应当充分发挥本地区传统乡土文化教育理念的优秀部分,并且积极将其应用到现代教育教学中去,更好地促进乡土文化教育的发展。

(三)设置乡土文化课程

在乡土文化教育的过程中,首先应当在乡土学校的课程中设置乡土文化传统的课程,除了课程专家以外,还可以邀请当地对乡土文化十分了解并且有很好传承的人,对编写有关乡土历史和文化的教材和课本提供一定的意见和建议。同时在课程内容的选择上应该体现出鲜明的乡土特色,突出乡土的社会文化特征。还应当根据不同年龄阶段儿童的接受能力,从教学内容到教学形式都分层次编写教材。[①]除了必修课程以外,还应当根据乡土特色设置一些选修课程,学校当中可以创立乡土文化的研修小组、兴趣小组等。

(四)加强师资队伍建设

乡土文化教育很重要的一环是教师。教师对乡土文化的理解和掌握影响他对乡土文化的教育教学。地方政府和教育部门应为当地文化的教育与传承培养专业的乡土文化教师,定期开展教师文化教育的培训课程。最重要的是加强教师的地方文化专业知识,系统地向教师介绍乡土文化教育理论知识,包括乡土文化教育教学的课程目标、内容和形式。另一方面,也应丰富教师的文化知识和技能,将抽象的乡土文化转化为具体的文化知识,并与学科的教学内容相结合,帮助教师学习如何实施。在当地的文化教学中,学会引导学生,同时了解一些优秀的典型民间技能,便于学生认知。教师对地方文化教学的培训不能在短时间内解决问题。从教学内容和教学方法到收集教学资源和设计教学评价,教师都需要花费精力和时间。作为一种新的教学挑战,社会、学校和教师应协调合作,

---

[①] 陈·巴特尔:《加拿大"印第安人控制印第安教育"运动及其启示》,《民族教育研究》2009年第3期。

以促进更有效的乡土文化教育。

（五）发挥社区和家庭教育的作用

除了设立本土文化思想教育课程外，因纽特人教育有个明显的成功之处是社区和家长参与到对后代的乡土文化教育中，因纽特人的社区教育和家庭教育在乡土文化教育中扮演着非常重要的角色，它对提高学生对乡土文化的学习兴趣具有非常重要的积极作用。社区教育和家庭教育的主要功能是满足学生在课堂内外的需求，基本上是将学校教育延伸到社区和家庭。社区、家长和学校之间的交流有助于培养学生的乡土归属感。[①] 发展乡土文化教育，首先要促进教育的生活化和社会化，充分利用社区资源进行教学，使学校教育和社区文化共同发展。其次，利用当地的历史事件、历史人物和人文环境等文化话题发展乡土文化教育，引导人们认识和理解当地文化，体验当地文化的魅力和价值，热爱自己的乡土。

第三节 澳大利亚土著文化教育及认同启示

一 澳大利亚土著文化教育的发展历程

澳大利亚土著文化教育的发展历程可谓经过了1788年未殖民化之前的形成发展状态。1788年后，澳大利亚联邦政府先后对土著人实施隔离—同化政策、一体化政策、多元文化政策，土著文化教育发展也随之发生变化。本文以澳大利亚联邦政府对土著居民实施的系列政策为研究对象，考察澳大利亚土著文化教育的发展过程，发现其经历了孕育发展阶段、曲折艰难阶段、探索发展阶段、全面推进阶段四个阶段。

（一）孕育发展阶段（1788年之前）

澳大利亚土著文化教育的形成发展段主要是发生1788年之前。在英国殖民者未踏入这片广阔的澳洲土地前，澳大利亚土著人已在澳洲土地上生活了6万年。澳洲大陆养育了土著居民，同时也滋养了丰富多彩的土著文化。澳大利亚土著文化主要有以石壁画、树皮画和岩石画为主要

---

① 滕志妍、李东材：《从赋权自治到能力建构：加拿大原住民教育政策的新路向》，《外国教育研究》2011年第4期。

形式的土著绘画，土著舞蹈与音乐，多样性的土著语言，梦幻时代的神话传说和图腾、与祭祀有关的传统节日与庆典。①

在 1788 年澳大利亚土著人未被英国殖民化之前，土著人过着采集和狩猎的自由自在生活，其文化教育也处在形成发展状态。土著人口头语言丰富，没有书面语言，土著文化则是通过土著口头传说、歌唱、舞蹈、讲故事等方式被保存与流传下来。土著人的生活基本技能如采集、捕鱼等方式则是来自长辈的传授和实践的锻炼。此阶段土著文化教育内容、教育方式等基本处于稳定状态，土著文化教育处于孕育发展阶段。

（二）曲折艰难阶段（1789—1964 年）

澳大利亚土著文化的曲折艰难阶段主要是发生在 1789—1964 年的这段时期，澳大利亚联邦政府对土著居民实施"隔离—同化"政策。② 受"隔离—同化"政策的影响，土著的土地和村落渐渐消失了。土地是维持土著生活方式的根本，土地的消失使得土著文化保留与传承在此过程中受到了重大的创伤。不同类型的土著语言数量明显下降，部分土著儿童被迫接受白澳的教育，被称为"被偷走的一代"。

为了能够保护土著文化不被彻底地同化，有些有志之士加强了对澳大利亚联邦政府的抗议活动，并建立了一些社会团体，如 1924 至 1927 年，建立了第一个抗议政府的团体——土著进步会社。③ 1951 年成立的土著福利司，旨在促进改善土著健康、教育、就业等方面的权利。④ 著名的 A. P. 耶尔金也强烈要求给土著更好的教育和改善他们的物质环境，并认为土著人有能力从沮丧的穷困的边缘中走出来。⑤ 可以说，此阶段土著文化教育处于艰难发展之中。

---

① ［澳］巴特莱特等：《澳大利亚土著人》，陈静译，中国水利水电出版社 2004 年版，第 34、36、38、41、44 页。

② Kaplan and Gisela and Eckerman and Anne—Katrin, "Identity and Culture Shock: Aboriginal Children and Schooling in Australia", *Mcgill Journal of Education*, Vol. 31, No. 1, July 1993, pp. 191 – 196.

③ 阮西湖：《澳大利亚民族志》，民族出版社 2004 年版，第 80 页。

④ W. H. Blackmore and R. E. Cotter and M. J. Elliott, *Landmarks: A History of Australia to the present day*, Macmillan of Australia, 1969, p. 166.

⑤ 阮西湖：《澳大利亚民族志》，民族出版社 2004 年版，第 80—81 页。

(三) 探索发展阶段 (1965—1988 年)

澳大利亚联邦政府对土著居民实施的"隔离—同化"政策极大地破坏了土著居民的民族文化的传承以及澳大利亚政治经济的发展。土著人口的增长和民族意识的高涨以及澳大利亚社会进步力量对土著的支持,①迫使澳大利亚联邦政府开始反思实施的"隔离—同化"政策所造成的后果。1965 年南澳州政府明确表示放弃文化同化政策,实施文化一体化政策,成为全国土著政策转变的信号。所谓"一体化"就是彼此吸收对方的文化,但各自主要特点依然存在。② 在此时期,一些有关土著人的教育和文化等政策相应出台来保护土著人的受教育权利,如 1969 年澳大利亚联邦政府颁布的《土著研究资助计划》(The Aboriginal Study Assistance Scheme),南澳洲政府采用了与《国际劳工组织条约》(the ILO Convention) 理念相同的土著居民政策,支持学校实施土著双语教育。为支持双语教育项目的顺利开展,达尔文大学成立了语言学院,旨在培养土著居民的语言学分析能力和双语课程开发能力。③ 此外,土著人开始具有管理自己的学校的权利,其民族归属感得到提高。如 1978 年澳大利亚的艾丽斯斯普林斯的土著人建立了属于自己的学校,学校教育经费由土著事务部提供,学生所用的教科书是用土著语言所编写。为了培养大量合格的土著教师,澳大利亚联邦政府采用了"土著教育辅助员制",并让悉尼大学教育系承担起培训土著教员的责任。④

土著人的文化首次得到澳大利亚联邦政府的认同,土著文化教育和澳大利亚主流文化教育开始向和睦相处、相互融合的方向发展。同时,土著人探索了如何将英语的发音、词汇、语法和说话方式运用到其自己的土著语言中,实现了土著语言和英语的初步融合,同时,也实现了土著语言向书面语言的转变。融入时代元素的土著音乐和舞蹈得以继续保存,土著文化教育进入探索发展阶段。

---

① 阮西湖:《澳大利亚联邦政府对土著居民的政策》,《民族研究》1987 年第 4 期。
② 杨洪贵:《澳大利亚 1967 年宪法改革及其对土著问题的影响》,《世界民族》2007 年第 3 期。
③ 吕华:《澳大利亚双语教育研究》,硕士学位论文,南京师范大学,2006 年。
④ 阮西湖:《澳大利亚民族志》,民族出版社 2004 年版,第 96 页。

（四）全面推进阶段（1989 年至今）

1989 年，澳大利亚联邦政府颁布的《一个多元的澳大利亚的国家议程》的政策标志着土著文化教育进入全面推进阶段。在多元文化政策的背景下，澳大利亚联邦政府关注和重视土著人教育权的问题，颁布实施了系列土著教育政策。1990 年，澳大利亚联邦政府颁布的《原住民和托雷斯海峡岛民国家教育政策——21 个国家目标》[the National Aboriginal and Torres Strait Islander Education Policy（AEP）—Twenty one Agreed National Goals]，期望在 2000 年实现土著民族教育公平。① 之后，1996 年，澳大利亚颁布了《原住民和托雷斯海峡岛民国家教育策略（1996—2002）》②、2000 年颁布了《土著居民教育（目标援助）法案》和《国家土著民族英语识字和算术能力发展战略》③ 等。这些政策的颁布有效地保障土著文化教育的顺利开展，最为突出的是给予财政上的支持，为了挽救土著语言的使用，澳大利亚联邦政府增加拨款，从 1991 年的 100 万澳元到 1993 年的 300 万澳元，用于各地区的土著语言中心工作，以提高社区原住民本民族的语言知识和使用本民族语言的能力。

以土著社区管理为主体的土著语言中心负责挖掘收集土著歌曲和语言，并根据学生发展需要将其纳入编写的土著词典和教材，进而为土著学校的双语教育的顺利开展提供有效的补充。此外，澳大利亚联邦政府通过拨款鼓励土著人开设并管理自己的学校，土著学校较之前数量有明显的增多。尤其 1992 年，澳大利亚联邦政府制定的《澳大利亚土著语言大纲》成为国家对高中阶段（11—12 年级）的土著语言课程开发的指导方针，④土著文化和语言在教学大纲上得到应有的保护和传承，这极大地促进了全国公立学校、私立学校、土著学校等各类学校开展土著文化和语言的教学。在课程设置方面，注重将土著特有的文化元素融入其中。为了保护土著文化和语言，一些土著社区或团体建立起开设传统知识和

---

① 陈立鹏、张靖慧：《澳大利亚土著民族双语教学政策：内容、特点及启示》，《民族教育研究》2015 年第 4 期。

② Australia Ministerial Council on Education, 1995.

③ Australian Dept. of Employment, Education, Training and Youth Affairs, 2000.

④ Henderson, J. and Nash, D., *Culture and Heritage: Indigenous Languages*, Central Queensland University Publishing, 1997.

现代课程的学校，学生在那参加野营和露营，学习他们自己的民族文化和语言，参加社会实践活动，如采集野味、捕鱼等传统生存方式。

随着澳大利亚联邦政府对土著文化教育重视的加强，给予土著教育资金力度的加大，土著文化教育质量较之前有较大提升，土著双语教育项目得到广泛的开展和研究，土著社区和居民广泛参与土著教育决策，土著学校的办学条件、师资力量、硬件设施等方面得到了较大的提高，在课程设置方面，更加注重融合"回旋镖""研磨石"等具有土著文化元素的课程资源。澳大利亚土著文化教育进入全面推进阶段。

二 澳大利亚土著文化教育发展的主要特点

基于对澳大利亚土著文化教育的发展历程，可知，澳大利亚土著文化教育是随着澳大利亚联邦政府对土著居民实施的系列文化教育政策而发展变化的，文化政策的实施对澳大利亚土著文化教育过程产生一定的影响，同时，在此过程中，澳大利亚土著文化教育呈现自身的发展特点。

（一）鼓励土著人自治学校

为了更好地保留和传承土著文化，澳大利亚联邦政府极其鼓励土著人自己管理学校，赋予他们管理学校的权利，并给予一定的资金支持。如20世纪70年代，在维多利亚州的艾普斯普林顿，就有土著人自治的学校，联邦政府给予一定数量的拨款来维持土著文化和语言的发展。后来的1989年的《土著教育（补充财政援助）法》和2000年的《土著教育（目标援助）法》两部政策的颁布加大了对土著文化教育上的资金支持力度，其中2000年的《土著教育（目标援助）法》除了提出为土著教育事业提供资金上的支持，还明确强调重视土著居民参与教育决策的权利，[①]并赋予土著人自己管理学校的权利。同时，澳大利亚颁布的《国家语言政策（NPL）》和《澳大利亚土著语言大纲》等土著语言政策强调重视在

---

① 王兆璟、陈婷婷：《澳大利亚土著人教育优惠政策：进程、动因及价值取向》，《当代教育与文化》2010年第6期。

土著学校中开展土著语言和英语相结合的双语教学。土著学校的课程内容、教育方式、教育环境、教育基础设施等方面尽可能适应土著文化习俗,①以保障土著人的教育权。政策的制定保障了土著居民享有平等参加或获得教育的权利以及土著民族文化教育事业的发展。

(二) 重视营造良好的土著文化教育氛围

澳大利亚除了鼓励土著人自己管理学校外,还意识到土著文化和语言自身的独有特色,重视土著社区和学校的有机联动来共同促进土著文化的保护和传承。

第一,土著居民无偿为语言学校提供咨询服务,参与土著文化教育项目的规划与决策。第二,土著社区成立了土著语言中心,其主要责任是搜集土著歌曲、舞蹈、绘画、语言等,并将其作为编写土著文化教材和语言词典的相关素材,并也用于开展双语教学的载体。另外,土著社区为学校提供了土著文化课程资源和实践基地,加强土著学生对其文化的认同。第三,澳大利亚重视利用媒体、书籍、公共标牌等社会媒介来有效地融入土著文化元素,促进了土著文化的传播与发展。第四,社会进步力量的支持,从20世纪20年代建立的土著进步社到如今的各地州和领地的土著事务机构,无不是为土著文化教育事业的有效发展提供良好的社会氛围。

(三) 土著教师队伍建设

为了更好使土著文化传承下去,澳大利亚联邦政府重视对土著教师的培养与教育。澳大利亚对从事土著教育的教师给予特殊的福利待遇,如提高土著教师年薪待遇、营造良好的生活教学环境、提供假期免费旅游活动等。②以此吸引更多人加入土著教师队伍中。此外,为培养高素质的土著教师,澳大利亚联邦政府采取"土著教学辅导员制",组织土著教学辅导员观摩、学习有经验的非土著教师讲课等措施。③同时澳大利亚也重视对土著教师的教育培训,如达尔文社区大学的语言学院的主要目标

---

① 王建梁、梅丽芳:《澳大利亚发展土著人职业教育的主要措施及其成效初探》,《民族高等教育研究》2013年第3期。

② 教育部赴澳民族教育考察团:《澳大利亚民族教育》,《中国民族教育》2000年第1期。

③ 魏晓燕、黎海波:《澳大利亚发展土著教育的特别措施》,《基础教育参考》2005年第11期。

是培训土著教师的土著语言的分析能力和土著文化课程的开发能力,① 从而为培养合格的土著教师奠定基础。

(四) 学科课程教学的融合与渗透

2010 年 3 月,澳大利亚颁布的首部基础教育国家课程中强调在英语、数学、科学和历史等四门学科课程中融入澳洲土著居民的文化要素,并对双语教学提出明确的指导要求。②

在学科课程融入地方特色文化元素,促进学生的文化认同感,这是一种有效方式。例如,澳大利亚新南威尔士州教育委员会编制的《科纳巴兰布拉数学活动:6—8 年级土著情景数学学习单元》中所需的课程资源含有土著老者、土著原件、回旋镖、研磨石等土著文化元素。③ 为了更好地将土著文化有效地实践整合到数学课程中,澳大利亚詹姆斯·库克大学的学者 Amelia Dickenson-jones 利用该地区的数学课程中的回旋镖个案,探讨出五种转化模式,即分离(Disjunction)、迁移(Translation)、集成(Integration)、关联(Correlation)和整合(Union)。④

三 对我国乡土文化教育认同的启示

分析和总结澳大利亚土著文化的发展历程及其特点,对未来我国乡土文化教育发展具有一定的参照意义。

(一) 建立健全乡土文化教育政策保障机制

澳大利亚针对土著文化教育的发展,提出了系列土著文化教育政策,将其纳入法制化的轨道,促进其更好地传承与发展。这些政策包括教育经费投入机制、土著语言政策保障、教师教育培养政策以及土著文化课程政策等方面。在澳大利亚土著文化教育的发展历程中逐渐形成了以政策导向和自治性为特点的土著文化教育。

---

① 吕华:《澳大利亚双语教育研究》,硕士学位论文,南京师范大学,2006 年,第 13 页。
② 陈立鹏、张靖慧:《澳大利亚土著民族双语教学政策:内容、特点及启示》,《民族教育研究》2015 年第 4 期。
③ 张维忠、陆吉健:《基于文化适切性的澳大利亚民族数学课程评介》,《课程·教材·教法》2016 年第 2 期。
④ Dickenson-Jones, A., "Transforming Ethnomathematical Ideas in Western Mathematics Curriculum Texts", *Mathematics Education Research Journal*, Vol. 20, No. 3, December 2008, pp. 32–53.

就目前我国而言,缺乏对乡土文化教育政策的国家层面的宏观性引领和地方层面的针对性引导。因此,我国要建立健全乡土文化教育政策保障机制。首先,在国家层面要给予乡土文化教育宏观性引领政策的确定。国家层面应明确地规定乡土文化教育的重要性、培养目标、教师教育培养、实施办法等方面,对其进行顶层设计,以对地方制定乡土文化教育政策起到宏观性引领作用。其次,地方层面应根据本地区的文化特点出台与国家层面的乡土文化教育政策相配套的地方法规和规章。在此基础上,相关教育部门要为乡土文化教育实施提供充足的教育经费,以保障乡土文化教育切实有效开展,如澳大利亚为保障土著文化的发展,特制定和颁布《土著教育(补充财政援助)法》(1989)和《土著教育(目标援助)法》(2000)。基于此,我们教育相关部门要赋予学校传承乡土文化的自主权,使学校发展出本校乡土文化发展的独特路径,进而促使学生认同自己的乡土文化,实现乡土文化的传承、融合与发扬。

(二)重视乡土文化教师队伍建设

澳大利亚发展土著文化过程中,重视土著文化教师队伍建设,对于促进土著文化教育发展起到了重要的作用。在澳大利亚,除了对土著教师增加工资、提供免费旅游来吸引和鼓励素质高的教师加入土著教师队伍中,还通过观摩课、教师间交流等措施来进一步推动土著教师师资的培养。

目前,我国乡土文化教师师资力量薄弱表现在:一是数量上严重不足;二是鲜有具有乡土文化知识的专业教师。因此,我国教育主管部门要有效利用特岗教师和免费师范生政策,有目的地培养具有乡土文化素养的乡土文化教师。[①] 基于此,还要重视打造一支数量足、素质高的乡土文化教师队伍,这对于促进学生热爱自己的乡土文化以及促进传承和发展乡土文化具有重要的作用。其次,要提高乡土文化教师的工资待遇,改善其生活和工作环境,留住具有乡土情怀的优秀教师。最后,还要加强对乡土文化教师的培训力度,学校可定期组织乡土文化教育专家、民间艺人等来校讲学,也可举办各种乡土文化教材研讨会,组织教师外出

[①] 李长娟、王珏璟、赵准胜:《乡村学校教育视域下乡土文化的断裂与传承》,《教学与管理》2016年第16期。

参观学习等,在交流和学习中,提高教师的乡土意识和乡土情怀。

(三) 开发具有乡土特色的地方课程和校本课程

澳大利亚重视联动土著社区的力量,挖掘土著文化教育资源,营造良好的土著文化教育环境。尤其,澳大利亚通过土著文化教育政策赋予地方或学校具有课程开发的自主权,即根据本区域的文化特色开发出具有土著特色的地方课程和校本课程。

目前,我国单一的"升学—离农"培养目标严重影响了课程内容的设置,使课程内容与现有的农村实际生活严重脱离。[①] 目前我国大多数农村中小学教学内容主要来自国家统编的教科书,教学内容具有城市化的倾向,缺乏当地乡土文化特色的内容。学生的乡土文化认同感低,阻碍了乡土文化的有效传承与发扬。因此,我们要重视开发具有乡土特色的地方课程与校本课程。首先,要联合社区的力量积极发掘和整合乡土文化资源,构建乡土文化资源体系,从中选取典型的乡土文化编制适合本地区和学生发展需要的地方课程和校本课程。其次,地方课程和校本课程的开发权应是地方和学校。尤其编制校本课程时,学校应该主动加强与课程专家的合作与互动,以课程专家为指导,形成以学校为主体,联合学生、家长和社区人士的合作互动的课程审议小组,在集体审议过程中,解决校本课程内容的选择问题,从而编制出适合本学校和学生发展需要的乡土文化课程。

(四) 学科教学渗透乡土文化元素

澳大利亚注重在学科课程教学中渗透土著文化元素,如在数学课程教学中融入土著老者、土著原件、回旋镖、研磨石等土著文化元素,在学科课程教学中促进学生对土著文化的认同,进而促进土著文化的发展与传承。

因此,我国在通过学科课程加强主流文化教育的同时,也要将本区域的乡土文化元素渗透到学科课程教学中。学科课程教学中乡土文化的渗透,有利于学生传承乡土文化基因,提升乡土文化情怀,提高乡土文化认同感。学科课程渗透乡土文化元素的策略有:其一,以本区域特色

[①] 田宝军、朱曼丽:《农村中小学乡土文化教育的缺失与改善》,《教学与管理》2016 年第 33 期。

的乡土文化如剪纸、风筝、民间古迹、民间小曲等为乡土文化元素，根据不同学科课程的特点和性质，可随堂渗透乡土文化教育，进而帮助学生加深对自己家乡的认识，树立乡土文化自豪感；其二，开展以提高学科课程教学效果的主题实践活动的形式渗透乡土文化教育，如历史学科课程教学中，可以组织开展以参观民间古迹为主题的实践活动，帮助学生了解自己家乡的历史，提升学生乡土文化自觉，并在美术学科课程教学中，开展组织以剪纸为主题的活动，了解民间剪纸艺术。

第四节 新西兰毛利语教育及认同启示

位于太平洋西南部的新西兰有着"长白云之乡"的美誉，素以"绿色"著称，是大洋洲最美丽的国家之一。毛利人是新西兰的原住民，也是新西兰最早的开拓者，其起源于东波利尼西亚，属波利尼西亚人的一支。根据传说，身为毛利人的航海家库佩（Kupe）于公元10世纪率领其他毛利人航行于南太平洋海域时，发现了这个拥有迷人景色的海岛，并将其命名为"奥蒂阿罗阿"（Aotearoa），毛利语即"飘逸悠长的白云之乡"之意。1350年，大批毛利人分乘7只独木舟并选择不同的登陆点来到海岛定居，自此形成了今天新西兰7个不同的毛利部族。①

毛利人为新西兰人口最多的少数民族，2013年3月5日新西兰举行的2013年人口和住房普查通过种族和血统这两种方式对毛利人口进行统计，结果显示属于毛利种族的有598605人，占新西兰总人口的14.9%；而属于毛利血统的达到668724人，占新西兰总人口的17.5%。毛利人自公元10世纪来到新西兰定居后，在这块土地上用自己的劳动和智慧创造了灿烂的文化，无论是毛利人的语言（毛利语）、毛利人特别的迎宾礼及碰鼻礼，还是能充分展现毛利人性格的音乐与舞蹈，抑或是毛利人的文身和木雕都是其宝贵的财富。今天的毛利人虽然在生活方式上较之前发生了很大变化，但是他们仍然崇拜和继承着祖先的文化遗产和传统风俗。

---

① 巨周：《毛利人挑战新西兰国名》，《海洋世界》1997年第10期。

一 毛利人的乡土文化之毛利语概况

毛利语（Te Reo Māori）是新西兰土著毛利人的语言，也是毛利人的乡土文化的重要组成部分，属于波利尼西亚语系，在1987年成为新西兰3种官方语言之一。现今的波利尼西亚语的祖先与斐济语的祖先大约于3500年前开始各立门户，我们现在所谓的古波利尼西亚语自身也在100年后产生分化。之后，随着人们迁徙的进一步扩大及语言的进一步分化，现代毛利语也在这一过程中由东波利尼西亚语分化而来。[①] 毛利语是毛利人的重要文化遗产，也是新西兰政府努力保护的宝藏。毛利人从太平洋诸岛来到新西兰之后，语音变化很少，基本上各地的人都可以沟通无碍。

二 毛利语的发展历程

回顾历史，毛利语一开始作为新西兰的主要使用语言，是毛利人常用的沟通方式；后来，英国在新西兰实行同化政策遭到禁止使用而日渐衰弱；再后来毛利人的自我觉醒与奋起抗争以及新西兰政府的支持与帮助，毛利语的复兴与发展，可见毛利语的发展经历了起伏的过程，并非是一帆风顺的。

（一）英国实行同化政策之前的毛利语：日常使用，稳步发展

在毛利人定居新西兰之后以及欧洲移民到达新西兰的前半个世纪，毛利语及毛利文化还未受到破坏，毛利语作为一种常见的沟通方式处在稳步发展阶段。对于没有文字的毛利人来说，语言在其生活与发展过程中发挥着重要的作用，是其使用频率最高的沟通方式。早期欧洲移民者的到来，在一开始并未打破这一语境，反而在一定程度上促进了毛利语的传承与发展。早期欧洲移民以传教士为主，其在新西兰创办了教会学校以宣传他们的理念。为了达到他们的目的、更好地与毛利人进行沟通，其对毛利语的依赖性很强，他们积极学习毛利语而不是教当地人英语的行为在客观上维持和保护了毛利语的使用地位。另外，随着对毛利语需求的增多，传教士还创造了毛利语的书写系统，并希望可以进行毛利语

[①] 付继华：《新西兰毛利语的发展与现状》，《四川师范学院学报》（哲学社会科学版）1996年第1期。

的书面交流。

(二) 英国实行同化政策背景下的毛利语：禁止使用，日渐衰弱

随着到达新西兰的英国移民者的增多，其在数量上超过了当地的毛利人，毛利语的地位也发生了转变。英国移民者在数量上占有优势，其不愿再像早期移民者那样学习毛利语，而仍想用其母语英语进行对话与交流，并且这一交流的范围不仅仅包括其移民者内部，而是扩大到包括毛利人在内的整个新西兰，同时这也表明英国野心的扩大。1840年，毛利酋长与英国王室代表签署了被公认为新西兰建国文献的《怀唐伊条约》（Treaty of Weitangi），这一条约的签订不仅意味着英国法律体系在新西兰的建立，同时也标志着英国对毛利人实行同化政策的开始。英国企图让毛利人认同和接受欧洲的文化和习俗，在这一背景下，传教士们也转变了之前的态度，从而以教会学校为主要途径试图让毛利孩子从小学习英语及接受白人文化，以实现对毛利人从语言到文化的同化目的。由此，毛利语慢慢被禁止使用，使得毛利语在这一时期日渐衰弱。

英国对毛利人实行的同化政策开始表现在教学方面就是双语教学的出现，即同时用毛利语和英语进行教学，但是随着时间的推移和同化的深入，学校慢慢倾向于单一的英语教学，这也就加重了毛利人学习和使用英语的压力，出现了英语学习人数增多以及与之相对应的毛利语学习人数减少的局面。另外，相关政策与法令的出台与颁布，使得这一现象有了法律的保障，加速了毛利语的衰弱趋势。如1847年，《教育条例》（the Education Ordinance）颁布，这一企图重组教会学校的条例明确规定英语作为教学语言，并且这一原则适用于新西兰的每一所学校，由此，毛利学生将用英语学习如何读写说的知识与技能。[1] 这也就导致毛利语作为沟通语言的地位下降，学校中的教学媒介由毛利语为主开始过渡到以英语为主。

1973年，新西兰教育研究中心的一项全国性调查显示，只有约20%的毛利人可以说流利的毛利语，并且他们其中的大多数人都是年长者或

---

[1] Gallegos C., "Paradigms on Indigenous Language Revitalisation: The Case of Te Reo Maori in Aotearoa New Zealand and Mapudungun in Chile", Victoria University of Wellington, 2007.

超过生育年龄的人，而到了 1985 年，只有 12% 的毛利人可以说毛利语。①这足以见得英国的同化政策对毛利语的破坏程度之深，毛利语已经处于濒临灭绝的危险境地。

（三）毛利人的积极争取与新西兰政府支持下的毛利语：恢复使用，重建复兴

1970 年，毛利人语言学家本顿（Benton）意识到了毛利语的危险境地，其关于毛利语"正在死亡线上做最后的挣扎"的警示激发毛利人采取激进措施来争取和维护使用毛利语的权利。② 英国如此明显而又残暴的文化入侵明显与《怀唐伊条约》的内容是相悖的，因此从 20 世纪 70 年代开始，毛利人以《怀唐伊条约》中保证毛利人重要特权的相关内容为由，联合各种团体举行游行示威以要求政府保障毛利语的使用权利。自此越来越多的毛利人开始重申自己的毛利身份，强调毛利语作为毛利文化的重要组成部分是其身份的核心，同时，毛利领导人也越来越意识到毛利语濒临灭绝的危险，从此开始了对毛利语及毛利文化的复兴运动。

毛利人长期不懈的努力及社会各界对此的支持与关注迫使新西兰政府不得不正视与遵守《怀唐伊条约》，1974 年毛利语被正式列入新西兰中小学课程。20 世纪 70 年代末至 80 年代，本顿等人继续积极争取毛利语的官方地位，新西兰政府于 1987 年通过《毛利语言法案》（the Maori Language Act）并将毛利语定为官方语言。毛利人的积极争取初见成效，伴随毛利语官方地位的确立而来的是政府对毛利语教育的重视与支持。如新西兰教育部为毛利语的复兴提供经费支持并制定教育支援计划，政府额外拨款补助学前、中小学及高等教育的毛利语教学。1997 年 12 月 1 日，内阁确立了五项关于使用毛利语的政策目标，积极促进毛利语的使用和复兴。1999 年新西兰政府制定了《Matatupu——毛利语言政策和计划：协助公共服务部门的指导方针》，目的在于提倡政府机关在使用和复兴毛利语方面应该起到带头作用，更加直接地表明了政府的支持态度。

---

① Gallegos C., "Paradigms on Indigenous Language Revitalisation: The Case of Te Reo Maori in Aotearoa New Zealand and Mapudungun in Chile", Victoria University of Wellington, 2007.

② 高霞：《加拿大印第安人和新西兰毛利人母语文化保存模式比较研究》，《楚雄师范学院学报》2011 年第 11 期。

另外，毛利人创办了从学前教育机构到民族小学、民族中学和民族大学等较为系统的毛利人自己的学习机构，其中许多课程都使用毛利语授课，还要介绍毛利人的文化、传统和风俗，为毛利语的传承与发展提供了重要场所，并取得了良好的效果，从而实现了毛利语的重建和复兴。

三　毛利语的教育路径

毛利语的复兴得到了国际上的关注和称赞，也为其他国家和地区的语言及文化传承与发展提供了宝贵的经验。毛利语之所以可以传承下来，离不开政府的支持，更离不开毛利人自身的努力争取。

（一）转变语言态度，争取广泛支持

中国著名语言学家戴庆夏指出，"语言观念又称语言态度（language attitude），是指人们对语言的使用价值的看法，其中包括对语言的地位、功能以及发展前途等的看法"。[①] 语言复兴及教育的成功与否与语言使用者以及非使用者的语言态度有直接的关系。在英国政府对新西兰实行同化政策时期，明令禁止毛利学生在学校使用毛利语，而这一规定曾得到了毛利学生家长的认同，并鼓励自己的孩子学习英语，这就加速了当时毛利语言的衰弱。而后来毛利民族自我觉醒，认识到毛利语濒临灭绝的危险处境，对于毛利语的态度发生了转变，开始积极争取毛利语的官方地位、恢复毛利语的日常使用。另外，政府注重引导非毛利人正确看待毛利语的价值，在公共场合说毛利语得到了非毛利人的认可和支持，[②] 这是非毛利人对毛利语态度的转变。

无论是毛利人还是非毛利人对毛利语态度的转变都是对毛利语价值的认可和对毛利语传承的认同，成为毛利语传承和发展的强大动力和坚实后盾，从而为其提供了良好的氛围与环境。

（二）浸入式教育与双语教育并存，提供最佳学习环境

新西兰是唯一将浸入式教育与双语教育区别开来的国家，在其他地

[①] 钟雪晴：《从国外语言复兴看裕固族母语保护和教学——以毛利语和澳大利亚原住民语言分析为例》，《河西学院学报》2017年第4期。

[②] Macalister J., "Emerging Voices or Linguistic Silence? Examining a New Zealand Linguistic Landscape", *Multilingua-Journal of Cross-Cultural and Interlanguage Communication*, No.1, 2010, pp.55-75.

方,浸入式教育被认为是双语教育的一种形式,然而在新西兰,这两种形式始终是并列的。① 在新西兰,将毛利语的浸入程度分为了四个等级:一级,81%—100%;二级,51%—80%;三级,31%—50%;四级,12%—30%。浸入式教育(Immersion education)专门是指一级浸入式(即完全沉浸)项目,大多数情况下,这些项目是独立的、全课程的,其代表毛利教育运动中的学前教育(Te Kohanga Reo),浸入式小学(Kura Kaupapa Maori)和浸入式中学(wharekura)等。而双语教育与较低的浸入式教育等同(二至四级),这些更多地与"主流"学校的双语教学单位联系在一起。

由于毛利语在年青一代的毛利人的传承中出现了断层,毛利人意识到了精通毛利语言与文化的年老一代教授年青一代的必要性和紧迫性,所以毛利人的学前教育——语言巢的建立就显得很有必要了。在语言巢中,毛利语是唯一的教学语言,毛利孩子从出生到6岁都可在这种完全是毛利语言和文化的环境中学习和成长,这也成为毛利语复兴的开始与关键。伦内伯格(Lennenberg)的"关键期假说"指出,语言习得的关键时期是在12岁之前,在这段时期以后学习的语言,在正常和全面的意义上是无法习得的,并建议将语言习得融入到孩子生命的早期阶段。② 语言巢由毛利人自己建立,几乎没有受过教育部的财政资助,这也为其自由办学提供了空间,由其自己决定教学内容和教学方式,为毛利儿童学习毛利语提供了最佳语境。为了满足语言巢每年培养的大批毕业生进入小学接受进一步教育的需求,毛利人又创办了浸入式小学和浸入式中学。这些学校的教育都属于完全浸入式的教育,以毛利语为教学媒介,并且让学生们熟悉和认同毛利文化和价值观,成为毛利语的最佳学习场所,对于毛利语的传承与发展发挥着极其重要的作用。

对于毛利语的传承与发展做出贡献的不仅仅有毛利人的浸入式教育,双语教育在其中也发挥着重要的积极作用。1989年,《教育法案》(*The*

---

① May S. and Hill R., "Māori-medium Education: Current Issues and Challenges", *International Journal of Bilingual Education & Bilingualism*, No. 5, 2005, pp. 377–403.

② Gallegos C., "Paradigms on Indigenous Language Revitalisation: The Case of Te Reo Maori in Aotearoa New Zealand and Mapudungun in Chile", Victoria University of Wellington, 2007.

Education Act）的颁布明确要求学校应为有需求的学习者提供毛利语言课程及教学。① 因此，可以认为，"主流"学校也有义务和责任为所有新西兰人提供使用毛利语进行沟通的机会。"主流"学校一般提供的都是双语教育，用毛利语进行教学的时间最多不超过 80%，或者将毛利语设为一门课程进行教授。在"主流"学校接受教育的学生可以自选浸入水平，并获得"毛利语言计划"（Māori Language Programme）的资金支持，该计划也是根据学生选择的浸入水平来决定支持力度，② 以鼓励学生学习毛利语，以及支持学校的毛利语教学。

无论是浸入式教育还是双语教育都为学生学习毛利语提供了最佳环境，同时也是毛利语传承与发展的最佳手段。

（三）采用多样的教学形式与方法，丰富教学内容

在毛利语的教学过程中，教师注重运用各种教学形式与方法，以调动学生的积极性与主动性，从而实现毛利语的教学目的。首先，教师在课堂上会用毛利语与学生进行交流和互动，如做游戏时用毛利语解释游戏规则、让学生用毛利语做简短汇报等。其次，教师会鼓励学生在课堂之外的任何可能的场合使用毛利语进行交流，增加学生练习说毛利语的机会，如在学校的大会发言中、在操场上玩耍时以及在学校举行的各种活动中。③ 最后，教师会在教室张贴带有毛利语的海报等视觉资料。

（四）支持教师队伍建设，提高师资质量

新西兰政府不仅鼓励毛利语教育的开展，而且关注毛利语教育质量的提高，这主要体现在对师资队伍的建设方面。注重毛利语教师的培养与发展是开展毛利语教育的基础和保障。首先，政府对毛利语教师有着严格的要求，在师范学校毕业的学生在完成职前教育之后，应该具备基本的教师毕业标准以及注册教师标准。此外，他们还需要具备二元文化的素质，以至于在其教学实践中可以满足毛利学生的需求，更好地促进

---

① Lourie M., "Māori Language Education Policy: Different Outcomes for Different Groups?", *New Zealand Journal of Educational Studies*, No. 1, 2016, pp. 1–13.

② Lourie M., "Symbolic Policy: A Study of Biculturalism and Māori Language Education in New Zealand", 2013.

③ Gallegos C., "Paradigms on Indigenous Language Revitalisation: The Case of Te Reo Maori in Aotearoa New Zealand and Mapudungun in Chile", Victoria University of Wellington, 2007.

毛利语教育的开展。为了满足这些要求，如坎特伯雷大学在教师教育中除了开设毛利语课程，还会为学生提供了解毛利人传统和习俗的相关课程；对学生进行学习成果考察时，要求学生展示适当的毛利语以及相关的毛利文化，[1] 来培养其作为毛利语教师的能力和素质。其次，新西兰教育部专门设立了"毛利人的资源教师"组织（the Resource Teachers of Maori，简称 RTM），由注册教师组成团队为毛利中等学校的教育工作者提供资源以及专业发展的援助来支持浸入式课程。最后，为了应对毛利语教师不足的问题，政府还给予毛利中等学校财政支持，如为教育工作者提供贷款以及教学津贴等，以为毛利学校提供更多的优秀师资，促进毛利语教学的发展。

（五）充分利用社会资源，鼓励社区积极参与

在进行毛利语教育的过程中，无论是新西兰政府还是毛利人自身都非常重视利用社会资源以及与社区的互动。首先，毛利人充分利用网络技术的发展建立了毛利人的网站，通过网站来宣传他们的文化价值并教导年轻一代的毛利人，包括语言以及道德、行为准则等。[2] 其次，新西兰教育部研发了数字学习材料，并将搜集到的毛利民族主要的文化习俗、传统文化和文化遗产等文化资料数字化、网络化。毛利语言信息项目也是正在进行的一项支持毛利语言的重建与再生的重要项目。[3] 一方面使用互动网站和门户网站提高毛利语使用者的联通性，另一方面也丰富了毛利语的资料和文献等。再次，新西兰政府通过广播、电视节目等途径使用和宣传毛利语，将毛利语教育融入到与人们生活息息相关的各个方面。最后，毛利语教育的社区支持是不可忽视的重要力量，当地的毛利文化为毛利语教育提供了良好的氛围与环境，并且学生家长的积极参与、与孩子在家中使用毛利语进行沟通无疑提高了毛利语的使用率。

---

[1] Diane Gordon-Burns,"Leeanne Campbell. Indigenous Rights in Aotearoa/New Zealand—Inakitia rawatia hei kakano mō āpōpō: Students' Encounters With Bicultural Commitment", *Childhood Education*, Vol. 90, No. 1, 2014.

[2] Kovacic Z. J.,"Communicating Culture: An Exploratory Study of the Key Concepts in Maori Culture on Maori Web Sites", *Informing Science the International Journal of An Emerging Transdiscipline*, 2001.

[3] 郑璐：《新西兰的毛利人教育》，《中国民族教育》2012 年第 12 期。

四 对中国乡土文化教育认同的启示

随着城镇化进程的逐步加快,我国乡土文化的价值遭到漠视以及乡土文化教育的边缘化问题比较突出,需要得到正视及进一步解决。毛利语作为毛利人乡土文化的重要组成部分,其经历了曲折的发展历程,由最初作为毛利人日常生活中普遍使用的语言到英国同化政策背景下的禁止使用而濒临灭绝再到毛利人觉醒与争取下的逐渐复兴,这其中得益于毛利人采取的积极教育策略,同时也给我国乡土文化教育认同以重要启示。

(一) 制定相关教育政策,凸显乡土文化教育重要价值

教育政策的制定与颁布会给教育领域及其相关人员以正确指导和引领,同时起到积极宣传的作用。毛利语的复兴离不开相关教育政策的颁布与引领,如《教育法案》中关于毛利语言课程及教学对学校提出的相关要求和规定保障了毛利语教育在新西兰学校教育中的地位,有利于转变学校、教师及学生对待毛利语的态度,从而使得毛利语教育顺利落实与开展。我国乡土文化教育的边缘化趋势也急需教育政策的关照加以扭转,从而让学校、教师及学生重视乡土文化教育。近年来,我国已经越来越重视中华优秀传统文化教育及乡土文化教育,相关文件与政策也相继制定与出台,如2014年教育部印发了《完善中华优秀传统文化教育指导纲要》以进一步加强新形势下中华优秀传统文化教育,2017年《关于实施中华优秀传统文化传承发展工程的意见》的出台对中华优秀传统文化教育进行了更为具体的规划,以及2018年5月教育部发布了《关于开展中华优秀传统文化传承基地建设的通知》以鼓励和推动优秀传统手工艺走进高校。这些政策及文件必定会提高学校及相关人员对我国传统文化及乡土文化教育的重视程度,认识其重要价值。我国乡土文化教育认同,今后还应得到更多相关教育政策的"保驾护航"。

(二) 重视儿童早期教育,积极渗透乡土文化教育内容

重视儿童的早期乡土文化教育意义重大,让儿童较早接触和熟悉乡土文化内容有利于乡土文化的代际传递及乡土文化教育的顺利开展。毛利人为了缓解毛利语在传承中出现的断层危机而建立了毛利人的学前教育——语言巢,毛利儿童在6岁之前均可在这里接受毛利语言及文化的

相关教育，这一举措对毛利语的复兴起到了关键性的作用。我国的乡土文化教育应受此启发，不仅鼓励中小学及大学阶段对乡土文化教育的落实与发展，也应关注与重视学前教育中的乡土文化教育情况。目前，我国已有学者及研究者对此进行了探讨与研究，对幼儿园开展乡土文化教育的价值进行解读与剖析，对乡土文化资源在幼儿园教育中的开发与利用进行探索，以及为乡土文化教育在幼儿园中的顺利实施提出建议和对策。虽然研究者从理论上对学前教育阶段的乡土文化教育进行了论证，但从实际落实情况来看并不理想，所以关于落实儿童早期乡土文化教育的相关事项还应得到进一步的关注与推动。

（三）开展多样乡土文化教育活动，提升文化可持续发展能力

教育活动是落实相关教育政策及实现教育目的的重要形式，乡土文化教育活动于乡土文化教育而言也是如此。新西兰在复兴毛利文化传统方面开展了多样的教育活动，其中包括一些重要的步骤：开发毛利课程、实施语言巢计划、毛利语学校、毛利语周、语言营、保护毛利事物与价值的运动、以毛利语言再学习为主的社区运动、家庭发展计划和开办毛利语电视台等多种教育举措，成功为毛利语的复兴和传承提供了保障。开展多样的乡土文化教育活动为新西兰毛利文化提供了可持续发展的能力，而我国乡土文化的发展在这一方面有所欠缺。基于此，我国应重视乡土文化活动开展的多样性，其一是充分在挖掘当地的乡土文化资源的基础上开发相应的乡土文化课程，编制地方乡土文化教材；其二是组织以乡土文化为主题的教育活动，如开办乡土文化学习周和乡土文化体验营等；其三是重视家庭在乡土语言和习惯教育传承中的力量，保障全方位落实乡土文化教育；其四是利用社区的力量举办有关乡土语言再学习的活动和利用电视台等多媒体传播乡土文化必要知识；等等。

（四）加强教师教育与培训，保障乡土文化教育师资质量

教师在教育教学中的作用不言而喻，教师的质量高低对于教育质量的好坏具有决定性作用，所以想要提高教育质量必先重视和提高师资质量、加强教师教育与培训。乡土文化教育也不例外，乡土文化教育的发展及乡土文化教育认同离不开高质量的教师队伍，保障乡土文化教育的师资质量尤为重要。毛利人对于毛利语教师的培养策略对于我国乡土文化教育的师资队伍的培养具有重要借鉴意义，新西兰政府不仅对毛利语

教师的培养提供了财政支持等优越基础与条件，而且关于毛利语教师的教育提出了严格的要求，尤其在其毕业标准方面要求较高，以保障毛利语教师的高素质。由此，我国应重视乡土文化教育教师的职前教育和职后培训。一方面，在高等教育阶段尤其是师范院校应开设乡土文化课程，培养专业的乡土文化教育的教师。《关于开展中华优秀传统文化传承基地建设的通知》中提出鼓励优秀传统手工艺走进高校，将会对此产生一定的积极作用。另一方面，还要定期对入职后的乡土文化教育的教师进行培训，有针对性地帮助其解决问题、提高业务素质与能力。

（五）争取社区支持与参与，助力乡土文化教育顺利开展

教育作为社会发展体系中的重要一环，其发展不仅需要学校的努力，而且需要家庭及社会的支持。乡土文化教育是以乡土文化为主要内容的教育教学活动，而乡土文化与社区及其居民的联系较为密切，所以乡土文化教育的顺利开展离不开社区的支持与参与。毛利人为了更加有效地对其下一代进行毛利语及毛利文化教育，自发建立了毛利人自己的学校机构，学生家长也通过使用毛利语与孩子交流的形式增加毛利语的使用率，这些都成为促进毛利语教育发展的重要支持力量。在中国，也应充分调动社区的积极力量助力乡土文化教育顺利开展。例如，社区可为乡土文化教育提供实地参观的场所，让学生与乡土文化零距离接触以增强其切身体验；社区中的手工艺人也可以走进学校对学生进行直接指导，以调动学生学习乡土文化的积极性及动手操作的实践能力。

第八章　乡土文化教育认同的提升路径

乡土文化教育的最高境界就是能够实现乡土认同与国家认同的高度统一，而只有实现乡土文化教育认同，才能实现乡土认同与国家认同的统一。实现对乡土文化教育的高度认同，需要建立政府、学校、社会、家庭和个人五位一体的合作联盟，培育具有乡土意识的师资、开发乡土德育课程和开展乡土实践活动，不断提升学生对乡土文化教育认同度。

第一节　建立 G—S—S—F—P① 五位一体联盟，构设认同保障

乡土文化是特定区域环境下所酿生的共性文化积淀，反映特定时代传统文化及区域经济社会现状。乡土文化教育集人格教育、生活教育、精神教育于一身，是集人文性、知识性与实用性于一体的综合文化素质教育。对民族整体而言，乡土文化教育既是教育民族性的客观要求，又是教育民族性的基本保障，如果我们的教育失去了乡土文化和民族文化的滋养，受教育者的民族情感就难以形成，民族身份就难以确立，民族认同就难以实现，民族精神就难以凝聚②；对学生个体而言，从认知方面看，学生的学习离不开与他们相互作用的社会环境。教学时应该注意与

---

① G 代表政府（Government），S 代表社会（Society），S 代表学校（School），F 代表家庭（Family），P 代表个人（Person）。

② 海路：《务本的教育——兼论潘光旦先生的乡土教育观》，《湖南师范大学教育科学学报》2012 年第 6 期。

学生已有的认知经验相结合，而学生的知识经验中最丰富最深刻的莫过于乡土文化。① 因此，学生乡土文化教育认同是进行乡土文化教育的基础与根本，也是提高乡土文化教育实效的重要保证，因此要建立G—S—S—F—P五位一体联盟，构设认同保障，提高中学生乡土文化教育认同。

一 政府引领：完善乡土文化教育政策建设

在全球化时代，乡土文化教育是不可或缺的教育形式，为了确保乡土文化教育理论与实践的良性发展，需要从宏观层面着手完善乡土文化教育的政策建设。

（一）建立多主体责任机制

教育不仅是一种活动，还是一项事业，学生的乡土文化教育不仅受学校层面的教育活动影响，亦受到政府层面教育事业的制约。因此构建乡土文化教育体系并非哪一方的责任与义务，某一方也无法完全承担乡土文化教育重任，它需要多方力量的有效协同，构建多主体的乡土文化教育责任机制。多主体责任机制的建立需要强有力的部门进行积极的支持与引导，并且需要促使这种主体责任机制得到有效的贯彻与落实，因此，责任机制应当由教育行政部门发起与建立，并由教育行政部门组织、实施与监管。教育行政部门在组织建立中扮演发起者、建立者、组织者、实施者与监管者的角色。这就要求教育行政部门要积极认识到乡土文化的重要价值与作用，意识到自身在传承与发展乡土文化方面的责任，并体悟到乡土文化教育传承与发展乡土文化的重要作用，从而对乡土文化教育有着全面、客观、积极的认识。在此基础上，教育行政部门应建立政府引领、学校主体、家庭支持、社会协助的多主体责任机制。为此，教育行政部门要积极宣传乡土文化教育，使社会、学校、家庭与个人认识到乡土文化教育是教育的重要组成部分。教育行政部门要积极在区域内推行乡土文化教育，要充分利用本乡本土的优秀乡土文化资源，开发优质乡土文化课程；把乡土文化课程加入中小学课程体系，并设置为必修课程；在课程评价环节加入对乡土文化课程的考核。

---

① 孟晓瑞、林凤：《乡土文化：乡村基础教育的沃土》，《中国农业教育》2011年第1期。

(二）完善地方政策法规

乡土文化教育不仅需要行政推动，更需要相关法律法规的保障，在应试教育仍然受欢迎的教育系统内，完善的地方教育法规是保障乡土文化教育实施的重要基础。因此地方教育行政部门应全面地认识到加强乡土文化教育法律法规建设的重要性，客观看到法律法规建设的长期性，在保障国家有关乡土文化教育法律法规得到贯彻落实的基础上，强化对地方特色文化的研究，加强对地方特殊性的认识，积极听取学校、社会、家庭相关人员的意见与建议，结合实际研究制定乡土文化教育地方性法规，使乡土文化教育走上有法可依的良性轨道。

二 学校主导：发挥乡土文化教育的中坚力量

（一）充分开发利用乡土文化资源

在应试教育体制下，乡土文化教育并不是高考的必考内容，因此乡土文化教育在学校教育体系中被边缘化，除了少部分地区之外，很多学校虽然设置了乡土文化课程，但课程实施效果却根本无法得到保证。虽然乡土文化教育尚未成为学校教育的单独科目，但在实际调研中发现，很多教师在学科课程的实施过程中已经对乡土文化给予了一定的重视，将乡土文化资源渗透、融入到学科课程的教学中，将乡土文化内容融合到各科教学中，使地方上的一切乡土事物，能够成为信手拈来的教学内容。首先，在学科课程的教学中，教师可以通过案例的形式积极开发乡土文化资源。例如地理课的气候、地形地貌可以基于本地的气候、地形地貌进行，使学生能够对本地的地理环境有着较为清晰的认识；生物课的动植物内容可以基于本地的动植物进行，使学生能够对本地的动植物资源有较为正确的认识；美术课中的建筑物、风景、艺术品可以用本乡本土的古建筑、自然风景、手工艺术品为素材，提高学生对本地建筑、风景与手工艺术品的感知。其次，在学科课程教学中，教师可以充分开发本地资源，形成地方主题式教学，例如依托本地地形地貌进行地理教育，依托本地历史进行历史教育，物理和化学课走出课堂，实地参观本地的能源和化学机构；语文课可选取一些明清时期描写乡土的古典诗文向学生讲授，只要多备一节额外的课，教师就会发现，乡土事物会使知识充满趣味,为大多数学生所乐学。① 爱国之道,始于一乡;学必始于乡土,而后可通天下。学校作为乡土文化教育的主要阵地,必须通过系统行动或系列活动以提升农村中学生的乡土文化认同。

(二) 建设乡土文化教材

在应试教育体制下,学校仍主要以学科教材为主,很多学校并没有乡土教材,即使有少量学校开发了乡土教材,但也存在着质量不高、无法落实的现实困境。乡土文化教育途径多样,既可以通过课堂渗透进行,也可以通过开发专门的乡土教材进行,在三级课程体制不断落实的现实背景下,乡土教材理应在学校课程体系中占有一定的地位。因此,当前乡土文化教育应把注意力集中于教材上,解决乡土教材的有无问题,开发地区或学校自己的乡土教材。乡土文化涵盖的内容极为广泛,不仅包括物质性的乡土地理、气候等,还包括精神性的语言、艺术、历史等,因此乡土教材的内容应经过系统的挖掘、选择、整理与组织,要保障乡土教材的质量,不要让乡土教材成为杂乱无章、意义迷失的数据库。在理念上,乡土教材的编写要关照本地的历史,但又不要仅局限于本地的古人、古事,还要与时俱进、继往开来,要关照乡土社会的现实,为乡土社会的未来发展服务。思想上,乡土教材的编写要充分挖掘本乡本土的优秀内容,积极传播与弘扬本地优秀乡土文化,注重思想的积极性、健康性、科学性。在乡土教材内容的组织上,不仅要传承本民族的文化,还要注重民族文化的多样性,强调文化差异与文化交融。正如北京大学的钱民辉教授所言,编写乡土教材时,强调文化传承的同时一定不能忽视文化交融。因此,乡土教材要避免过于狭隘的"本土性",虽然内容以乡土为主,但是理念应当倡导多元文化,尊重不同民族文化的特征。在教材形式上,不应囿于纸质的教科书,而应倡导形式的多样与灵活,例如记录家乡名胜古迹、风土人情的影像视频,记录家乡歌曲的音频,记录家乡自然、人文风景的画册,家乡艺术实物等。还可以开展丰富多样的乡土活动,例如旅游、观光、夏令营、探险等。

---

① 杨兰:《构建乡土教育课程 促进乡村文明回归——以贵州长顺县乡土教育实践为例》,《教育发展研究》2013年第Z2期。

(三) 开展多样化乡土文化教育实践活动

知识来源于实践,在实践中形成,又作用于实践,并在实践中发展。知识与实践密不可分。乡土文化知识本身就是在实践中形成的,是一种实践性知识,因此,我们要将乡土文化与学生生活紧密结合起来,开展多样化的乡土文化教育实践活动,使学生自觉地运用到现实生活中。首先,学校可以充分挖掘与利用乡土文化资源,开展特色化的乡土实践活动,使之代替苍白的、千篇一律的课堂教学。依托丰富多样、多姿多彩的课堂文化资源,开展形式多样的实践活动,既可以丰富、拓展学校教育形式,还可以弥补学校教育资源的不足。其次,学校可组织丰富多彩的乡土文化活动,如一些地方的舞狮活动、龙舟活动等,通过活动让学生置身于乡土环境中,学生与乡土文化的彼此互动、相互作用中,自觉地学习乡土知识,传承乡土美德,养成热爱家乡的情感,从而促进学生个性发展。再次,将乡土文化与学科课程知识进行整合。整合乡土知识与现代知识,必须开展乡土知识实践活动,可从两个方面入手:一方面,在校园内开展主题鲜明的实践活动,形成乡土知识成果,写成乡土教材编成课本,发放到学生手中,让学生系统学习并进行评估;另一方面,让学生走出校园,融入社区社会,参加社会生产,与农民一起劳动,在生产实践中感性地体认乡土知识与文化。

三 社会支持:重视乡土文化教育的联合作用

社会舆论宣传、大众媒体、信息网络是当代学生关注当下、介入社会的重要渠道,对学生的思想、行为等产生了巨大的影响,要重视和适当利用社会教育的优势条件,为乡土文化教育提供更为广阔的认同空间。

(一) 开展形式多样的宣传教育活动

让整个社会,特别是教育部门的领导、教师和家长充分认识到乡土文化教育的重大意义,为乡土文化教育的推进创造良好的舆论环境和精神动力。可以在媒体上开展长期宣传教育活动,甚至制作乡土文化教育节目,让全社会关注乡土、讨论乡土、重视乡土;学校可以让家长旁听,甚至参与学校的乡土文化课,让家长明白乡土文化教育对孩子的教育意义。只有社会真正意识到乡土文化教育的价值,乡土文化教育才能真正兴盛。

(二) 强化大众媒体监管力度

在信息化社会中，中小学生无时无刻不在与信息打交道。他们身处于开放、动态、复杂的信息环境中，由于信息的复杂性与多样性，因此信息的品质也存在优劣，既有健康的信息，也有不健康的、低俗的信息。由于对大众媒体监管力度不够，造成不健康、低俗的信息也在广泛传播，并对中小学生造成了不良影响。因此社会监管部门应加强对大众传播的兼管力度，强化对信息流通领域的监控力度，加大力度对不健康、低俗信息传播渠道的监管，强化对不法分子的惩处力度，并为中小学生的信息接收与学习提供良好的文化氛围。

(三) 重视信息网络的教育作用

在信息社会中，网络已经极为发达，网络已经成为中小学生生活的重要部分，学生价值观念、生活习惯已经深受互联网的影响。乡土文化教育应当充分利用互联网范围广、影响大、渗透深的特点，设置中国传统文化、乡土特色文化等网站，同时要加强网站的美观性、交互性与内容的丰富性、多样性，以提升网站的吸引力，优化网站的教育效果。

四 家庭配合：形成乡土文化教育良好氛围

家庭作为人最初生活的场所，是社会与个体发生联系的第一场域，在乡土文化认同形成中有着不可比拟的作用。

(一) 家长文化认同潜移默化地对学生的示范作用

"合抱之木，生于毫末；九层之台，始于垒土。"家庭教育是教育体系中的基础，家庭教育的好坏直接关系到国家的兴旺、民族的强大。家长的文化认同观对孩子的价值观形成具有深远的意义。家长的思维方式、语言行为举止、生活方式等是孩子的第一参照系与示范。首先，家庭和谐和睦的氛围对于家长对孩子科学地进行正确文化价值观教育具有非常重要的作用。家长的行为、态度等不仅体现出社会的普遍价值取向，而且反映出特殊群体的价值倾向。家庭成员之间自然融洽的交往，愉快深刻的情感交流被家长有意识或无意识地传递给个体，家长对个体进行积极的、正向的基本行为规范，生活知识，生活经验，人生态度等方面的教育，才能为中学生确立健康、正确的文化认同观树立榜样。正如"其身正，不令而行；其身不正，虽令不从"。个体对社会的理解、文化价值观念的形成最初是从父母那里观察学习的，可以说父母是个体生活中第一个文化传播者、文化教育认同引导者。因此，家长为了个体的健康成长，必须以身作则，树立正确的育人榜样。要抵御多元文化的冲击，消解外部环境与自身文化价值观相互冲突的矛盾，以自身坚定正确的文化观潜移默化地影响个体尚未成熟的文化认同和辨别是非的能力。因此，家长应根据个体的身心发展规律循序渐进地进行文化知识引导，利用日常生活中的大事小节对个体进行正反面教育，提高个体为人处事能力，形成独立人格，帮助个体形成高尚的人文素养和道德情感。

（二）家庭文化生活对学生乡土文化教育认同具有重要作用

家庭是最重要的社会组织，是学生出生与成长过程中最先接触、影响最大的场域，家庭影响着学生思想与人格的形成，是学生成长最重要的环境。丰富的家庭文化生活、健康和谐的家庭文化环境以及充满热情与奉献的家庭文化氛围必然有助于培养学生的文化认同感，能够自动接受积极健康的价值观，助力学生形成积极的乡土文化教育认同。此外，中华民族文化源远流长，在某种程度上是乡土文化的结合体，例如山东地区的齐鲁文化、江苏地区的吴越文化、湖北地区的荆楚文化，都是中华民族文化的瑰宝。家庭教育应积极向学生传授、熏陶优秀的乡土文化，将家庭文化教育与学校教育有机结合起来，增强乡土文化教育合力，进而提升乡土文化教育的效力。

五 个人主动：夯实乡土文化教育认同根基

在政府、社会、学校、家庭和个人五位一体的合作联盟中，个体的能动性往往起着关键作用，在一定程度上决定着认同度的高低。

（一）把握乡土文化教育认同阶段

个体对乡土文化教育的认同可以分为不同的阶段。不同的学者对认同有不同的划分方式。有的学者将其划分为服从、同化、内化三个阶段，也有学者从个体的角度将其划分为认知、情感、行为三个阶段。但就乡土文化教育认同而言，可将其划分为前认同阶段、认同萌发阶段、认同形成阶段和认同稳固阶段。中学生对乡土文化教育的认同离不开这四个阶段的发展，明确和把握这四个认同阶段能够促进农村中学生对乡土文化教育的基本认知与了解。明确乡土文化教育认同阶段可以使学生更好地了解自己,可以时刻反思自己处于哪一阶段并进行合理的调控。明确乡土文化教育认同阶段能够保证对农村中学生有条不紊地开展乡土文化教育活动,使其明白自身处于哪一认同阶段,应该开展哪些活动提升其认同度。

(二)在个体人格塑造中实现乡土文化教育认同

认同是个体人格塑造的重要途径,人格塑造有利于实现认同。认同与个体人格塑造相辅相成。认同是将外在规范转化为个体内在品质的动态变化过程。通过人格塑造有利于实现主体的人对外在事物的认同。乡土文化教育作为一种认同教育,不仅有利于塑造学生的个体人格,还可以使学生从这种认同教育中不断强化对乡土文化的认知、情感,进而转化为其行为。个体对乡土文化教育认同是一种自主性活动,这种活动受到很多因素的制约,具体可分为以下两个方面:从客观上来看,乡土文化资料为个体认同乡土文化教育提供了载体和可能,如果没有这种载体和可能,那么对乡土文化教育认同只能停留在意识层面,而不可能真正外化于行。从主观上来看,个体人格的健全为个体认同乡土文化教育提供了生理前提和基础。乡土文化教育认同是认同主体和认同对象耦合作用的结果。

(三)利用数字化资源提升乡土文化教育认同

当前,科学技术迅猛发展,世界各地都受到先进技术的影响,乡土文化教育的认同也应借助先进技术得以提升。目前,最受人们关注的技术是虚拟现实(VR),最普遍的技术是手机 APP 推送,而这两项技术对于提升农村中学生对乡土文化教育的认同有非常大的作用。VR 技术综合了计算机图形技术、传感器技术、计算机仿真技术、显示技术等多种技术,它能够在多维的信息空间中创建一个虚拟信息环境,使用户具有身临其境的沉浸感,具有与环境完善的交互作用能力,并有助于启发构思。所以说,沉浸、交互与构想是 VR 环境系统的基本特性。虚拟技术的核心是建模与仿真。中学生正处于青春期,好奇心强,对先进的技术感知能力较强,可以通过采用 VR 技术,使学生身临其境地感知和认识乡土文化,对其产生浓厚的兴趣。另外,手机作为当前社交必不可少的工具,也应该充分发挥其教育作用。可开发乡土文化相关的 APP,通过图片、视频等资料,让中学生更加接近、了解乡土文化。

第二节　养成教师乡土意识，涵养认同情感

乡土文化教育认同程度在很大程度上取决于农村教师对其的认识和理解，教师乡土意识的养成，对于涵养学生认同情感具有重要意义。

一　乡土意识的内涵与价值

（一）乡土意识的内涵

"乡土"即本乡本土，但并非仅是一个地域性概念，也多指基于某一地域而形成的具有一定独特性的民俗和风物，亦可理解为乡土文化。"意识"一词，在哲学和心理学层面上常被解释为一种心理活动，强调人们对客观现实自觉、能动的反映。乡土意识是指个体基于自身经验对乡土文化自觉、能动的反映。

自觉属于认识层面，是乡土意识形成的首要条件；能动属于行动层面，是乡土意识得以深化的外在表征。具体对农村教师而言，自觉即是对乡土文化形成相对客观的认识和理解：深知其优势也明白其劣势，并能从不同的视角和立场审视、诠释乡土文化；能动则强调教师以意识指导行动，以乡土文化为根本，吸收、融合现代精华因子，求同存异，多样综合，以促使乡土文化绵延发展。

从现实角度来看，农村教师的自觉和能动反映常常表现为乡土感知意识、文化坚守意识、朴实求真意识和同乡凝聚意识。乡土感知意识强调农村教师对乡土的敏锐感知，既包括对自身乡土文化体系的灵敏知觉，也包括对外在于自身的人或物所承载的乡土文化的感知觉察。这一意识形成的关键在于恰到好处，过度敏锐容易造成教师对其他文化的抵制排斥，反而不利于乡土文化的传承发展；文化坚守意识强调在多元文化境遇下，农村教师坚守自己的文化，既不盲从于城市潮流，也不固封于本乡本土，以实际行动诠释新时代背景下的乡土文化情结；乡土环境的纯真无伪、本色自然凝成了农村教师的朴实求真意识。它强调农村教师要在尊重乡土社会实际的基础上，正视并探寻农村教育教学的本真意蕴；同乡凝聚意识强调农村教师对乡村少年的感召和凝聚。在社会流动频繁的当下，农村教师要以地缘或文化关系为黏合剂，关注学生文化情感，

激发学生乡土意识。

（二）乡土意识的价值

农村教师作为公共知识分子和农村教育发展的关键力量，其乡土意识对保存教育本真价值和建设新农村具有重要的意义。

乡土意识是保存教育本真价值的重要依靠。"教育是一种发散性活动，即从一点出发面向更广阔的世界，这一点即是儿童与生俱来的文化与生存的环境。真正意义上的农村教育并非一个地域性概念，而是一个文化性概念。"① 农村教师作为农村教育的核心力量，唯有具备乡土意识，方能实现教育教学与乡土文化的有效链接，实现对乡土文化内在价值和蕴含精神的深刻解读和完整诠释，进而促使农村教育真正意义上的回归。

乡土意识是进行新农村建设的力量支撑。现代性融入农村社会必然引起结构性阵痛和秩序的短暂紊乱。在这一现实状况下，作为公共知识分子的农村教师必然是引导新农村建设尤其是文化建设的重要力量，而乡土意识则是促使农村教师积极推进乡土社会现代转型、乡土文化再建的保障性力量。一方面，土生土长的农村教师所具备的乡土意识是其能够理解乡土、建设农村的基础条件；另一方面，农村教师的经历又使得其能够以现代性眼光重新审视乡土文化，进而能够对农村社会的现代转型给以引导性和建设性意见。

二 农村教师乡土意识问题表征

随着我国城镇化进程的加快，受多元文化影响，农村教师对乡土文化的自觉反映不强，能动表现欠缺，乡土意识方面存在着一些问题。

（一）乡土经验感知趋于模糊

在乡土孕育和岁月沉淀中形成的乡土文化经验本身就具有缄默性和内隐性，② 不易被清晰察觉；加之受到工作压力和专业训练等方面的影响，农村教师鲜向内观，乡土经验感知也就愈加模糊。

《中国农村教育发展报告2016》中指出，农村小规模学校多学科教师

---

① 高晓明、王根顺：《我国农村教育的透视与反思》，《教育探索》2010年第6期。
② 葛孝亿：《农村教师专业发展范式转换——"地方性知识"的视角》，《中国教育学刊》2012年第3期。

比例大，教学压力大，乡镇村屯小学任教两门及以上学科的教师比例超过一半。繁重的工作任务于一定程度上挤压了农村教师的空闲时间，使之无暇关注自身乡土经验。与此同时，教育的现代化转型使得城市文化占据话语主导权，乡土知识经验被隐化和遮蔽。受此影响，教师培训内容要么城市化，要么前沿化，常常远离农村教师的教学实际。① 城乡教师同质化的专业发展模式使得农村教师愈加专注于学科知识的现代化建设，而无心挖掘和加工自身已有的乡土知识经验。此外，教师专业发展训练在促进农村教师专业学识提升的同时，亦束缚了农村教师的教学自由，给其套上了思维枷锁和专业镣铐，甚至可能于无形中将其带入了某种固化的思维框架和发展模式之中。② 如此，农村教师纵然有心探究内隐的乡土经验，也迫于条条框框而无力深挖。

（二）乡土文化情结有所动摇

农村教师作为文化引领者、建设者与创造者本应该扎根于乡土，发芽抽枝，繁茂发展。但由于职前教育与乡土文化的脱节、专职工作与农村社会的割离，农村教师乡土情结动摇，与乡土文化、农村社会渐行渐远。

一项调查显示，"69.1%的农村教师认为地方高师教育课程体系缺乏农村学校教育和农村文化内容，58.2%的教师认为教育学教材以城市学生为对象，缺乏农村特色，教学内容与乡土脱节。"③ 职前教育的"离土性"塑造了农村教师的城市特征。他们常常以城市视角审视农村，有形无形中进行着城乡比较，并在比较中越发不满于农村的小天地，越发向往城市的广阔天空。于是，越来越多的农村教师选择进城安家，让其子女在城就学。甚至，一旦时机到来，便离开农村去往城市发展。2015 年 6 月教育部公布的一组数据显示：2010—2013 年四年间，中国乡村教师数量由 472.95 万降为 330.45 万，流失率近三分之一。2015 年全国乡村教师人数减至 305 万。与此同时，农村教师身份的专业化和公职化将其局限

---

① 张虹、刘建银：《"国培计划"实施中农村小学教师的培训需求分析——以重庆市农村小学教师培训为例》，《教育理论与实践》2012 年第 11 期。

② 宫振胜：《教师在教育创新中的困境与突围》，《上海教育科研》2016 年第 7 期。

③ 苏春景、张济洲：《从农村教师教育现状调查看地方高师课程改革》，《课程·教材·教法》2010 年第 8 期。

于校园内。农村教师作为公共性知识分子的职责失落,与农村社会生活愈加疏离、陌生。加之,农村社会现代化转型导致的村庄共同体瓦解,农村社会秩序紊乱;人际关系货币化、乡土伦理危机等局面消解了农村教师关于乡土的美好记忆,冲击了其投身建设的积极性。农村教师乡土文化情结动摇,变得愈加城市化。

（三）乡土教学意蕴相对弱化

农村教师的生活经历、学习经历和现行农村教育的价值导向,潜移默化中影响了其现有教学理念、教学表达和教学行为等,使其在教学中自觉不自觉地将乡土意蕴弱化。

农村教育的城市化和应试化导向是教学乡土意蕴弱化的重要原因。有调查显示,2015 年小学教育城镇化率近 70%,初中教育高达 83.71%。农村社会地位式微、乡土文化传承不力等危机状况使得农村人民对逃离乡土产生了强烈的诉求,尤其对子女抱有极大的期望,盼其通过接受教育而得以摆脱农村。越来越多的农村家庭选择将孩子送到县城读书。生源的缺失、农村教育的举步维艰催化着其向高升学率看齐,向应试教育异变,进而直接导致了教师教学乡土意蕴的弱化。除此之外,农村教师教学灵活性不足,倾向于"以纲为准""本不离纲",既鲜少在教学中运用地方性知识,又难以对教学知识进行适切农村实际和学生文化经验的本土诠释。一项访谈调查发现:农村教师在课堂教学中对地方性知识的使用频率不是很高。一位中学教师说到,"结合地方资源教学生会更有兴趣,但是这个（大纲）不要求。我们还得考虑到教学进度,所以不会扯太多"。① 概言之,农村教师教学中的乡土味愈加淡薄。

（四）师生乡土纽带作用愈显虚化

农村教师乡土意识内在规定着学生乡土意识的养成与强化。从地缘而言,农村教师与学生同为乡土人,但在教学过程中二者的乡土纽带作用并未得到完全发挥,具体表现为农村教师教学文化回应能力不足,忽视了学生乡土少年身份及其身份背后的文化机制,并对学生乡土文化自信的培育有心无力。

---

① 沈晓燕、李长吉:《农村中小学教师地方性知识的现状调查及思考》,《上海教育科研》2014 年第 3 期。

随着城镇化进程的不断加快，农村教师由教人识字的一村之师逐渐转变为助人升学的一校之师，教学由基于乡土转变为脱离乡土，教师的知识权威和公共职责不断弱化。[①] 在这一过程中，农村教师向乡土少年传递了这样的信息：农村只是他们的暂留地，其最终是要实现城市梦，过上幸福生活的。这一信念与学生乡土经历冲突矛盾。面对这一境遇，农村学生极易产生两种消极局面：一种是"他人世界"凌驾于"乡土世界"之上并取而代之。外在表现为乡村少年崇尚城市文明，而抵制乡土文化。乡情冷漠，乡土身份反感甚至厌弃；一种是"乡土世界"故步自封，对"他人世界"置若罔闻，甚至拒之门外。外在表现为乡村少年逐渐成为新的生存条件下的无关者和旁观人。[②] 而由于方法、技术的掌握不足以及相关能力的欠缺，农村教师对学生所面临的精神危机和文化困境往往爱莫能助。加之农村教师对乡土文化情感的动摇、乡土态度的迟疑，使其缺少坚定的信念和持久的决心从事相关学生乡情培育等方面的工作，进而使得农村学生陷入迷茫困境而束手无策。

三 农村教师乡土意识的养成

乡土意识虽无形而抽象，但其养成需有形且具体。为此，农村教师乡土意识的养成要从认识层面、态度层面和行动层面三处着力，从日常生活和教育教学实践入手，于点滴积累中实现质的转变，达成最终诉求。

（一）自我审视，涵养乡土经验

农村教师在发展自我的过程中，朝外看却忽视了向内观，致使如同印记般根深蒂固于已有认知结构的乡土文化被模糊化。为此，农村教师要反躬自问、内审自省，以涵养内隐的乡土经验，强化自身对乡土文化的自觉反映。

农村教师的自我审视，需做到以下三点：一要处理好自我与工作二

[①] 程猛：《从"一村之师"到"一校之师"——H村三代农村教师口述史》，《上海教育科研》2016年第4期。

[②] 刘启迪：《课程文化：涵义、价值取向与建设策略》，《课程·教材·教法》2005年第10期。

者的关系，充分意识到自我审视是工作进步、事业发展的重要基础。学会合理规划工作时间，为自审自省预留空间。二要静心沉思、谦虚公正。静下心以一颗谦恭、中正之心进行自我对话，探查内心世界，方能真正了解自身的内在诉求，明晰个人已有乡土知识经验，进而对其进行系统、深层的加工。三要借鉴"他者"视角。乡土文化的根基性决定了其不易被自我所察觉。旁观者清，此时的他者之见对自我审视常常有启发、点睛之用。为此，农村教师要广纳"他者"之见，在比较和反思中达到对自我的深层认识，实现对乡土经验的涵养。在这一过程中，农村教师要保持清醒的头脑，树立批判性意识。清醒的头脑是以己为镜察得失的重要前提，批判性意识是自我审视的必备条件。凭借清醒的头脑和批判性意识向内观视，农村教师得以过滤掉一些不当意见，删减掉那些易使人僵化的专业知识、文化经验等，从而摆脱思维的包袱，调整、优化已有的认知结构，并在调整优化的过程中探究、涵养乡土经验，进而形成对乡土文化的自觉意识。

(二) 中正态度，品味乡土情感

职前教育和工作性质使得农村教师与乡土文化接触变少，认识浅层化，情感动摇。因而，农村教师要坚定意识、中正态度，深层介入乡土、反复品味情感，在品味和鉴别中形成正确且深刻的认识和理解。

农村教师中正态度与品味乡土情感，要做到以下三点：一是置身乡土世界，理解乡土。农村教师要抛开种种纠结，置身于乡土世界，以中正之心探查农村社会，从乡土人的视角品味乡土情感。如此，农村教师便会感受到乡土文化所特有的纯净、善意和美好。二是走出乡土，多元对话。农村教师的文化情感动摇于侧面反映出其对乡土文化存有认识误区和惯性偏差。而其愈是囿于农村社会，就愈加思维困顿、观念陈旧。为此，农村教师应该带着探究的精神走出乡土，广泛进行多元文化对话，并在交流碰撞中打破自身原有的文化壁垒，挑战已有假设，拓展文化视野，沉淀文化底蕴。随着文化底蕴不断深厚，农村教师以新的视角重新审视乡土文化，进而发现乡土之美，深刻领悟乡土文化得以世代绵延、生生不息的精髓所在，加强对乡土文化的深层认识。三是超越乡土，引导建设。"农村社会的现代化转型不单单是经济和社会结构的转型问题，其是与中华民族兴亡相关联的政治问题。"① 为此，农村教师要意识到农村社会现代化的必然性，意识到转型背后所承载的富国强民、实现中华民族伟大复兴的责任与使命，并积极为新农村建设贡献力量。而在转型过程中，乡土文化必然要与现代文化融合共生。故而，农村教师亦要依靠自身优势将乡土文化的"土性"与城市文化的"潮性"相结合。以乡土文化的质朴、自然净化城市文化的浮躁、虚荣，以城市文化的进步、文明褪去乡土文化的迂腐、迷信，真正实现城乡文化的互哺共生，并在参与城乡共荣的建设过程中坚定乡土意识。

（三）求真求实，深含乡土意蕴

农村教师乡土意识养成的重要环节即在教育教学过程中，农村教师沟通乡土，并将之提炼、凝缩、优化引进课堂，来强化自身对乡土文化的能动反映，增强行动力。通过求真求实，深含乡土意蕴，助力农村教育真正回归。

农村教师要做到以下三点：一是追求"真教学"。教学之"真"是指教学返璞归真。农村教师要意识到自身和学生都是完整的生命体，都有独立之思想、自由之灵魂。"真教学"尊重师生的生命完整性、灵动性和经验性，讲究教学的艺术生成性。二是教学"求真"。"真正意义上的农村教育是从乡村社会生命痛痒处生长出来的，以乡土为根，以生活为本，与乡村融为一体，而非从外边移花接木安上去。"② 故而，农村教师教学要摆脱条条框框的束缚，解放自我、解放学生，并积极关注农村实际，切实考虑自身经验，努力链接学生文化背景，于交流互动和实际体验中，动态生成"真农村教育"。三是教学"求实"。农村教师教育教学要实讲实干，实地开展。农村学校的师生大多数来自于本地，这就决定了其教学必然要根据本地地域特征、文化特色以及实际教育状况进行开展，否则，教学虚化，失真失实。通过求真求实，农村教学得以对接乡土，乡土意蕴也于无形中得以养成并深化。

---

① 狄金华：《乡村巨变：社会转型还是国家转型？》，《南京农业大学学报》（社会科学版）2011年第3期。

② 刘云杉：《"悬浮的孤岛"及其突围——再认识中国乡村教育》，《苏州大学学报》（教育科学版）2014年第1期。

(四) 复归人师，显化乡土纽带

农村教师在多元文化境遇下的"独善其身"绝非教师乡土意识的旨归。农村教师在教育教学过程中对乡土少年身份的照拂、乡土情怀的培育既是其不可推卸的责任和义务，又是显化乡土纽带的题中之义。

乡土纽带的显化也是教师由"经师"走向"人师"的过程。农村教师要做到以下三点：一是要积极发挥主观能动性，以己为中心，辐射拓展，开枝散叶，兼济身边的人和物，实现与学生的共学、共事、共修身和共生活，最终共同进步。二是要提升自身教学文化回应能力。深入了解学生的经验背景，体恤学生的文化身份，以平等的姿态与学生进行对话，努力实现教学与学生乡土经验的契合。三要"走下神坛，回归生活，以精神相遇的方式与学生走向共生融合"①。抛却高姿态成为人师，其生命灵动、个人魅力和教学个性于无意间自然流露、充分彰显，并有效地吸引学生的注意，于无形中刺激学生的思维意识和行为表现，进而影响到乡村少年的乡土情绪，促进其乡土意识的养成和多元文化能力的提升。

农村教师乡土意识的养成绝非一力所能为，农村学校、当地政府、教育行政部门以及有关单位要形成支持共同体，保障农村教师乡土意识的养成。农村学校要依据地方特色，适当调整课时比例，为乡土文化拓展出场所，为农村教师乡土意识的养成开辟空间；当地政府要建立相关奖励机制，对积极投身于乡村文明建设的农村教师给予奖励，为农村教师乡土意识的养成提供动力；教育行政部门要因地制宜地调整教育教学评价机制，均衡学生分数、成绩与教师素养、品格的关系，建立相关教师乡土文化素养的评价制度和配套体系，为农村教师乡土意识的养成指引方向。

第三节 开发乡土德育课程，提升认同感知

乡土德育课程的开发是开展乡土文化教育及提升其认同度的有效路径之一。乡土文化本身蕴含着德育功能，乡土伦理更是德育的重要内容，将二者融于德育课程中，有助于提升学生的认同感知。

---

① 袁丹、靳玉乐：《教师角色嬗变与教学个性展现》，《中国教育学刊》2016年第6期。

一　基于乡土文化的德育课程开发

基于乡土文化的德育课程是指通过对乡土文化的系统选择与提炼，将其融入到课程体系中，使师生能够共同对话、理解、体验和实践的活动及其进程的总称。基于乡土文化的德育课程是德育课程的拓展和深化，乡土文化成为德育课程的重要内涵。

（一）基于乡土文化德育课程的内涵与类型

1. 基于乡土文化的德育课程的内涵

乡土文化本身承载着德育教育功能，而德育课程本身也包含乡土文化内容；但二者只是两个部分重合的非同心圆，重合部分正是德育的精华所在，相互融合与开发才能使重合部分不断扩大，将德育的精华更多地释放出来。一方面，乡土文化本身承载着德育教育功能，但并不意味着所有的乡土文化都具有正向教育功能，需要通过课程开发的手段加以系统和理性地甄选和提炼，将其有意义的部分升华为德育内容；同时，乡土文化教育价值与功能的发挥需要依托一个具体的情境和平台，通过课程这一载体便能使乡土文化价值功能得到系统提升；尤其是随着城市化的快速发展，乡土文化价值体系正徘徊在解体的边缘，乡土文化的传承受到影响，正是通过系统的课程开发，才有助于乡土文化的传承与延续。另一方面，德育课程内容比较广泛，乡土文化是其重要内容之一。乡土文化源于乡土现实生活，通过对其开发，能够使德育课程内容更加联系生活，突出德育的适切性，有助于摆脱德育内容知识化的困境；同时，大量的具有优秀传统特色的乡土文化融入到德育课程中来，可极大丰富德育课程的内涵，也可提高德育课程的质量与品位。因此，提出基于乡土文化来开发德育课程，不是简单重复累加，而是双向提升。

2. 基于乡土文化的德育课程的类型

根据课程内容的特点和实施方式，基于乡土文化的德育课程包括以下三类：一是"美德袋"式德育课程。乡土课程资源仿佛是一个"美德袋"，将经过精心筛选和编排的乡土民俗历史、乡土人情、名人逸事等优秀文化传统编写成有关德育的内容，以美德故事和道德格言的形式向学生讲述，使学生在故事熏陶中理解道德的内涵。二是体验式的德育课程。

开展生活论视域下的兼具乡土性与时代性的德育活动,如"了解家乡""赞美家乡"等主题活动,参观烈士革命纪念馆、名人故居、历史古迹等,并引导学生亲近乡土自然,使学生在活动体验中自然地感悟到乡土的魅力和乡土的可贵,进而对乡土文化产生自豪感和认同感。三是渗透式德育课程。既可借助各学科教材蕴含的有关乡土文化的德育思想,进一步挖掘其背后的乡土意蕴,对学生进行道德教育;亦可通过建设具有乡土特色的文化场,对学生品德进行潜移默化的熏陶与感染。三种德育课程类型相互补充与互为转化,将独白式的道德宣讲与教学场域的人文元素巧妙地结合起来,凝聚了乡土亲情,对学生的思想、情感与道德等方面会产生积极影响。

(二) 基于乡土文化德育课程的价值

1. 接地气

基于乡土文化的德育课程最显著的价值就是能够与学生的乡土生活联系起来,使品德信念通过生活实际转化为道德行为。陶行知先生指出"生活即教育",生活决定教育,教育为了生活。教育回归生活本真,这便启示我们德育课程的乡土文化根基,与实际生活相结合,才是真正的课程教育。李长吉开创的"情境教育"也反映出生活实际对学生主观能动性的激发。一个人的道德表现受到情感、态度、需要等价值因素的影响,所以道德教育与充满熟悉味道的乡土环境相结合,才能从情感上引发共鸣,形成道德信念。

反观当前德育课程,由于缺乏乡土文化气息,与生活实际相脱离,导致德育课程出现弱化,甚至虚化。特别是随着我国城市化进程加快,农村人口快速涌向城市,呈现出对乡土的逃离现象,从家长到学生,都想拼命疏离原本淳厚的乡土气息,农村人口空巢化直接导致乡村乡土文化的褪色,这也直接影响了农村留守学生的德育培养。毋庸置疑,生活是伦理道德的基础,道德离不开生活,而是深扎在生活实践之中,是在长期生活实践中形成的个人价值观念。同样,乡土文化是德育课程发展的土壤,为课程建设提供适宜的生长环境。蕴含着乡土文化的德育课程更能突出深层次的价值取向,在一定程度上延续着本民族的精神气息。

2. 弥补爱

从教育学的视角看，课程是品德教育和情感关怀的有效载体。基于乡土文化的德育课程凝聚着乡土亲情，释放着一种归属感，对学生的心理情感、思想道德等方面会产生一定的积极影响。在乡村中学，有这样一个群体，父母外出打工，学生与爷爷奶奶老一辈一起生活，家长对孩子的需求、兴趣、困惑关注甚少。青春期的孩子们难免出现叛逆和轻狂，长期以来缺乏父母的关爱，与老一辈又不愿沟通。他们对精神关爱的渴望迫切而强烈。随着时间的推移，有的学生明显表现出归属感与安全感缺乏，心灵空虚逐渐转换为性格的孤僻和冷漠，甚至产生嫉妒与怨恨心理。因此，具有浓郁乡土文化气息的德育课程和教师恰恰能够在一定程度上弥补他们缺失的情感与关爱。

由于实证主义和科学主义至上的影响，当前有些学校德育教育几乎等同于知识教学、德育知识科学化与神圣化，这种知识观直接导致事实与价值的剥离。有研究者调查发现，"城里小学思想品德课一般是每周三节，农村学校多为一节，且这些课经常被'主课'代替，客观上造成了道德教育的缺失"。① 究其原因，知识本位与德育课程脱离实际都是不可忽视的因素。因此，开发和建设具有乡土文化的德育课程，提升德育课程内涵质量，不仅能够增强情感关怀，还能够树立学生的正确价值判断，使其产生对乡土文化的认同感。

3. 促发展

2005年，针对乡村文化的建设，中共中央颁布了《关于进一步加强农村文化建设的意见》；2011年，党的十七届六中全会审议通过了《中共中央关于深化文化体制改革、推动社会主义文化大发展大繁荣若干重大问题的决定》，充分体现了我们党文化上的高度自觉和政治上的远见卓识，必将激励全党和全国各族人民在坚持和发展中国特色社会主义伟大实践中进行文化创造，为人类文明做出更大贡献。坚持中国特色的社会主义文化发展道路，离不开乡土文化的建设，坚持社会和谐发展，离不开乡土学生。忽视乡土文化而一味追求城市化，难免造成文化的一元化

---

① 周琢虹：《农村留守儿童精神世界的困境与消解——以江西省为例》，《江西社会科学》2012年第10期。

或二元对立。开发基于乡土文化的德育课程，能够最大程度弘扬我国传统文化，有助于我国社会文化的发展与繁荣。

基于乡土文化的德育课程更能够促进学生的和谐发展。德育课程的目的是塑造品格，提高道德水平。蔡元培强调"德育实为完全人格之本，若无德则虽体魄智力发达，适足助其为恶，无益也"。有了知识，有了品性，才能有益社会。学生在校期间如果接受了良好的德育教育，才能具有乡土情怀，才能感恩家乡和回报社会。但是，目前农村学校学生考入大学的比率相对较低，而且中学辍学率高。这样的群体进入社会，如果缺乏道德认知，加上偏差的人生观和不良的行为习惯，定会引发一系列社会问题。因此，在中小学开发与建设具有乡土文化的德育课程并得以有效实施显得尤为重要和紧迫。

（三）基于乡土文化的德育课程的开发路向

1. 尊重乡土特色，彰显课程品性

基于乡土文化的德育课程的开发要尊重本地乡土文化特色，乡土文化是教育学生的最好素材，也是最有营养的心灵鸡汤。乡土文化不仅能涵养学生的乡土情怀，甚至会影响学生的一生成长。可以说，乡土文化是德育课程的源，德育课程是乡土文化的根；有了根，乡土文化才能发展壮大；溯于源，德育课程才能得到滋养。

基于乡土文化的德育课程的开发更要彰显选择与包容的课程品性。在尊重乡土文化特色的同时，要提高辨别乡土文化优劣的价值判断能力，摒弃不合时代的落后思想，弘扬正确的文化。在对待乡土文化和我国主流文化时，要处理好共性与个性的关系，既要强调乡土文化的个性，又不可割裂与主流文化的衔接。同样，也不可过度追求文化共性而抹杀了乡土文化的地域价值，因为乡土文化的价值就在于其地域性。基于乡土文化的德育课程开发是一个持续的动态过程，所以需要以动态的眼光和开阔的视野来选择乡土文化，处理好与主流文化的关系，提升德育课程的内涵与品位，彰显其课程品性。

2. 贴近生活情境，升级乡土教材

基于乡土文化的德育课程要具有生活情境性，使德育对象具有亲缘感和温情感，以独到的乡土文化赋予该片土地的学生以真实的乡土蕴涵。假如德育课程脱离生活文化语境，就会出现道德认知障碍，影响德育效果。例如,对一位未涉足城市而长期生活在乡村的学生来说,德育课程中出现了关于文明开车的事例,远光灯、强行超车、变道等这些专业名词对他来说可能是陌生的。而这个事例所讲的道理对于淳朴的农村学生来说,由于文化生活语境脱离而显得太过生疏。可见,乡土文化生活是学生德育学习的起点,是激起学生学习热情的原动力。将自己家乡的青山绿水、邻里关系、伦理道德等自然淳朴的文化品格编排在德育课程中,可以向学生再现日常生活中的道德情境,效果会更佳。

提炼与升级乡土教材是开发具有乡土特色的德育课程的有效途径。乡土教材就是"以学生所在地区的地理、历史、生物等知识为内容的补充教材,一般由学校或当地教育行政部门组织编写。乡土教材有利于学生从实际出发,理论联系实际,认识家乡、了解和热爱家乡,立志将来为建设家乡贡献自己的力量"。[①] 教材《教育大辞典》也阐释了乡土教材有利于教学紧密联系本地经济和社会发展的状况,树立学生热爱家乡、建设家乡的爱国主义思想,如河南地区体现中原文化的《走进红旗渠》,就是对民族精神的传承,让学生了解红旗渠和红旗渠精神,进而爱家乡、爱祖国。因此,对乡土教材进行开发与升级,将其具有教育内涵和意义的部分提炼成为德育课程的重要内容。这样的德育课程能够将与生活密切联系的乡土文化元素融为学生的意义世界的有机组成部分,并将其转为学生的精神内涵。

3. 树立主体典范,构建支持体系

在基于乡土文化的德育课程开发中,教师的道德业绩就是最好的德育载体。例如,2016年1月新闻媒体报道的山西省临川县积善村代课教师宋玉兰执教40年,月薪仅150元,痛哭完继续上课。为什么呢?因为她喜欢那群孩子,虽然几十年来工资问题始终没有解决,但是由于这份爱心、这份坚持,宋老师兢兢业业的坚持在自己的岗位,干了一年又一年,没有因为个人的心情影响学生的课程。这个道德典范事迹本身就是最好的德育课程内容,像宋老师这样的乡村教师值得大家敬重,其德育效果不言而喻。因此,树立主体道德典范是乡土德育课程开发中不可或缺的路径。

---

① 张念宏:《中国教育百科全书》,海洋出版社1991年版,第66页。

教师不仅是德育载体，更是课程开发的主体。我国著名学者顾明远曾呼吁："繁荣乡土文明，关键在乡村教师。他们与乡村文化密切相关。村里没有教学点，没有教师，那么这个村也就没有文化了。乡村教师有水平，就可以挖掘和保持当地的文化。所以，培养教师是第一位的，我们必须尊重老师，相信老师，依靠老师。"同样，基于乡土文化的德育课程的开发，教师尤其是乡村教师责无旁贷。乡村教师是乡土文化的真正推动者，是乡土德育课程开发的主力军。但是，根据相关调查，当前农村教师薪酬存在酬额相对偏低、差异依然较大、分配不够合理等问题。缺乏足够激发农村教师任教的积极性和长期性，致使部分农村教师产生离农脱教、消极无为的思想和行为。[①] 因此，应该构建乡土德育课程开发的支持体系，地方政府、社会和学校应该形成合作机制，优先保障教师权益，提高教师待遇，让坚守在一线和乡村的教师真正拥有事业感，在乡土德育课程的开发中发挥更大的作用。

二 基于乡土伦理的德育课程的重构

学校教育是青少年身心健康发展的必要条件，学校德育课程对于青少年道德品质的健全发展和对乡土文化教育的认同有着不可替代的责任。当前，农村德育课程远离农村教育实际和学生真实生活背景，使其多流于形式。因此，提高农村德育课程的实效性和适切性已迫在眉睫。深入挖掘农村乡土伦理德育资源，建构基于乡土伦理的农村德育课程，是使德育真正满足农村学生实际需求的重要举措，也是保护和传承我国优秀乡土文化的重要途径。

（一）基于乡土伦理的德育课程的内涵与起点

1. 基于乡土伦理的德育课程内涵

乡土伦理是乡土文化的重要组成部分，也是独具乡土特色的伦理关系和道德体系。传统的伦理关系和道德原则可分为勤勉重农的生产伦理、诚信互助的交往伦理、克己复礼的行为伦理等几个部分，表现在村规民约、宗族文化、孝悌礼节、民俗传统、婚姻伦理等多个方面。这种传统

---

① 容中逵：《农村教师薪酬问题研究——来自浙江、河北、四川三省的调研报告》，《教育研究》2014年第3期。

的伦理道德思想渗透在人们的生产生活和风俗习惯之中，对维护传统社会秩序和调节人际关系发挥着重要作用。

基于乡土伦理的农村德育课程建设就是指在原有的德育课程设计基础上充分挖掘和利用乡土伦理资源，使课程内容彰显乡土特色，课程实践融入乡土生活，课程使命关注乡土伦理传承，课程理念体现乡土伦理价值，发挥乡土伦理在促进学生健全发展、提升农村德育课程适切性方面的重要作用。具体来讲，在课程内容方面，以国家德育教材为蓝本，结合各单元主题内容和乡村伦理生活实际进行扩充及改编，提高德育课程内容对于农村学生的适切性；课程实施方面，依托本土道德知识和伦理文化，结合社区资源条件，将课程内容进行调适和创生，使德育教学更具情境性、更加生活化；课程使命方面，明确自身对于乡土伦理的继承和发展的重要作用，承担起弘扬乡土道德传统、传承优秀乡土伦理的重要责任；课程理念方面，提升对乡土伦理德育价值的认识，将对乡土伦理的认同及尊重作为德育课程实践的基本思想，来引领基于乡土伦理的德育课程建构和发展。

2. 基于乡土伦理的农村德育课程的起点

基于乡土伦理重构德育课程源于乡土伦理为学生道德生长之基础的重要地位及德育课程于乡土伦理传承之责任。乡土伦理是农村青少年拥有良好道德精神的依据；而农村德育课程为乡土伦理的传播提供了载体。由于地域原因，农村德育课程不能也不必与城市德育课程共享完全相同的标准，它需要以乡土伦理开发为起点，更好地发挥其培育具有健全精神品格的乡村文化主体的重要作用。

乡土伦理——农村德育课程的起点。首先，乡土伦理是农村学生道德萌芽的生长点。从发生学来看，学生道德认知的最初来源乃是家庭教育中"仁""义""礼"的谆谆教诲，乡土社会伦理生活中"和""善""信"的耳濡目染，以及乡土伦理习俗对于学生处事行为的深刻影响，构成了学生德育学习的经验背景。这一经验背景深刻影响着学生的处世模式和为人哲学，其思想内涵已内化为学生道德观念的一部分。学生在日常生活中遵照乡土礼仪规范为人处世是可以不假思索而自然产生的。这种根深蒂固的道德经验影响着学生在面对新的道德知识和思想观念时的价值取向，决定着学生新道德知识的接受程度及道德品质形成的特点。

因此，农村德育课程应以乡土伦理为其课程实施的起点，用学生最熟悉的知识来引起共鸣，将乡土伦理常识作为德育课程中学生道德情感萌发的生长点，才能有助于道德知识的内化、迁移和道德品质的建构与生长。其次，乡土伦理是农村德育课程独特意韵之所在。乡土伦理最能够反映纯净、质朴的民风民俗，它深刻着人们思想意识和言行举止，是德育课程可加以利用来影响和塑造学生思想道德和行为的独特来源。农村德育课程以乡土伦理为其教育的"沃土"，通过显性或隐性的方式进行乡土伦理传播，创造以乡土礼仪规范、处世之学为主要内容的伦理文化氛围，会对学生道德品质的形成产生潜移默化的影响，起到润物细无声的育人效果。在这其中，学生的道德品质得以"落地生根"与"茁壮成长"，学生的乡土伦理自觉得以形成。在富有乡土伦理的德育课程关照下，学生不断生成以乡土为根、认同乡土的道德品性和服务于乡土、建设乡土的精神品格，在完善自身道德生活的基础上维护乡村伦理秩序，引领乡村文明建设，实现农村德育课程服务于农村社会的宝贵价值。

乡土伦理传承——农村德育课程的道德使命。首先，德育课程对乡土伦理的传承基于乡土伦理为中华民族传统文化之根的重要价值。中国传统乡土社会是伦理本位的社会，人们按照伦理规约来处理人与人、人与社会及国家之间的关系，因此，乡土伦理在保障乡村和谐稳定方面发挥着重要作用。乡土伦理具有多种表现形式，其中主要包括农民恋土重农价值观支配下的勤勉耐劳、熟人社会形成的诚信互助、差序格局造就的崇尚孝道、礼治社会服膺传统的克己修身等，此外，以和为贵、崇学向善、明理养德、仁义为本、和谐共生等传统价值观念也流传至今，对后人成家、立业、为官、治学等产生深远影响。这些道德传统加之乡村生活积年累月形成礼乐风俗、祭祀庆典等共同造就了颇具地方特色的传统伦理文化，构成中华民族博大精深传统道德文化的重要组成部分，这种文化丰富和提升了人的道德精神，也培养了人们爱家乡、爱祖国的家国情怀。可以说乡土伦理是中华民族传统文化之根，其传承和发展是中华民族传统文化的不断延续和民族精神自强不息的不竭动力。其次，德育课程对乡土伦理的传承基于乡土伦理为"净化"现代文明之方的重要作用。乡土伦理及乡村社会具有代表性的礼俗和传统共同形成了乡土社会独立于城市文明而存在的独特价值和信念。这种信念在城市价值观念不断向乡村输入的过程中逐渐被"吞蚀",使人们只看到城市文明的进步与美好,而忘记乡土信仰的质朴和纯真。乡村价值与城市价值之间并不矛盾,反而是"净化"和改造城市文明的一种"反哺"。在城市文明不断发展,农村地区逐渐步入城镇化的过程中,传统文明中纯净、恬然、朴素的价值观念逐渐褪去,取而代之的是奢侈、浮躁、自私、享乐的生活方式。农村的现代化的过程绝不是以牺牲传统乡土伦理价值为代价而逐渐城市化的过程。乡土伦理所塑造的自然、淳朴的生活方式值得被坚守和尊重,并在城镇化的进程中起到"洗涤"社会"污浊"和重建道德传统的重要作用。乡村学校作为乡村文明最主要的来源,是维护和坚守乡土道德文化的坚实堡垒,而德育课程作为传递道德文明的最直接手段,有义务肩负起传承乡土伦理精神、守护乡村道德价值的重要责任,使乡村社会在现代化的转型中不忘最初的价值品性,在世事变迁中仍坚守自身的道德本真。

(二) 当前农村德育课程的乡土伦理缺位

刘铁芳教授指出,我们当下的乡村教育设计是一种逃离乡土的教育设计,① 教育理念、课程设置、所用教材与城市教育完全相同,失去了其独立性和自身价值。德育课程也在主流文明的冲击下,呈现出城市化倾向,使其塑造乡村精神文明和传承乡土伦理文化的重要作用被遮蔽。

1. 德育课程内容之乡土伦理缺失

中国古代私塾、家塾是教化民众、传承乡土文化和伦理传统的重要场所,也是乡村文化活动中心。以仁、礼为主的乡土伦理及本地传统和仪式是其教育的主要内容。"但清末开始的'废科举、兴学堂'标志着国家权力开始进入乡村教育,乡村教育逐步纳入国家的统一管理和控制之中。"② 直至今日,乡村教育已完全纳入到现代教育体制中,其教育内容也从传统乡土文化和伦理风俗变为现代科学文化知识。例如,人教版小学德育教材《品德与生活》《品德与社会》内容可归结为礼仪规范、生活

---

① 刘铁芳:《乡村教育的人文重建:起点与路径》,《湖南师范大学教育科学学报》2008年第5期。

② 娄立志、张济洲:《乡村教师疏远乡村的历史社会学解释》,《当代教育科学》2009年第21期。

常识、环保教育及爱国主义教育等几个部分，均属公共道德知识，而对于农村社会的乡土文化和伦理道德却体现甚少。可见，教材关注城市较多，对农村生活表现得不足，造成教材内容对农村、农民生活的弱化，① 加之农村德育课程教师多为兼任，他们很少花费精力钻研德育教育内容。据相关调查显示："68.2%的教师上课前不做任何准备，即使准备，大多数教师也只是做到课前把教材看一下"，② 在这种情况下，很难出现将乡土伦理融入德育课程内容的教学创新。从整体来看，乡土伦理在农村德育课程内容中显现不足甚至缺失。农村德育课程忽视了学生身处农村的生活背景，忽视了乡土伦理对学生品德塑造的独特意义。从这一角度而言，在强化现代化道德思想的背后体现的是对农村场域的忽视和对乡村伦理精神的弱化，德育课程所倡导的"生活德育""以人为本"的价值理念在农村德育课程内容中未能充分体现。

2. 德育课程实践之乡土伦理空场

在农村迈向城镇化的过程中，农村学校也逐步走向现代化和城市化，与城市学校设置相同的培养目标，建立同样的课程体系。农村德育课程的实施也走"去乡土化"的道路，逐步脱离乡土伦理道德的土壤，"悬浮"于乡村文明与城市价值之间，意欲追求与城市德育课程相同的课程实践方式。如此，培养的学生是与城市学生具有相同价值观念的人，而非谙熟农村乡土伦理、热爱家乡并具有乡土情怀的农村受教育者。以往的私塾先生传承的是乡土文化与乡土伦理，而现代乡村教师传播的是现代知识与城市中心价值观。③ 在具体的教学中，他们常常将课程标准、教学大纲及教材视为"圣经"，即使有部分教师意识到将乡土伦理与德育课程相结合，但这种现象毕竟是少数，并且没有经过精细加工和深入挖掘的乡土德育资源，其育人作用有限。由于德育课程内容与乡村伦理生活有一定差距，导致德育社会实践难以开展。例如，参观乡村名人故居、参加礼俗活动、宣传与践行乡村伦理典范等实践相对较少。那些能够浸

---

① 陈光全、杜时忠：《德育课程改革十年：反思与前瞻》，《课程·教材·教法》2012年第5期。

② 颜莹：《校园中角色模糊的边缘人（一）》，《思想理论教育》2008年第2期。

③ 任仕君：《论乡村教师与乡土伦理传承》，《教育研究与实验》2016年第2期。

润学生身心的淳朴、和善、勤劳、务实的精神文化和涵养学生"入则孝，出则悌""谨而信，泛爱众""老吾老以及人之老，幼吾幼以及人之幼"等优秀传统道德在农村德育课程实践中出现事实上的空场。

3. 德育课程使命之伦理传承失责

在农村走向城市化的进程中，乡村伦理道德和农民价值观念遭受到空前的冲击，农村社会道德伦理呈现出嬗变景象。其一，随着城乡流动加快，农村去城市务工人员逐年增多，城市的生活方式、价值观念也逐步流向农村，乡土社会的孝亲伦理在不断遭到解构，传统人伦孝道日渐式微。其二，在市场经济的冲击下，传统乡土社会重义轻利、和善睦邻等质朴的价值观念也不断走向瓦解。维护人与人之间关系的不再是传统伦理道德而是利益得失。其三，互助意识淡漠、诚信意识衰退等也是乡土伦理变迁的重要表现。诚然，造成嬗变的原因是多方面的，也是农村社会转型和多元文化冲击过程中不可避免出现的现象，但却间接反映出农村学校德育辐射和代际伦理传承方面存在的问题。农村学生在面对外来文化所具有的负面影响时缺乏敏锐的判断能力，加之恰当引导和正确规范的缺位，也助长和加剧了这种嬗变现象。虽然说乡村文明的衰落和伦理失承并非学校一家之责，但不可否认的是城市化倾向的德育课程在守护和传承农村乡土伦理的道德基因方面是有缺失的。"在经济文化相对落后的农村，应试教育占据着主导地位，学校仅重视文化课的教授而忽视学生人格品质的教育。虽然德育课程上会涉及到对长辈的感恩教育，但其内容与实际关联甚少，使学生无法将其与自身生活相联系。"① 缺乏以乡土伦理为根本的道德教育，再加上乡村伦理价值失守及对乡村传统伦理道德精神缺乏正确的理解和认同，学生与日俱增的伦理失范现象是不可避免的。

4. 德育课程理念之伦理价值失解

农村德育课程存在的主要问题，其根本原因在于缺乏对乡土伦理价值的深刻认识和正确理解。乡土伦理价值对于乡村文明的建构和维系并非一时一地之功，它不但在传统乡土社会发挥着引导人向善的重要作用，

---

① 郑永彪:《中国传统乡村代际伦理失衡及重构研究》,《首都师范大学学报》（社会科学版）2014年第1期。

在修正当今城市文明的负面影响和塑造当代人所必需的核心价值观方面也具有不可替代的价值。通过调查发现：受城市价值形态的影响，农村德育课程对学生进行的是基于城市道德价值的单向输入，而不见优秀乡土道德价值的回流，形成德育课程价值引导的不对称性，造成唯城市价值而是的错觉。作为德育课程实施者的农村教师，在城市文化的影响下，"不重视乡村生活、乡土文化、乡土伦理的学习与了解"，对乡土文化及伦理的传承不感兴趣。[①] 其身在农村未能从农村实际出发，未能深入开发乡土德育资源，轻视乡土伦理在学生精神成长方面的重要价值，由此造成农村德育课程与农村本土的貌合神离，使农村学生自我认同建构和传递乡村优秀伦理传统方面出现空白，最终导致农村学生知识相对富有但乡土精神比较贫乏。因此，农村德育课程对于乡土伦理的时代价值还有待深入挖掘和着力彰显。

(三) 基于乡土伦理的德育课程建设路向

基于乡土伦理的德育课程建设旨在将那些符合学生需求并独具地方特色的伦理传统融入德育课程，以此达成优秀乡土伦理的教育传承及其价值的认知与领悟。

1. 开发乡土伦理资源，丰富课程内涵

从乡村生活中挖掘可利用的乡土伦理资源，将之与德育课程相结合，是使德育课程摆脱"城市化"倾向更具"乡土味"的前提条件。

乡村中大家族的祖训家规对丰富德育课程资源有不可替代的价值。家训是家庭教育的蓝本，展现了我国优秀的传统文化和优良家风，承载着乡村的传统美德，寄托了先祖对后人的谆谆教诲和美好愿望。各家祖训多重视人的道德修养，其内容大多包括"孝悌、忠信、礼义、廉耻"等乡土伦理的多方面内容，内涵十分丰富，为德育课程提供了丰富的教育素材。

乡村的仪式风俗、祭祀庆典等是德育课程内容的又一来源。节日庆典、婚丧嫁娶、庙会文化、祭奠仪式等民间习俗是乡土伦理传承的主要载体，无论是仪式本身还是承办仪式的祠堂、寺庙、仪式所用的杯皿器具都蕴含着教育价值。德育资源的开发要注重乡村各种仪式活动的深入

---

① 任仕君：《论乡村教师与乡土伦理传承》，《教育研究与实验》2016 年第 2 期。

研究，从中汲取对学生有教育意义的现实内容，使学生能够接触到"原汁原味"的学习资源。

乡村年长者丰富的伦理道德经验极富德育价值。乡村中年长一辈生活经验丰富，熟知乡村的礼仪风俗、村规民约、道德传统等，是乡土伦理传承的主体。乡村德育资源的开发要做好与乡村年长者的沟通，使其在丰富乡村德育资源的进程中发挥重要作用。需要明确的是，农村德育课程资源的开发不仅仅是教育部门或者地方学校的责任，还需要其他部门尤其是文化部门及社会各阶层的广泛参与，这是乡村德育课程能够彰显乡土本色，实现教育价值的重要保障。

2. 关照乡土伦理融入，注重课程落实

在德育课程目标设置、课程实施、课外德育实践等方面融入乡土伦理，是实现基于乡土伦理的德育课程建设的重要抓手。

德育课程目标——体现乡土伦理价值。不同地域孕育了不同的伦理传统，例如，浙江桐庐的荻浦村以"终身行孝"作为道德传统世代相传；山东邹城上九山村以"明礼诚信"作为人与人相处的行为准则。德育课程目标要在满足国家德育课程培养目标的前提下，凸显乡土价值观念，培养具有乡土道德精神的教育主体。体现乡土伦理价值的德育课程目标，一是使学生了解家乡的风土人情和伦理传统。生活在乡村的青少年需要对乡土社会中人与人之间的处事规范和行为准则有一定的认知，在了解乡土伦理生活的过程中逐步认识乡土社会。二是培育学生热爱乡土文化的思想情感。在学生与乡土伦理生活的接触中不断丰富其情感体验，使学生逐步产生对家乡伦理文化的理解和认同，并将这种理解和认同升华为对乡土文化及乡土社会的崇敬和热爱。三是增强学生重建乡土文明的使命感。使学生在对乡土伦理认知、认同的基础上，培养其遵守乡土伦理规范、传承乡土道德传统的使命感及建设乡土文明的热忱意愿，将学生对家乡文化的热爱之情转化为实际行动，为乡土文化繁荣做出努力。

德育课程实施——保证乡土伦理融合。将乡土伦理贯穿德育课程实施全过程是提高农村德育课程适切性的关键。新版德育课程多以主题单元的形式出现，每一主题都有一定的"留白"供教师与学生一起探索和发现，这为德育课程与本土伦理文化、特色道德传统的融合留有余地。教师要善于利用教材隐含的意义空间，结合单元主题，与本地区、本校学生的实际情况相联系,进行调适和创生,使课程内容变成易于学生领会的知识。与此同时,农村德育课程还要注意乡土伦理核心理念的传播与弘扬,使优秀伦理道德文化成为农村德育课程教学的一部分。例如,可多介绍具有乡村人民勤劳简朴品质的优秀人物,引入反映尊老敬老这一孝悌传统的经典故事,或是讲述乡村人民崇尚自然、保护环境的生动事例等。将这些优秀伦理传统的内容加入到德育课程中,使学生对家乡劳动人民精神品格的敬仰油然而生,从而激起学生传承家乡优秀道德文化的决心与信心。

德育课外实践——注重乡土伦理践行。真实有效的德育必须从生活出发、在生活中进行并回到生活。① 小学德育课程分为《品德与生活》和《品德与社会》两个部分,充分体现了德育面向生活、面向社会的教育理念。农村德育课程与乡土伦理生活的结合创造了德育的内外衔接机制。德育要走出课堂,利用乡土社会独有的历史、地理等人文环境,在课外实践中锻炼学生的道德意志,促进其道德品性的养成。例如,引导学生参加乡村生产劳动,在这一过程中践行勤俭节约、互助友爱等道德品质;带领学生参观自然生态环境,使其了解自然、敬畏自然,领悟人与自然关系;共同参与到乡村礼俗活动中,使"克己复礼""仁爱友善""崇尚孝道"等伦理思想得以升华,此外,游览本地历史遗迹、名人故居等,向学生展示乡土文化和道德传统的深刻内涵,提升学生文化认同、乡土认同。在课外实践中,教师要关注学生的思想情感变化,使乡土道德践行成果内化为学生的道德品质,要引领学生学会利用所学习的内容解决生活中的道德问题,使德育课程起到关照学生生活的实际作用。

3. 眷注乡土伦理传承,明示课程使命

农村德育课程要明确自身对于乡土优秀道德传统的继承与发展所肩负的道德责任,要以弘扬乡土道德文化、传播优秀乡土伦理作为其课程的价值与使命。

培育乡村道德主体以传承乡土伦理。乡村少年是乡村伦理价值观念的承载者,乡村道德文明的传承主体。农村德育课程一方面要改变"应试教育为主,品德教育为辅"的现状,着力于学生人格品性的培养,让

---

① 高德胜:《生活德育简论》,《教育研究与实验》2002年第3期。

学生感受到乡土精神意蕴和伦理价值观念的滋养，使之成为具有乡土道德精神的文化主体。另一方面，要注重农村学生道德自觉的培养。农村德育课程应培养的是在接受乡土伦理道德精神熏陶后愿意传承和践行家乡美德的"家乡人"而并非逃离乡土社会、厌弃乡土文化的"离乡者"。德育课程应培养学生扎根于乡村，服务于乡村的思想意识，树立学生保守乡村传统道德文化，传承乡村文明的责任感，使之成为乡土伦理的传承主体，实现使乡村优秀道德传统得以继承和发扬的目的。

开发德育辅助教材以保存和传播乡土伦理。除德育课程中对学生进行乡土道德教化外，学校可开发以乡土伦理文化为主要内容的辅助教材，以此作为传承乡土伦理的方式之一。例如，钱理群教授主编的《贵州读本》就是为贵州青少年编选的语文课本，目的是使学生认识脚下的土地。德育课程也可根据需要编写反映本土道德传统的辅助教材，使学生对家乡风土人情有更深入的了解。德育辅助教材可由德育任课教师与社区文化组织合作编写，以实现教材的德育性和本土性。其内容可包括乡土伦理常识、民间道德故事、传统礼节风俗等地方性道德文化知识。其形式亦可灵活多样，除图书外，还可编写有关家乡伦理传统的歌谣、录制反映当地祭祀仪式和传统文化活动的音像材料等。农村德育辅助教材的开发，对于乡土优秀道德文化的保存和传播具有一定价值。

开展校村文化互动以践行乡土伦理。农村学校是推行社会教化，维护伦理道德，传承优秀乡土文化的有力工具。[①] 农村德育课程应关注其与乡土社会的文化互动，发挥自身引导农村道德重建的重要作用，也使民间伦理文化得以走进校园，融入课堂。德育课程可定期与社区文化组织联合举办以"乡土风尚、伦理传统"为主题的德育文化活动，一方面，有助于加深学生乡土伦理认知，便于将课上所学的道德知识实地践行，使德育的知、行培育得以全面落实；另一方面，有助于对村民进行以乡土伦理为主要内容的道德教化，减轻现代文明对农村社会带来的负面影响，提升民众对传统道德文化的认知、认可、认同，使之自觉践行优秀乡土伦理传统，由此逐步改善农村社会的不良风气，促进乡土伦理文化

---

① 徐畅：《"后村小时代"乡村学校价值缺失与回归》，《河北师范大学学报》（教育科学版）2016年第3期。

的传承与发展。

4. 领悟乡土伦理价值，彰显课程理念

建设基于乡土伦理的德育课程关键在于教师。教师对于乡土伦理价值的理解直接作用于德育课程，直接影响德育课程对乡土文化作用的发挥。因此，教师要意识到乡土伦理在城镇化背景下对于农村学生所具有的独特意义。

提升乡土价值认知，担当传承责任。农村教师在基于乡土伦理的德育课程建设中要发挥重要作用，有赖于其乡土伦理认知的深入和教师素质的提升。农村教师不仅是教育者更是农村精神文明的建设者，这一特殊身份决定了农村教师不单需要有学科专业知识和教育教学技能，还要有乡土文化知识。基于乡土伦理的农村德育课程建设需要教师通过多种途径去认识和研究乡土伦理，对农村道德传统有深入了解，提升对乡土伦理文化的认同和崇敬之情。在对乡土伦理价值不断的研究和领悟中，体会其对农村学生道德品质形成和发展的重要作用，明晰乡土伦理对农村社会道德建设及其和谐稳定发展的独有价值，由此肩负起发展农村德育、传承优秀乡土伦理的文化责任。

开展乡土伦理教学，诠释德育课程理念。对学生进行乡土道德教化和传承乡土伦理的教育是农村德育课程理念的重要组成部分，这要求教师要以培养具有乡土精神的受教育者为目的进行乡土化教学。教师要将对乡土伦理价值的认识内化、升华为实际教育行动，在教学中紧密联系农村伦理道德生活，有意识地传递传统道德文化和农民身上特有的优秀道德品质，鼓励学生继承和发扬优秀道德传统，同时，帮助学生学会正确认识城市价值理念与乡土道德文化的关系，增强其保护、复兴乡土伦理的责任意识。教师要使基于乡土伦理的德育教学成为日常教学的一部分，在教学实践中使农村德育课程价值理念得以彰显。

第四节　呈释学校仪式乡土价值，巩固认同行为

乡土文化教育的落实需要多元化途径。从学科性质看，乡土文化教育不属于主流科目；从学校课程安排看，乡土文化教育也往往处在边缘，

随时有被替代的可能。在这样的情况下,学校仪式不失为一个良策。将乡土文化融入学校仪式,既增添了仪式的亲切感,也起到了巩固认同行为的效果。

一 学校仪式的内涵及特征

(一) 学校仪式的内涵

仪式始于原始社会的部落活动,图腾崇拜、祭祀祖先都是仪式的重要原型。随着社会的发展,仪式不再完全囿于宗教、神话,渐渐走向更广义的世俗社会。在当今社会,仪式通常被视为由文化传统规定的一种标准化的、表演性的、象征性的行为方式或途径。正如约翰·费斯克所说,"仪式就是组织化的象征活动与典礼活动,用以界定和表现特殊的时刻、事件或变化所包含的社会与文化意味"。①

学校有着明确的育人目的指向,将仪式作为学校的一项活动,起着强烈的文化传承与价值引领作用。在学校里,仪式是一种古老的教育形式。自古代起,就有尊师礼、祭先师先圣礼、蒙童礼、成年礼等各种仪式。今天的学校仪式更是类型丰富,如开学典礼、毕业典礼、入团及入党宣誓、升旗仪式、颁奖典礼、十八岁成人礼等。从传统仪式继承发展到今天,其存在的价值不可忽视,既对学生的信仰、世界观、人生观和价值观起到一定的引导作用,也为文化传承起到身临其境的体验。更为重要的是,在仪式的特殊氛围中,学生能够产生强烈的群体归属感,表现出强烈的凝聚力。基于此,本书认为,学校仪式是由学校组织的对学生有一定教育意义的象征活动与典礼活动。

(二) 学校仪式的特征

从学校仪式的具体形式及内涵来看,学校仪式具有以下特征:第一,行动性。在人类学领域,信仰与仪式是两个重要的范畴。信仰强调对自然、社会的信念假设,而仪式是表达这些信念的行动。仪式的行动性具有象征性意义,格尔兹从宗教学的角度认为,通过圣化了的行动,仪式才产生出"宗教观念是真实的"信念,仪式是整合生存世界与想象世界

---

① [美] 约翰·费斯克:《关键概念:传播与文化研究辞典》,李彬译,新华出版社2004年版,第243页。

的象征形式，将其构成同一个世界。① 学校仪式正是师生与文化传统之间的互动过程，行动性是展现其价值与功能的根本特性。如何在仪式中行动就意味着学校仪式的价值和意义是如何被理解的，行动是学校仪式所蕴含价值的外显途径。第二，凝聚性。学校仪式的举行并非只是每一位学生置身其中，而是与学校仪式所表达的价值理念形成共振，每一位参与者的情感都被高度的凝聚性所吸引。社会理论家涂尔干和社会人类学家拉德克利夫·布朗曾认为仪式具有增强集体情绪和社会整合现象的作用。② 每一仪式都有特定的主题与目的，学校仪式的举行是为了在特定的情境中凝聚参与群体的情感体验，感召他们的认同与归属感，通过群体团结衍生参与者的道德规范。第三，能动性。学校仪式焕发学生活动，达到育人目标，必须调动学生的积极性和主观能动性。在参与学校仪式的过程中，学生并非被动接受仪式的流程与影响，而是在此过程中主动地影响并作用于周围环境。在内化学校仪式价值的同时，还需将其恰当外化，表现在学生之间的相互作用中，这也是学生社会化的过程。第四，时代性。随着时代的变迁，教育目标随之产生变化。学校仪式有明确的教育意义，因此，学校仪式也随着教育目标的变化而具有时代的特性。即使是同一主题，学校仪式也不会一成不变，年复一年地僵化重复。糅合时代元素，体现时代特征，响应时代号召是学校仪式的应然选择。

二 学校仪式在乡土文化教育中的价值呈现

乡土文化教育作为一种地域内的文化传承形式，目的在于培养学生对本乡本土的认同与归属感。为了弘扬发展地方文化传统，我国各地区加强了对乡土文化教育的重视程度，如编写乡土文化教材、开设乡土文化课程等。学校仪式，作为学校教育中一种经常性的教育手段，同样适用于乡土文化教育，对落实乡土文化教育具有独特的价值。

（一）学校仪式展现了乡土文化德育熏陶的活力

乡土文化是当地百姓行为规范与道德诉求的浓缩与精华，乡土文化

---

① Greertz and Clifford, *The Interpretation of Cultures*, New York: Basic Books, 1973, pp. 87-125.
② 郭于华:《仪式与社会变迁》，社会科学文献出版社2000年版，第1页。

教育发挥着浓浓的德育价值。学校仪式作为一种活动，目的在于对参与者进行认知与心理的改造，在共同场域中，精神信仰与团体凝聚力约束了参与者的行为，道德成为参与者的行动指南。因此，学校仪式具有了道德教育功能。在学校，道德教育一旦在落实的过程中沦落为道德的教育，即对道德条目的简单说教和讲解，就失去了道德教育应有的价值与意义。乡土文化教育也一样，如果单纯局限于对乡土文化知识的传授与背诵，如教师照本宣科，学生做笔记、写作业、背诵、考试，那么就极有可能变成师生的负担，教学效果大打折扣。有别于重说教轻体验的教育方式，学校仪式的多样化形式使乡土文化教育充满活力。第一，学校仪式凸显了学生的主体性。仪式是群体性实践活动，学生是学校仪式的参与者、体验者，同时也是学校仪式活动的主角。第二，学校仪式通过表演的形式，将乡土文化知识落实在具体的活动中，在不同的学校仪式活动中表达着不同的乡土情怀。在学校仪式活动中述说着历史故事，体验历史，感悟文化。第三，学校仪式的灵活性使乡土文化教育不再局限于校园，社区、大自然都是不错的选择。第四，学校仪式参与者的多元化为乡土文化教育注入了新鲜活力。民间艺人、专家学者、家中长辈都可以参与到仪式中，让学生切身感受乡土伦理等道德礼仪，为学校仪式的隆重和规范增添浓浓的氛围。

如果各个地区与学校的仪式有着相同的模式、相同的内容、相同的目标，就只能看到学校仪式的统一性，看不到其文化独特性。从学生心理来看，乡土文化是真实的、可感知体验的，同样也是易于接受的。将乡土文化融入到仪式中，让学校仪式与生活的浑然一体贯穿于学生的校园生涯，相比那些高大上的德育素材，更容易产生情感的共鸣，刺激他们高涨的参与情绪。学校仪式中师生的行为、语言以及符号形态与他们的言行举止就存在于日常生活中，是个体置身其中的真实再现。学生按照自己的生活方式举行仪式，有意识地践行乡土文化教育实践活动，深入了解道德内涵，既凸显了学校仪式本身的价值，也衬托出乡土文化的德育价值。

（二）学校仪式增强了乡土文化教育的感染力

乡土文化教育的地域性特征恰是从细微处落实社会主义核心价值观教育。2013年，中共中央办公厅印发了《关于培育和践行社会主义核心价值观的意见》，提出要"开展礼节礼仪教育"，包括在重要场所与重要活动中升国旗、奏唱国歌，举行庄重简朴的开学、毕业典礼，重大灾难的悼念活动等，让仪式教育成为培养社会主流价值的重要方式。2014年2月，习近平在十八届中央政治局第十三次集体学习时讲到，要建立和规范一些礼仪制度，组织开展形式多样的纪念庆典活动，传播主流价值，增强人们的认同感与归属感。党和政府多次提到仪式的教育作用，启示我们核心价值观不是条目的学习背诵，也不是理论的说教，而是要真正落实，在仪式活动中体会、感悟，在参与仪式的过程中认同核心价值观。正因如此，在乡土文化教育中，学校仪式也拥有同样的教育作用。首先，学校仪式的庄重感能够营造特殊的氛围，使学生从日常行为中超脱出来，凝聚精神，发挥其庄重感、吸引力。第二，学校仪式将一些价值理念以外显的形式表达出来，引导学生去效仿、遵守。学生在一步步的程序体验中，每一环节都是对学生灵魂净化的有力武器。第三，学校仪式有助于将优秀的乡土文化价值观念内化为人生信仰。当学生参与学校仪式的时候，群体的情感力量产生共情，无形中牵引着他们的思想，规范他们对价值观的思考、选择和判断。

增强乡土文化教育凝聚力的一个重要前提是要意识到学生的主体地位。学生是学校仪式的主体，这里包含两层意思：第一，学生要提前熟悉学校仪式的流程，并主动执行；第二，学生必须明白自己的仪式角色，承担自己应负的责任。积极主动的参与才能使学生不断成熟，感悟学校仪式的意义与价值。学校仪式的实际效用在于让参与者进行切身体验，感受本土文化的神圣与庄严，形成情感冲击，产生认同、敬畏等情感体验。从学生的理念形成来看，虽长期生活其中，但思想、信仰不会自发生成，也不会被动给定，而是在活动中构建的。学校仪式恰恰满足了这种需求，"在仪式的神圣空间，我们有一种象征体验，这些象征体验使我们有深层的感受，在与未知力量的交流中，引导我们进入精神的层面"[1]。在准备与参与中，学生反复揣摩乡土文化背后的价值理念，深入思考活动的意义，感悟学校仪式的价值。学校仪式的场域性还可以激发学生高

---

[1] ［德］洛蕾利斯·辛格霍夫：《我们为什么需要仪式》，刘永强译，中国人民大学出版社2009年版，第8页。

亢的情感，挑选相关主题的本地历史人物优秀事迹在仪式中宣讲，强烈的感染力将榜样的力量带入学生的潜意识，对学生的影响更加深刻。与乡土文化课程不同的是，学校仪式并不关注学生知识量的增加，是否学习掌握了新的知识，而是在仪式程序中身处其中的文化，触动心弦，促成对乡土文化的理解与建构，获得归属感，强化乡土文化价值观。经过学校仪式的不断洗礼，乡土文化价值理念多次强化，很多学生在无意识中端正了态度、修正了个人偏见与误识，最终形成价值观念的认同并增强了乡土文化教育的感染力。

（三）学校仪式提升了学生的乡土情结及社会化能力

每一场学校仪式都有特定的目标，尤其是融入乡土文化元素的仪式，汇聚了仪式本身与乡土意蕴的双重作用。作为学校仪式活动的主体，学生在参与仪式的过程中聚焦于同一情感，产生共情，体验各自的责任与义务，并明白仪式的深刻内涵。学生的体验感受不会自发生成，尤其是低学段的孩童，这时教师的引导与其他同学的交流显得格外重要。在这一过程中，学生了解学校仪式的意义、体验学校仪式的氛围，定位个人的社会角色，学会与他人协作，承担相应的责任，加深对权利与义务的理解，内化仪式的信仰与价值观，这就是学生社会化的实现过程。

学校仪式作为一种经过精心设计与规划、具有内在规范性和操作性的教育活动，对学生具有规约作用，能够促进学生社会化，塑造社会人。① 在参与仪式的过程中，群体可以周期性地更新其自身的和统一体的感情，与此同时，个体的社会化也得到增强。② 学生在参与学校仪式的过程中，接受的是学校仪式表达的积极影响，在认同中逐步形成乡土情结，并对学生的社会化导向形成一种正强化力量。社会化有两个任务：第一，使个体知道社会或群体对他有哪些期待，规定了哪些行为规范；第二，使个体逐步具备实现这些期待的条件，自觉地以社会或群体的行为规范来指导和约束自己的行为。③ 学校仪式的作用就是凝聚学生的乡土文化价

---

① 张家军、陈玲：《学校仪式教育的价值迷失与回归》，《中国教育学刊》2016年第12期。
② ［法］爱弥尔·涂尔干：《宗教生活的基本形式》，渠东、汲喆译，商务印书馆2011年版，第518页。
③ 全国13所高校《社会心理学》编写组编：《社会心理学》（第四版），南开大学出版社2008年版，第42页。

值观念，引导他们去做那些应该或必须做的事，同时使乡土文化得以延续。学校仪式要想达到个体社会化的目的，需保证其参与者，也就是学生应做到以下三点：第一，理解学校仪式的意义。不同的仪式代表不同的内涵，着装、行为、情绪均有所不同。第二，根据学校仪式的类型，按照规范体系自主调整行为，使自己的行为符合仪式要求。第三，学校仪式是群体性活动，要明白自己在学校仪式中的角色，也了解其他人的角色作用。在与他人沟通、协作与交往中，分清各自的职责，学会共同承担责任，达成仪式内部的团结。从这几方面来看，学校仪式确实有促进学生社会化的教育功能。

（四）学校仪式加快了乡土文化传统与时俱进的转化力

所有仪式都是"历史记忆与现实需要结合的果实"[1]。将乡土文化融入到学校仪式中，实际上是转变或凸显了学生对其生活、社会习惯的关系，从一个新的视角来观察人生，同时也是从现代的动力要素角度来理解乡土文化的作用。学校仪式是历史与文化的有效传承，具有叙事性，尤其是类似于清明节扫墓这样的纪念性仪式。在该仪式中，每一位学生参与仪式，就仿佛在聆听祖先的英雄故事，在今天的时代感受这片土地上的历史过程。相比书本中经典故事，熟悉的本土历史人物传奇具有更强的语境价值，使学校仪式与生活、文化、历史的联系更加紧密。[2] 如此说来，这种接地气的学校仪式更容易感染学生，引起学生的共鸣。在庄严的学校仪式中，历史的记忆、英雄的缅怀，共同糅合为学生的乡土情怀。学校仪式对学生的感染力是潜移默化的，这种内心感受将学生激昂澎湃的热情转化为爱家乡、爱祖国的现实力量源泉。学校仪式虽有悠长的历史，一些节日仪式也在年复一年地重复着，但仪式的内容和主题却不是一成不变的。学校仪式是传统和现实教育的对话与融合，以现代的目光审视文化传统，既保留了原始的优良文化传统，又在时代语境中联结了过去与未来。仪式是一种文化再造，它为我们赋予了静谧的一刻，为我们灌输能量和灵性。[3] 在学校仪式中将乡土文化传统进行转化性创

---

[1] 彭兆荣：《人类学仪式的理论与实践》，民族出版社2007年版，第241页。
[2] 刘胡权：《论教育民俗的教育研究价值》，《当代教育科学》2016年第24期。
[3] 王娟：《民俗学概论》，北京大学出版社2002年版，第156页。

造，可以让学生更好地感受到学校仪式强有力诉说的内容及其背后蕴含的意义。否则，千篇一律、老掉牙并与时代脱节的路数只会引来学生的不屑与厌烦。与此同时，随着信息时代快节奏的生活气息，一些与时代格格不入的繁文缛节也应进行转化性创造，甚至可以加入一些科技元素，使乡土文化更好地糅合在学校仪式中，也使乡土文化更加生动化与形象化。

三　学校仪式发挥乡土文化教育价值的实现路径

（一）发展"学生组织＋探索"仪式模式，在规划参与中进行乡土文化教育

学生是学校仪式的主要参与者，如果转变学生的受教育者被动接受知识局面，让其以主人翁的身份全程参与到仪式的筹划、设计、组织、实施等过程中，充分调动学生的主动性、积极性、创新性，才能更好地体现学生的主体地位。学校仪式的教育效果在很大程度上取决于学生的参与程度。学生参与度高，积极性强，相应地就会多方收集资料，学生背后的家庭、亲友也随之成为隐形的支持力量。一般来说，学生从小生活在本乡本土，对本土历史人文风情经过长期的耳濡目染，或多或少都有一定的情感体验与价值判断。让学生自己基于乡土文化特色组织规划学校仪式，成为决策的一分子，这样才能引起学生的广泛关注，激发他们的积极性，触动他们的情感体验。

学生是有感情、有思想的活生生的个体，对于乡土文化，他们都有自己的理解，倾听他们的声音，给予他们一定的思考空间与自由空间，尊重他们的想法，在一定程度上能够激发他们的自觉能动性，增进交流沟通并生成主体意识，这是教育的根本要求，也是乡土文化教育的应有之义。与此同时，在引导学生去认识与挖掘乡土文化中，学生形成的知识、情感转化为对乡土的爱，从而珍惜自己的文化，为乡土文化的保护与建设做出应有的贡献。

（二）探寻学校仪式与乡土文化的契合点，创造情境型乡土文化教育形态

学校仪式本身就是文化的仪式，带有使命感、责任感、庄重感等特性。作为传统、历史和记忆的存储器，学校仪式活动对于塑造文化记忆

的作用不可低估。① 要想让学校仪式既有其本身的特性，又体现地方特色，就需要师生努力挖掘可利用的资源，将地方的文化魅力引入到学校仪式中，通过仪式的情境性开展乡土文化教育。这样既丰富了学校仪式的文化内涵，也起到乡土文化教育的作用。例如，在内蒙古锡林浩特市蒙古族第二小学，每年都会举行隆重的开学仪式，教师和学生身着华丽而庄重的蒙古袍，学生双手捧着哈达，以蒙古族传统拜年的方式向老师问好，并品尝奶食品。在这样的活动中，学生慢慢习染了蒙古族礼仪的魅力，也养成了尊敬师长、团结友爱的良好品行。② 南京夫子庙小学的"开笔礼"仪式就来到夫子庙广场举办，邀请著名的文学作家为孩子们点朱砂。一年级新生身着汉服，行李鞠躬，学写"人"字，给孔子雕像献花并参观大成殿。③ 该校将一年级的开学典礼放在经典氛围中举行，让孩子们从入学第一天起就感受儒家文化的美，激发他们对知识及传统文化的神圣感情。需要注意的是，地方特色的选择需仔细斟酌，如果为了跟风搞花样，不分场合就让学生穿汉服、行汉礼、奏汉乐，漫无目的想当然地尝试各种花样，这种盲目的做法值得深入思考。

（三）明确学校仪式角色扮演，在表演中理解乡土文化教育

发挥学校仪式的乡土文化教育价值，需充分调动学生的积极性并探寻学校仪式与乡土文化的契合点，在此基础上，还需明确学生在其中的角色扮演。其一，学生不再是观看者，而是表演者。学校仪式不再是秧田式的结构布局，学校领导及教师高高在上，监督着学生的一举一动，垄断着学校仪式的所有程序。学校领导及教师的身份应转换为协助者与欣赏者，协助并观看学生们的成果。其二，学生并非只是表现出简单的姿势、动作或语言，而需深入理解这些符号的深层含义。表演本身就是一种理解，通过对角色的理解达到对自我的理解、对他人的理解及自我

---

① 邱昆树：《形塑"文化记忆"：当代教育的文化使命》，《教育发展研究》2017 年第 3 期。

② 《内蒙古蒙古族特色开学仪式获民众赞扬》，2016 年 3 月 2 日（http://www.chinanews.com/df/2016/03-02/7781317.html）。

③ 杨丽：《开学第一课 南京夫子庙小学举行"开笔礼"仪式》，2015 年 8 月 31 日（http://news2.jschina.com.cn/system/2015/08/31/026132856_08.shtml）。

与他人关系的理解，从而达到对人本身的理解。① 学校仪式中，学生对"为什么表演"及"如何表演"做出价值判断，糅合乡土情感，从而使学校仪式与他们土生土长的习俗、信仰、价值观等等相遇，用表演的行为将它们一一呈现，在学校仪式中展现出乡土文化的内涵之美。表演的效果也就是学校仪式的效果，效果如何应取决于对学生价值观念、人格品性的影响，而不在于是否顺利或整齐，否则表演便沦为单纯的模仿而空洞无味。

（四）构建乡土文化教育课程体系，规范学校仪式的流程与形式

学校仪式不应单独存在，而是要放在课程体系中规划与实施。从地区角度看，要考虑到学校仪式与乡土文化的关系，可将其定位在乡土文化教育课程体系中，使学校仪式与乡土文化教育有机协调，合理规划。在乡土文化教育课程体系的构建过程中，显性课程的重要性不言而喻，隐性课程发挥的作用也功不可没。设计乡土文化教育课程体系，目的在于引起有关部门、学校领导以及师生对本土文化的重视，避免单一化的以学科知识为核心的课程。发展以乡土文化学习为主的校本课程或地方性课程，通过多样化的课程形式，使学生在校园生活中了解、体验乡土文化的魅力。学校仪式是乡土文化教育课程体系的一种重要形式，将乡土文化融入到仪式中，需要有一个合理的认识，既要看到乡土文化对仪式的作用，也要意识到并非所有的乡土文化都可以通过仪式进行渗透。乡土文化的优势在于其丰富的本土资源，历史文化传统、民族传统习俗、风俗民情、文物古迹都是融入仪式的独特资源。构建相应的课程体系，有助于将学校仪式规范化、校本化、特色化。对学校仪式举办的时间、次数、主题进行整体规划，成为学校课程的特色部分之一。

总之，在大力倡导道德教育和核心价值观教育的时代背景中，将乡土文化糅入学校仪式，使文化传统和抽象理论不那么高高在上，不那么遥远而陌生；从学校仪式的视角探讨乡土文化教育，既可以拓宽乡土文化研究的广度，也可以加强乡土文化研究的深度。通过周而复始地举行仪式，将学生带入到一种集体的情感之中，感受与他人的意义关系，以

---

① 李政涛：《表演：解读教育活动的新视角》，教育科学出版社2006年版，第28页。

此来维持学生对乡土文化的情感。情感的凝聚是认同的基础。从学生对乡土文化价值理念的认同做起，唤起他们爱家乡的情感，最终实现乡土文化教育认同的理想目标。

参考文献

[1][法]爱弥尔·涂尔干:《宗教生活的基本形式》,渠东、汲喆译,商务印书馆2011年版。

[2]曹风南:《小学乡土教育的理论与实际》,中华书局1936年版。

[3]陈悦等:《引文空间分析原理与应用——CiteSpace实用指南》,科学出版社2014年版。

[4]费孝通:《论人类学与文化自觉》,华夏出版社2004年版。

[5]费孝通:《乡土中国》,上海人民出版社2007年版。

[6]顾明远:《中国教育的文化基础》,山西教育出版社2004年版。

[7]郭于华:《仪式与社会变迁》,社会科学文献出版社2000年版。

[8]胡德海:《教育学原理》(第三版),人民教育出版社2013年版。

[9]黄政杰:《乡土教育》,中国台湾汉文书店1995年版。

[10]纪德奎等:《我国农村学校文化转型论》,中国社会科学出版社2017年版。

[11][德]洛蕾利斯·辛格霍夫:《我们为什么需要仪式》,刘永强译,中国人民大学出版社2009年版。

[12]李小鲁等:《高校贫困生资助新视野》,广东高等教育出版社2011年版。

[13]李政涛:《表演:解读教育活动的新视角》,教育科学出版社2006年版。

[14]林瑞荣:《国民小学乡土教育的理论与实践》,、师大书苑有限公司1998年版。

[15]刘铁芳:《乡土的逃离与回归:乡村教育的人文重建》,福建教育出版社2008年版。

[16] 倪健中:《文明中国》,中国社会出版社1996年版。

[17] 彭兆荣:《人类学仪式的理论与实践》,民族出版社2007年版。

[18] 钱理群、刘铁芳等:《乡土中国与乡村教育》,福建教育出版社2008年版。

[19] 全国13所高校《社会心理学》编写组编:《社会心理学》(第四版),南开大学出版社2008年版。

[20] 阮西湖:《澳大利亚民族志》,民族出版社2004年版。

[21] [美] 萨缪尔·亨廷顿:《文明冲突与世界秩序的重建》,周琪、刘绯、张立平、王圆译,新华出版社2010年版。

[22] 宋林飞:《教育:生命性与乡土味(二)》,上海教育出版社2013年版。

[23] [美] 威廉·F.派纳、威廉·M.雷诺兹等:《理解课程》,张华译,教育科学出版社2003年版。

[24] 王伯昂:《乡土教材研究》,商务印书馆1948年版。

[25] 王娟:《民俗学概论》,北京大学出版社2002年版。

[26] 王骧:《乡土教材研究》,新亚书店1936年版。

[27] 吴志尧:《小学乡土教学》,商务印书馆1949年版。

[28] 《习近平谈治国理政》,外文出版社2014年版。

[29] 杨筑慧:《中国侗族》,宁夏人民出版社2012年版。

[30] 赵霞:《乡村文化的秩序转型与价值重建》,河北人民出版社2013年版。

[31] 查有梁:《教育建模》(第二版),广西教育出版社2003年版。

[32] 艾莲:《乡土文化:内涵与价值》,《中华文化论坛》2010年第3期。

[33] 常永才、John W. Berry:《从文化认同与涵化视角看民族团结教育研究的深化——基于文化互动心理研究的初步分析》,《民族教育研究》2010年第6期。

[34] 陈·巴特尔、孙伦轩:《论北美印第安人的传统教育》,《民族教育研究》2013年第1期。

[35] 陈世联:《文化认同、文化和谐与社会和谐》,《西南民族大学学报》(人文社科版)2006年第3期。

[36] 邓和平：《从民族位育之道看现代乡土教育重建》，《武汉大学学报》（哲学社会科学版）2010年第2期。

[37] 高水红：《乡村学校教育变迁与时空意识的变革》，《北京大学教育评论》2012年第4期。

[38] 高小强：《乡村教师的文化困境与出路》，《教育发展研究》2009年第20期。

[39] 葛孝亿：《农村教师专业发展范式转换——"地方性知识"的视角》，《中国教育学刊》2012年第3期。

[40] 海路：《务本的教育——兼论潘光旦先生的乡土教育观》，《湖南师范大学教育科学学报》2012年第6期。

[41] 霍军亮：《乡土文化变迁视阈下农村思想政治教育的困境与对策》，《学习与实践》2016年第9期。

[42] 纪德奎、郭炎华：《改革开放以来乡土文化教育研究的历程与走势——基于科学知识图谱的分析》，《西北师范大学学报》（社会科学版）2018年第2期。

[43] 纪德奎、蒙继元：《学校仪式在乡土文化教育中的价值及实现路径》，《当代教育科学》2017年第7期。

[44] 纪德奎、赵晓丹：《文化认同视域下乡土文化教育的失落与重建》，《教育发展研究》2018年第2期。

[45] 李长吉、张文娟：《教科书适切于农村：新中国成立六十年以来的趋近与悖离》，《课程·教材·教法》2012年第2期。

[46] 梁秀文、夏从亚：《文化自信与社会主义核心价值观》，《中州学刊》2016年第11期。

[47] 刘启迪：《课程文化：涵义、价值取向与建设策略》，《课程·教材·教法》2005年第10期。

[48] 刘铁芳：《回归乡土的课程设计：乡村教育重建的课程策略》，《现代大学教育》2010年第6期。

[49] 刘铁芳：《乡村教育的人文重建：起点与路径》，《湖南师范大学教育科学学报》2008年第5期。

[50] 娄立志、吴欣娟：《农村小规模学校"撤点并校"的代价与补偿》，《教育研究与实验》2016年第2期。

[51] 裴娣娜：《教育创新视野下少数民族地区乡土教育的思考》，《中国教育学刊》2010 年第 1 期。

[52] 苏景春、张济洲：《从农村教师教育现状调查看地方高师课程改革》，《课程·教材·教法》2010 年第 8 期。

[53] 王逢贤：《价值教育及其在新世纪面临的挑战》，《高等教育研究》2000 年第 5 期。

[54] 王鉴、苏杭：《略论乡村教师队伍建设中的"标本兼治"政策》，《教师教育研究》2017 年第 1 期。

[55] 王乐：《乡村少年"离土"教育的回归——基于"文化回应教育学"的视角》，《湖南师范大学教育科学学报》2014 年第 3 期。

[56] 王学男、李五一：《建国以来我国教育公平问题的回顾与反思——兼谈对教育本质是追求抑或遮蔽》，《北京大学教育评论》2015 年第 4 期。

[57] 王勇：《社会转型期乡村学校教育的文化困境与出路》，《教育探索》2012 年第 9 期。

[58] 谢建社、牛喜霞、谢宇：《流动农民工随迁子女教育问题研究》，《中国人口科学》2011 年第 1 期。

[59] 熊春文：《"文字上移"：20 世纪 90 年代末以来中国乡村教育的新趋向》，《社会学研究》2009 年第 5 期。

[60] 杨卫安、邬志辉：《城镇化背景下中国农村教育发展的路向选择》，《社会科学战线》2015 年第 10 期。

[61] 姚洁：《少数民族高等教育文化建设的认同基础研究》，《贵州民族研究》2015 年第 12 期。

[62] 袁丹、靳玉乐：《教师角色嬗变与教学个性展现》，《中国教育学刊》2016 年第 6 期。

[63] 袁祖社：《文明的人性整全性逻辑与文化实践的价值自主性品格》，《西北师范大学学报》（社会科学版）2017 年第 3 期。

[64] 赵世林、陈为智：《文化认同与边疆民族地区和谐社会的建构》，《西南民族大学学报》（人文社科版）2006 年第 6 期。

[65] 赵新亮、张彦通：《乡村教师研究的国际前沿、主题演变及知识基础分析———基于 2000—2016 年主题为"rural teacher"的 SSCI 论

文数据》,《湖南师范大学教育科学学报》2017年第7期。

［66］钟启泉:《基于核心素养的课程发展:挑战与课题》,《全球教育展望》2016年第1期。

［67］周晔:《村学的社会文化功能及退出影响》,《社会科学战线》2017年第2期。

后　　记

　　党的十八大以来，传承优秀传统文化和弘扬社会主义核心价值观成为新时代的主旋律。乡土文化是优秀传统文化的重要组成部分，也是社会主义核心价值观的文化底蕴和坚实基础。开展乡土文化教育和认同研究有助于优秀传统文化的弘扬和社会主义核心价值观的落实。本课题正是在这样的背景下开展研究，随着相关成果内容陆续以论文形式在不同刊物上发表，对乡土文化教育及其认同的认识也在逐步加深。

　　乡土是个体生活成长的家园，也是个体情感寄托之地；与文化结合，便被赋予了无限的底蕴与能量，产生了无尽的物质价值与精神灵性；通过反映与创生相结合的教育活动，将其凝练与诠释，使个体感受到乡土的美好和情感寄托的意义，产生一种对乡土文化的热爱与依恋，这便是乡土文化教育。乡土文化教育有多重意蕴，其实质是一种文化认同教育，不仅有助于传承并弘扬乡土文化，提升个体的综合素养，更重要的是使个体沉淀出一种乡土情结并升华为家国情怀。基于这一逻辑，有关乡土文化教育的模式与流程、乡土文化教育的认同机理与认同阶段及认同现状、国内外案例和认同提升路径成为了研究的主要内容。

　　感谢天津师范大学各级领导的指导与关心，感谢学界同仁的支持与帮助，感谢课题组成员不辞劳苦和忘我付出，感谢中国社会科学出版社马明编辑的耐心审阅与校对，使得本书得以顺利出版。

纪德奎

2019 年 6 月